高等职业教育本科化妆品类专业规划教材

化妆品管理与法规

（供化妆品工程技术、化妆品制造技术、
化妆品经营与管理、化妆品质量与安全等专业用）

主　编　江　莹
副主编　王艺熹
编　者　（以姓氏笔画为序）
王艺熹（浙江药科职业大学）
王建园（浙江药科职业大学）
方维亚［恩特科信息科技（杭州）有限责任公司］
江　莹（浙江药科职业大学）
李翠杰（浙江宏元药业股份有限公司）
茅鸯对（浙江药科职业大学）
章书理［恩特科信息科技（杭州）有限责任公司］
覃　松（浙江宏元药业股份有限公司）
潘　琪（浙江药科职业大学）

中国健康传媒集团
中国医药科技出版社

内容提要

本教材为“高等职业教育本科化妆品类专业规划教材”之一，是根据化妆品类专业人才培养目标、课程内容与任务要求、课程特点，以现行与化妆品相关的法律法规、部门规章以及其他规范性文件为主要依据，以化妆品全生命周期为主要脉络编写而成，围绕化妆品的概述、研制、注册、生产、经营、使用、广告等环节进行法律法规的阐述与解析。同时，本教材为书网融合教材，即纸质教材配套有课件、题库、微课等数字化资源，使教学资源更加多样化、立体化，便教易学。

本教材主要供全国高等职业教育本科院校化妆品工程技术、化妆品制造技术、化妆品经营与管理、化妆品质量与安全等相关专业及其他化工类专业师生教学使用，也可作为化妆品生产、经营企业及化妆品监督管理人员的参考用书。

图书在版编目（CIP）数据

化妆品管理与法规／江莹主编. －－北京：中国医药科技出版社，2024.6（2025.1 重印）. －－（高等职业教育本科化妆品类专业规划教材）. －－ISBN 978－7－5214－4707－1

Ⅰ. D922.16

中国国家版本馆 CIP 数据核字第 2024Q14S66 号

美术编辑 陈君杞
版式设计 友全图文

出版 **中国健康传媒集团**｜中国医药科技出版社
地址 北京市海淀区文慧园北路甲 22 号
邮编 100082
电话 发行：010－62227427 邮购：010－62236938
网址 www.cmstp.com
规格 889mm × 1194mm $^{1}/_{16}$
印张 13 $^{1}/_{2}$
字数 386 千字
版次 2024 年 6 月第 1 版
印次 2025 年 1 月第 2 次印刷
印刷 北京金康利印刷有限公司
经销 全国各地新华书店
书号 ISBN 978－7－5214－4707－1
定价 49.00 元

获取新书信息、投稿、为图书纠错，请扫码联系我们。

数字化教材编委会

主　编　江　莹

副主编　王艺熹

编　者　（以姓氏笔画为序）

王艺熹（浙江药科职业大学）

王建园（浙江药科职业大学）

方维亚［恩特科信息科技（杭州）有限责任公司］

江　莹（浙江药科职业大学）

李翠杰（浙江宏元药业股份有限公司）

茅鸯对（浙江药科职业大学）

章书理［恩特科信息科技（杭州）有限责任公司］

覃　松（浙江宏元药业股份有限公司）

潘　琪（浙江药科职业大学）

前言 PREFACE

安全、高质量的化妆品是人民群众追求美好生活的重要载体，与人民群众的日常生活密切相关。完备的法律规范体系是保障化妆品安全高质量的基础，为协调我国化妆品行业高速发展的现状与化妆品法规相对滞后之间的矛盾，国家发布一系列与化妆品相关的法规文件。以《化妆品监督管理条例》为核心，相关配套规章规范性文件相继出台，已初步形成层次分明、体系完备、覆盖化妆品全生命周期的监管法规体系。但面对化妆品法规的大变革，有关化妆品法规的书籍与教材编写相对滞后，亟需填补与完善。本教材编写紧密围绕化妆品类专业人才培养方案和课程标准，着眼于专业群和就业岗位群的实际需要，以培养基础理论扎实、实践应用能力强、既懂“妆”又懂“法”的复合型化妆品法规人才为主要目标。

本教材的编写以现行与化妆品相关的法律法规、部门规章以及其他规范性文件为主要依据，以化妆品全生命周期为主要脉络，内容涵盖化妆品法规基础、定义与分类、标签与广告、注册备案、原料管理、功效评价、生产管理、经营管理、进出口管理、不良反应监测、儿童化妆品与牙膏管理、法律责任以及欧美化妆品监管等。在结构安排上，教材贯彻“夯实理论基础知识，满足实际岗位需求”的教学设计理念，采用项目、任务划分教学单元，以“实例分析”引入正文内容，以“目标检测”巩固学习效果，以“实训项目”提升实践技能，以“知识拓展”“典型案例”补充丰富正文，争取实现教学内容与高阶职业标准对接，教学过程与复杂工作流程对接，专业与行业产业链对接的教学目标。本书还制作了配套的课件、题库、微课等数字化资源，方便学生利用碎片化的时间进行学习，满足学习者多样化的需求，同时有利于进行线上线下相结合的教学模式。本教材可供全国高等院校化妆品工程技术、化妆品制造技术、化妆品经营与管理、化妆品质量与安全等相关专业及其他化工类专业作为教材使用，也可作为化妆品生产、经营企业及化妆品监督管理人员的参考用书。

本教材参与编写人员既有工作在教学一线的资深教师，也有熟悉化妆品行业岗位需求的企业专家，并且在编写中得到了编者所在单位及恩特科信息科技（杭州）有限责任公司的大力支持，一并深表感谢！本教材编写过程中紧跟国家化妆品管理法律法规和技术标准的最新动态，对各监管部门、各项法规制度进行归类总结，总结化妆品监督管理的规律，介绍化妆品管理的标准化、科学化、国际化发展趋势。并结合职业本科的特点，以化妆品类职业为导向，针对性地设计各个章节与项目的法规内容，合理分配理论与实践内容的占比，培养学生、相关人员的化妆品合规意识，以及政府法规事务的实际执行、操作能力。

教材选取的法律法规、规章及其他规范性文件截至 2024 年 5 月。由于受编者水平所限，本书难免存在纰漏与不足之处，敬请读者批评指正。

编　者

2024 年 5 月

CONTENTS 目录

项目一　化妆品法规基础

PPT

学习目标

【知识要求】

1. 掌握化妆品法规的渊源及我国化妆品法律规范体系；化妆品监管机构的组成及职能。
2. 熟悉化妆品法规的概念及适用规则；《化妆品监督管理条例》的基本框架。
3. 了解法的定义及法律部门的分类；化妆品监管机构的历史。

【技能要求】

能够依据实际需要熟练检索化妆品法律规范，并具备判断其效力等级的能力。

【素质要求】

树立在化妆品全生命周期内的合规意识，以及依法从业的职业素养。

任务一　化妆品法规概述

实例分析

谱写化妆品监管新篇章（节选）

实例　党的十八大以来，我国化妆品监管制度体系发生深刻变革，法规制度体系加速完善。2018年，新一轮机构改革后，国家药监局设立化妆品监管司，化妆品行业“多头管理”状况结束。2020年，《化妆品监督管理条例》出台，这是我国化妆品行业发展30余年来根本法规的全面性、系统性“大修”。2021年，国家“十四五”规划写入化妆品产业，并将其提高到战略层面。在新法规的规范和引导下，化妆品行业步入健康发展快车道，人民群众对高质量化妆品的获得感和满意度不断提升。以《化妆品监督管理条例》为纲，相关配套规范性文件相继出台，我国化妆品监管法规体系的“四梁八柱”已初步成形。

与此同时，一些省份为加强监管工作精准性、科学性，也积极作为、大胆创新。广东省于2019年7月1日起施行《广东省化妆品安全条例》，探索建立了基于风险管理的化妆品监管新模式；浙江省于2021年11月出台了《浙江省药品医疗器械化妆品经营使用协同监管实施细则》，利用浙江省化妆品网络监测中心和“数字辨妆”智慧监管系统，建立起省市县三级协同监管机制。

非凡十年，非凡监管。经过不懈努力，层次分明、体系完善、有机统一的化妆品全链条监管法规体系已基本形成，为实现我国化妆品现代化治理提供了有力的法治保障。

问题　1. 什么要加强对化妆品的法治建设？

2. 什么是化妆品法规？

一、法的概述

（一）法的概念

法是由国家制定或认可，并由国家强制力保证实施的行为规范体系及其实施所形成的法律关系和法律秩序的总和。法的概念应从五个方面来掌握：①从实施主体来讲，法是由国家制定的，同时由国家强制力来保证实施。②从反映的对象看，法反映的是统治阶级的共同意志，而不是统治阶级中少数人的意志。在我国是人民集体意志的体现。③从内容上看，法是以权利和义务为主要内容的。④从目的上看，法是以确认、保护和发展社会关系和社会秩序为目的。⑤法是一种行为规范体系。

（二）法律部门的概念

法律部门，是根据一定的标准和原则，按照法律规范自身的不同性质，调整社会关系的不同领域和不同方法等所划分的同类法律规范的总和。当代中国的法律体系主要由七个法律部门构成（表1－1）。

表1－1　我国法律部门的构成

种类	概念
宪法及宪法相关法	是国家的根本法，规定国家的根本任务和根本制度
民商法	调整平等主体之间的财产关系和人身关系的法律规范的总称
行政法	调整行政关系的法律规范的总称
刑法	规定犯罪、刑事责任和刑事处罚的法律规范的总称
经济法	调整因国家从社会整体利益出发对市场经济活动实行干预、管理、调控所产生的法律关系的法律规范的总和
社会法	调整劳动关系、社会保障、社会福利和特殊群体权益保障方面的法律关系的法律规范的总和
诉讼与非诉讼程序法	调整解决社会纠纷的诉讼活动与非诉讼活动的法律规范的总和

（三）法的效力范围

法的效力范围是指法在什么地方、什么时间、对什么人发生法律效力。包括空间效力、时间效力和对人的效力。

1. 空间效力　我国法律适用于我国领陆、领空、领水，以及根据国际法视为我国领域的我国驻外使馆、在我国领域外航行的我国的船舶和飞行于我国领空以外的我国飞行器。由于法律规范的制定机关不同，其适用的领域也不同，大体有以下两种情形：①适用于我国全部领域的法律、法规。②适用于局部地区的地方性的法规。

2. 时间效力　法一般自实施之日发生，至废止之日停止。法律规范生效的时间主要有：①自公布之日起开始生效；②公布后经过一段时间再生效。法的失效时间主要有：①新法直接规定废止旧法；②旧法的规定与新法规定相抵触的，则抵触部分失效；③由国家机关颁布专门的决议规定，宣布某些法律规范失效。

3. 对人的效力　我国法律对人的适用范围一般采用以属地主义为主，与属人主义、保护主义相结合的原则。对居住在境内的中国自然人或设立在中国境内的中国法人及其他组织，具有法律效力。对居住在境内的外国人、无国籍人和经我国政府准许设立在中国境内的外国法人及其他组织，原则上具有法律效力。

二、化妆品法规的概念

化妆品法规是指调整化妆品研制、生产、经营、使用、广告以及监督管理等环节所产生的法律关系的法律规范的总称。广义的化妆品法规包涵多个法律部门的规范，包括化妆品宪法性规范、化妆品民法规范、化妆品刑法规范、化妆品行政法规范等。狭义的化妆品法规仅指化妆品行政法规范，即有关化妆品行政管理的法律规范的总称。这是因为调整化妆品各个环节的法律规范主要集中在行政法部门，其性质属于公法，保障的是公共安全用妆的权益。狭义的化妆品法规主要调整对象为化妆品行政管理组织与化妆品行政管理相对人（包括公民、法人、其他组织）之间因为行政管理活动而产生的社会关系。

化妆品法规由许多单行的法律、法规、规章及规范性文件构成，是一个法律规范体系。《化妆品监督管理条例》《化妆品生产经营监督管理办法》等都属于“化妆品法规”的范畴。

三、化妆品法规的渊源

化妆品法规的渊源，是化妆品法规的具体外部表现形式，主要是指某种化妆品法律规范是由何种国家机关制定或认可，具有何种表现形式或效力等级。在我国，化妆品法规主要由以成文法为主的各种不同效力等级的法律规范组成，包括法律、行政法规、规章、地方性法规等规范性文件，它们共同构成中国化妆品法律规范体系。

（一）法律

法律是指由全国人民代表大会和全国人民代表大会常务委员会制定颁布的规范性文件，其效力仅次于宪法。法律分为基本法律和一般法律两类。基本法律是由全国人民代表大会制定的调整国家和社会生活中带有普遍性的社会关系的规范性法律文件的统称，如《中华人民共和国刑法》（简称《刑法》）、《中华人民共和国民法典》（简称《民法典》）以及有关国家机构的组织法等法律。一般法律是由全国人民代表大会常务委员会制定的调整国家和社会生活中某种具体社会关系或其中某一方面内容的规范性文件的统称。其调整范围较基本法律小，内容较具体，如《中华人民共和国广告法》（简称《广告法》）、《中华人民共和国药品管理法》（简称《药品管理法》）等。法律由国家主席签署主席令予以公布。

我国并没有专门针对化妆品制定法律位阶的规范性文件，但很多基本法律以及一般法律都可调整化妆品领域的社会关系。比如化妆品广告必须符合《广告法》的相关规定；《民法典》中关于产品责任的条款适用于调整与生产销售伪劣化妆品相关的民事侵权关系；《刑法》专门设立生产销售不符合卫生标准的化妆品罪来调整与化妆品生产销售相关的刑事犯罪活动。

（二）行政法规

行政法规是指国务院为领导和管理国家各项行政工作，根据宪法和法律，按照规定的程序制定的各类法规的总称。由于法律关于行政权力的规定常常比较原则、抽象，因而还需要由行政机关进一步具体化。行政法规就是对法律内容具体化的一种主要形式。行政法规的效力仅次于宪法和法律，高于规章和地方性法规。行政法规由总理签署国务院令公布。

《化妆品监督管理条例》属于行政法规，2020 年 6 月 16 日国务院令第 727 号发布，自 2021 年 1 月 1 日起施行，是化妆品法律体系中专门针对化妆品制定的位阶最高的规范性文件。

（三）规章

规章可以分为国务院部门规章和地方政府规章。部门规章是指国务院各组成部门以及具有行政管理职能的直属机构等根据法律和国务院的行政法规，在本部门权限内按照规定程序制定的规范性文件的总称。化妆品相关的部门规章一般是由国务院的直属机构国家市场监督管理总局发布。比如《化妆品注册备案管理办法》，2021 年 1 月 7 日国家市场监督管理总局令第 35 号公布，自 2021 年 5 月 1 日起施行。

地方性政府规章是指省、自治区、直辖市和设区的市、自治州的人民政府，可以根据法律、行政法规和本省、自治区、直辖市的地方性法规，制定规章。

（四）地方性法规

省、自治区、直辖市的人民代表大会及其常务委员会根据本行政区域的具体情况和实际需要，在不同宪法、法律、行政法规相抵触的前提下，可以制定地方性法规。设区的市的人民代表大会及其常务委员会根据本市的具体情况和实际需要，在不同宪法、法律、行政法规和本省、自治区的地方性法规相抵触的前提下，可以对城乡建设与管理、生态文明建设、基层治理等方面的事项制定地方性法规。比如2019年3月28日，广东省第十三届人大常务委员会第十一次会议通过地方性法规《广东省化妆品安全条例》，自2019年7月1日起施行。

（五）其他规范性文件

其他规范性文件是指各级各类国家行政机关，为实施法律，执行政策，在法定权限内制定的除行政法规和规章以外的具有普遍约束力的决定、命令等，一般表现为通知、公告、决定等。虽然其他规范性文件不属于法的正式渊源，但具有普遍的约束力，是化妆品行政主体和相对人必须遵循的行为准则。在化妆品行政管理中，其他规范性文件的数量众多，起着非常重要的作用。比如国家药品监督管理局发布的《国家药监局关于发布 <化妆品生产质量管理规范> 的公告》、《国家药监局关于发布实施 <化妆品标签管理办法> 的公告》等。

知识拓展

中国化妆品主要法律规范体系汇编

截至2024年5月1日，经过收集整理，与化妆品相关的规范性文件按照不同渊源分类。

一、法律（无专门的化妆品法律，以与化妆品相关的常用其他法律举例）

1.《中华人民共和国广告法》(2015年9月1日起施行)

2.《中华人民共和国民法典》(2021年1月1日起施行)

3.《中华人民共和国刑法》(1997年10月1日起施行)

4.《中华人民共和国商标法》(1983年3月1日起施行)

5.《中华人民共和国产品质量法》（自1993年9月1日起施行）

二、行政法规

《化妆品监督管理条例》（国务院第727号令发布，自2021年1月1日起实施）

三、部门规章

1.《化妆品注册备案管理办法》（国家市场监督管理总局令第35号发布，自2021年5月1日起施行）

2.《化妆品生产经营监督管理办法》（国家市场监督管理总局令第46号发布，自2022年1月1日起施行）

3.《牙膏监督管理办法》（国家市场监督管理总局令第71号发布，自2023年12月1日起施行）

4.《进出口化妆品检验检疫监督管理办法》（国家质量监督检验检疫总局令第143号发布，自2012年2月1日起施行）

四、其他规范性文件（数量多、涉及广，易更新变化）

（一）化妆品研制和注册

1.《化妆品注册备案资料管理规定》（国家药品监督管理局2021年第32号公告，2021年5月

1 日起施行）

2.《化妆品新原料注册备案资料管理规定》（国家药品监督管理局 2021 年第 31 号公告，2021 年 5 月 1 日起施行）

3.《化妆品注册和备案检验工作规范》（国家药品监督管理局 2019 年第 72 号公告，2019 年 9 月 10 起施行）

4.《化妆品功效宣称评价规范》（国家药品监督管理局 2021 年第 50 号公告，2021 年 5 月 1 日起施行）

5.《化妆品安全评估技术导则（2021 年版）》（国家药品监督管理局 2021 年第 51 号公告，2021 年 5 月 1 日起施行）

6.《化妆品安全技术规范（2015 版）》（国家食品药品监督管理总局 2015 年第 268 号公告，2016 年 12 月 1 日起施行）

7.《化妆品标签管理办法》（国家药品监督管理局 2021 年第 77 号公告，2022 年 5 月 1 日起施行）

（二）化妆品生产

1.《化妆品生产质量管理规范》（国家药品监督管理局 2022 年第 1 号公告，2022 年 7 月 1 日起施行）

2.《企业落实化妆品质量安全主体责任监督管理规定》（国家药品监督管理局 2022 年第 125 号公告，2023 年 3 月 1 日起施行）

3.《化妆品生产质量管理规范检查要点及判定原则》（国家药品监督管理局 2022 年第 90 号公告，2022 年 12 月 1 日起施行）

（三）化妆品经营

《化妆品网络经营监督管理办法》（国家药品监督管理局 2023 年第 36 号公告，2023 年 9 月 1 日起施行）

（四）化妆品检验

1.《化妆品补充检验方法管理工作规程》（国家药品监督管理局 2021 年第 28 号公告，2021 年 7 月 1 日起施行）

2.《化妆品抽样检验管理办法》（国家药品监督管理局 2023 年第 5 号公告，2023 年 3 月 1 日起施行）

（五）上市后监管

1.《化妆品不良反应监测管理办法》（国家药品监督管理局 2022 年第 16 号公告，2022 年 10 月 1 日起施行）

2.《化妆品检查管理办法》（国家药品监督管理局 2024 年第 52 号公告发布，自 2024 年 11 月 1 日起施行）

（六）特殊领域监管

1.《儿童化妆品监督管理规定》（国家药品监督管理局 2021 年第 123 号公告，2022 年 1 月 1 日起施行）

2.《牙膏备案资料管理规定》（国家药品监督管理局2023年第148号公告，2023年12月1日起施行）

（七）目录文件

1.《化妆品分类规则和分类目录》（国家药品监督管理局2021年第49号公告，2021年5月1日起施行）

2.《已使用化妆品原料目录（2021年版）》（国家药品监督管理局2021年第62号公告，2021年5月1日起施行）

3.《国际化妆品原料标准中文名称目录（2010年版）》（国家食品药品监督管理局2010年第479号公告，2010年12月14日起施行）

四、化妆品法规的效力等级和适用规则

（一）化妆品法规的效力等级

不同的化妆品法律规范对同一事项如果存在不同的规定，会引起规范适用之间的冲突，根据我国宪法和立法法的规定，法律规范的效力等级和适用应当遵循以下规则。

1. 宪法具有最高的法律效力，一切法律、行政法规、规章都不得同宪法相抵触。

2. 法律的效力高于行政法规、地方性法规、规章。

3. 行政法规的效力高于地方性法规、规章。地方性法规的效力高于本级和下级地方政府规章。

4. 省、自治区的人民政府制定的规章的效力高于本行政区域内的设区的市、自治州的人民政府制定的规章。部门规章之间、部门规章与地方政府规章之间具有同等效力，在各自的权限范围内施行。部门规章与地方政府规章对同一事项规定不一致，由国务院提出裁决。

5. 地方性法规与部门规章之间对同一事项的规定不一致，不能确定如何适用时，由国务院提出意见，国务院认为应当适用地方性法规的，应当决定在该地方适用地方性法规的规定；认为应当适用部门规章的，应当提请全国人民代表大会常务委员会裁决。

（二）化妆品法规冲突的适用规则

1. 上位法优于下位法 根据效力等级的一般规则，法律位阶高的规范优于法律位阶低的规范。如行政法规《化妆品监督管理条例》优于部门规章《化妆品注册备案管理办法》。

2. 特别法优于一般法 同一等级机关制定的法律、行政法规、规章等特别规定与一般规定不一致的，适用特别规定，即特别法优于一般法。如对于药品广告事项，《药品管理法》与《广告法》就同一问题规定不一致的，优先适用《药品管理法》。

3. 新法优于旧法 同一等级机关制定的法律、行政法规、规章等新的规定与旧的规定不一致的，适用新的规定。如2020年的《化妆品监督管理条例》优于1989年的《化妆品卫生监督条例》。但还应考虑“法不溯及既往”的原则，即法律规范原则上不溯及既往。也就是说，新颁布的法律规范，只适用于该法生效之后发生的行为或事件，而不能溯及适用于该法生效之前发生的行为或事件，也不能改变依据旧的法律已经产生的法律效果。但为了更好地保护公民、法人和其他组织的权利和利益而作的特别规定除外。

五、《化妆品监督管理条例》概述

（一）立法背景与宗旨

化妆品是满足人们对美好生活追求的消费品，直接作用于人体，其质量安全关系到人民群众的健康，必须对其进行规范和监管。与化妆品有关的最早的行政法规是《化妆品卫生监督条例》，它是1989年9月26日经国务院批准，由卫生部于1989年11月13日发布，自1990年1月1日起施行。近年来，我国化妆品产业迅速发展，市场规模逐年增长，在促进经济发展、推动消费升级方面发挥了重要作用，同时也出现了一些新情况、新问题，有必要对1989年制定的《化妆品卫生监督条例》进行全面修改。因此，新的《化妆品监督管理条例》于2020年1月3日国务院第77次常务会议通过，自2021年1月1日起施行，《化妆品卫生监督条例》同时废止。《化妆品监督管理条例》（下简称新《条例》）是化妆品法律规范体系的核心，是制订其他配套的与化妆品有关的规章、地方性法规以及其他规范性文件的依据与基础。

新《条例》的立法宗旨是为了规范化妆品生产经营活动，加强化妆品监督管理，保证化妆品质量安全，保障消费者健康，促进化妆品产业健康发展。在中华人民共和国境内从事化妆品生产经营活动及其监督管理应当遵守新《条例》的规定。新《条例》的制定出台，充分体现了坚持以人民为中心的发展思想，贯彻落实“四个最严”和“放管服”的改革要求，为规范化妆品生产经营活动、构建高效监管体系、规范市场秩序奠定了法治基础。

（二）主要特点与内容

1. 主要特点　新《条例》主要特点是风险和责任、体系和能力，即通过良好的制度设计，最大限度地实现风险的全面防控、责任的全面落实、体系的全面推进和能力的全面提升。

（1）风险管理　风险管理是化妆品监管的理论基石。风险是危害发生的可能性和严重性的组合。风险无处不在，但也有轻重缓急，在行政资源有限的情形下，采取分类管理，即对较高风险产品采取干预度较高的手段，低风险产品采取干预度较低的手段是化妆品监管的主要策略。新《条例》规定，国家按照风险程度对化妆品和化妆品原料实行分类管理，对于特殊化妆品和风险较高的新原料实行注册管理，对于普通化妆品和一般风险的新原料实行备案管理。这样的管理方式能够更科学的分配监管资源，建立高效的监管体系，同时也有利于落实简政放权的要求，优化营商环境，加快产品的上市速度，满足消费者的需求。

（2）责任治理和社会共治　化妆品的安全需要社会各方共同参与，共同维护。新《条例》着力构建企业主责、政府监管、行业自律、社会监督的社会共治的治理格局，设立了监管信息的公开、企业功效宣称依据强制公开、安全风险信息交流、有奖举报、信用监管和联合惩治等一系列的监管制度和机制，这样比较有利于形成社会共治的强大合力。同时，按照责任治理的理念，强化了企业的质量安全主体责任。设立了注册人、备案人制度，注册人、备案人是化妆品的“出品人”，要对产品的质量安全和功效宣称负责，要依法承担化妆品质量安全的法律责任，这体现了权责利一致的精神。

（3）全程治理　化妆品的生命周期包括研制、生产、经营、使用等环节。任何环节存在缺陷，都可能导致化妆品质量风险的发生。仅在最后阶段对化妆品采用检验、召回等手段，无法对消费者提供充分有效的保障。新《条例》在上市前要求注册人、备案人在注册备案前充分开展化妆品的安全性评估，并公布功效宣称的科学依据。在生产环节，要按照生产质量管理规范的要求组织生产，并设立质量安全负责人。同时，也强化了在委托生产的管理时要明确委托方和受托方的责任和义务。在经营环节，要求化妆品的经营者要履行进货查验、贮存运输的义务，避免在经营环节出现安全性问题。同时，也针对现在的电子商务平台、集中交易场所等经营环节、重点领域作出了相应的管理要求。此外，新《条例》也设立了安全风险监测与评价、不良反应监测与评价、产品召回、安全再评估等风险管理制度，这充分体现了全程治理和风险管理的理念。

2. 主要内容 《化妆品监督管理条例》共六章八十条。包括总则、原料与产品、生产经营、监督管理、法律责任以及附则。其基本框架见表1－2。

表1－2 《化妆品监督管理条例》框架及内容简述

章节	内容概要
第一章 总则（10条）	第一条 立法宗旨
	第二条 适用范围
	第三条 化妆品定义
	第四条 分类管理
	第五条 监管部门
	第六条 责任主体
	第七条 行业协会
	第八条 社会监督
	第九条 鼓励创新
	第十条 信息化建设
第二章 原料与产品（15条）	第十一条 新原料定义及分类管理
	第十二条 新原料注册备案提交的资料
	第十三条 新原料注册备案流程
	第十四条 新原料监测期管理
	第十五条 禁用原料管理
	第十六条 化妆品分类管理
	第十七条 化妆品注册备案管理
	第十八条 化妆品注册申请人、备案人的条件
	第十九条 化妆品注册备案提交的资料
	第二十条 化妆品注册备案流程
	第二十一条 化妆品安全评估制度
	第二十二条 化妆品功效宣称管理
	第二十三条 境内责任人制度
	第二十四条 特殊化妆品注册证管理
	第二十五条 化妆品标准管理
第三章 生产经营（20条）	第二十六条 化妆品生产条件
	第二十七条 化妆品生产许可程序
	第二十八条 化妆品委托生产
	第二十九条 生产质量管理体系
	第三十条 原料及内包材管理
	第三十一条 进货查验及销售记录制度
	第三十二条 质量安全负责人制度
	第三十三条 健康管理制度
	第三十四条 自查制度
	第三十五条 标签管理

续表

章节	内容概要
第三章　生产经营（20 条）	第三十六条　标签标注的内容
	第三十七条　标签禁止标注的内容
	第三十八条　化妆品经营者义务
	第三十九条　贮存运输要求
	第四十条　集中交易市场和展销会开办者义务
	第四十一条　电子商务平台经营者义务
	第四十二条　美容美发机构及宾馆经营者义务
	第四十三条　广告管理
	第四十四条　召回管理
	第四十五条　进出口管理
第四章　监督管理（13 条）	第四十六条　监督检查措施
	第四十七条　监督检查要求
	第四十八条　抽查检验
	第四十九条　检验机构管理
	第五十条　补充检验项目和检验方法
	第五十一条　检验异议程序
	第五十二条　不良反应监测制度
	第五十三条　安全风险监测和评价制度
	第五十四条　紧急控制措施
	第五十五条　安全再评估管理
	第五十六条　监管信息公开及信用监管
	第五十七条　责任约谈
	第五十八条　投诉举报
第五章　法律责任（18 条）	第五十九条　特别严重违法行为
	第六十条　严重违法行为
	第六十一条　较严重违法行为
	第六十二条　一般违法行为
	第六十三条　未依照规定报告化妆品新原料使用和安全情况
	第六十四条　虚假注册
	第六十五条　虚假备案
	第六十六条　集中交易市场开办者、展销会举办者未履行规定义务
	第六十七条　电子商务平台经营者未履行规定义务
	第六十八条　经营者有条件免责条款
	第六十九条　虚假宣传
	第七十条　境内责任人未履行规定义务
	第七十一条　检验机构出具虚假检验报告
	第七十二条　化妆品技术职能机构出现重大失误
	第七十三条　聘用不符合规定的生产、经营及检验人员
	第七十四条　违反治安管理的行为
	第七十五条　监管人员违法行为
	第七十六条　民事赔偿

续表

章节	内容概要
第六章　附则（4条）	第七十七条　牙膏香皂管理
	第七十八条　过渡期管理
	第七十九条　技术规范界定
	第八十条　　生效日期

任务二　化妆品监督管理组织

实例分析

实例　2018年3月，新一轮国务院机构改革组建国家药品监督管理局，并于4月10日挂牌成立。9月10日，国家药品监督管理局“三定”方案出炉。据《国家药品监督管理局职能配置、内设机构和人员编制规定》的规定，国家药品监督管理局是国家市场监督管理总局管理的国家局，为副部级。国家药品监督管理局设9个内设机构（副司局级）。与原国家食药监总局机构设置相比，化妆品监督管理司为新设立机构。

新设化妆品监督管理司表明政府对化妆品产业的肯定与重视。当前国内的化妆品产业蓬勃发展，“三定”方案出台响应了行业的呼声，化妆品监督管理司的设立在监管和工作协调上都是很大的进步，势必使企业的生产更加规范有序。新设副司局级管理部门也表明我国化妆品行业的监管将日益趋严，这也倒逼着化妆品产业链上的所有相关企业必须严把质量关，为消费者提供优质的好产品。

问题　1. 你如何看待专门设置化妆品监督管理司这一举措？

2. 化妆品的监督管理机构有哪些？

在我国，化妆品监督管理一般分为行政监管和技术监管。化妆品行政监管是指各级化妆品监督管理部门及相关部门依据国家法律法规和相关政策，运用制定规章制度、实施许可、开展认证、监督检查、行政处罚、行政强制等方式，对化妆品研制、生产、经营和使用环节施行规范化管理和全过程监管的活动。化妆品技术监管是指为化妆品行政监管提供检验、检测、技术审评等与化妆品专业技术密切相关的监督管理活动。

一、化妆品行政监督管理机构

2018年3月17日第十三届全国人民代表大会第一次会议通过《关于国务院机构改革方案的决定》，将国家食品药品监督管理总局的职责，国家工商行政管理总局的职责，国家质量监督检验检疫总局的职责，商务部及发改委的部分职责进行整合，组建国家市场监督管理总局。同时组建国家药品监督管理局，由国家市场监督管理总局管理，全方位负责化妆品的安全监管、生产管理、上市前后管理、违法行为查处等职能。为更好履行化妆品监管的职能，国家药品监督管理局首次为化妆品设立独立司局——化妆品监督管理司（图1－1）。

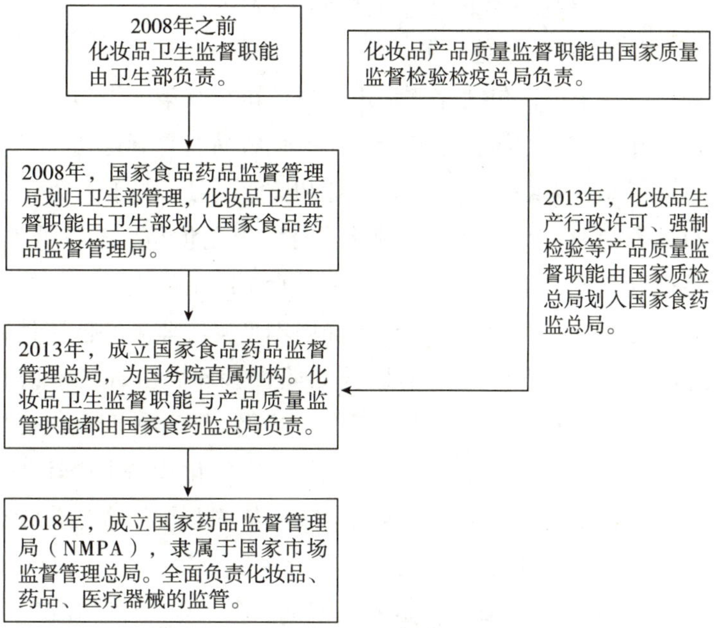

图1-1　化妆品行政监管发展历史

化妆品行政监管机构包括国家药品监督管理局，各省、自治区、直辖市药品监督管理局，设区的市级、县级人民政府承担化妆品监督管理职责的部门。

1. 国家药品监督管理局　国家药品监督管理局（National Medical Products Administration，NMPA），隶属于国家市场监督管理总局，主管全国的化妆品、药品、医疗器械的监督管理工作。

国家药品监督管理局的职能如下。

（1）负责药品、医疗器械和化妆品安全监督管理。拟订监督管理政策规划，组织起草法律法规草案，拟订部门规章，并监督实施。研究拟订鼓励药品、医疗器械和化妆品新技术新产品的管理与服务政策。

（2）负责药品、医疗器械和化妆品标准管理。组织制定、公布国家药典等药品、医疗器械标准，组织拟订化妆品标准，组织制定分类管理制度，并监督实施。参与制定国家基本药物目录，配合实施国家基本药物制度。

（3）负责药品、医疗器械和化妆品注册管理。制定注册管理制度，严格上市审评审批，完善审评审批服务便利化措施，并组织实施。

（4）负责药品、医疗器械和化妆品质量管理。制定研制质量管理规范并监督实施。制定生产质量管理规范并依职责监督实施。制定经营、使用质量管理规范并指导实施。

（5）负责药品、医疗器械和化妆品上市后风险管理。组织开展药品不良反应、医疗器械不良事件和化妆品不良反应的监测、评价和处置工作。依法承担药品、医疗器械和化妆品安全应急管理工作。

（6）负责执业药师资格准入管理。制定执业药师资格准入制度，指导监督执业药师注册工作。

（7）负责组织指导药品、医疗器械和化妆品监督检查。制定检查制度，依法查处药品、医疗器械和化妆品注册环节的违法行为，依职责组织指导查处生产环节的违法行为。

（8）负责药品、医疗器械和化妆品监督管理领域对外交流与合作，参与相关国际监管规则和标准的制定。

（9）负责指导省、自治区、直辖市药品监督管理部门工作。

（10）完成党中央、国务院交办的其他任务。

国家药品监督管理局内设9个司，包括综合和规划财务司、政策法规司、药品注册管理司、药品监督管理司、医疗器械注册管理司、医疗器械监督管理司、化妆品监督管理司、科技和国际合作司、人事司。其中，化妆品监督管理司又分为综合处、监管一处和监管二处。监管一处主要负责拟订并组织实施化妆品注册备案和新原料分类管理制度；组织拟订并监督实施化妆品标准、分类规则、技术指导原则。监管二处负责拟订化妆品检查制度，检查研制现场，依职责组织指导生产现场检查，组织查处重大违法行为；组织质量抽查检验，定期发布质量公告；组织开展不良反应监测并依法处置。

2. 省、自治区、直辖市药品监督管理局 省级药品监督管理局由省级市场监督管理局管理，负责本行政区域内化妆品、药品、医疗器械的监督管理工作。其化妆品相关职能主要包括负责普通化妆品备案相关工作；受国家局委托负责进口普通化妆品备案工作；实施化妆品生产环节许可；组织实施化妆品上市后风险管理；组织制定检查制度，并依职责组织实施；依职责组织查处化妆品生产经营环节的违法行为，组织查处跨区域和重大复杂案件等。

3. 设区的市级、县级市场监督管理部门 由于设区的市级、县级机构改革，不再保留食品药品监督管理局，化妆品、药品、医疗器械的监管工作由市场监督管理部门负责。市县两级市场监管部门与化妆品相关的职责主要包括负责化妆品经营环节的检查和处罚；协助省药品监督管理局化妆品生产环节的许可、检查和处罚；负责化妆品上市后风险管理等职责。县级市场监督管理局在乡镇和街道办事处设置分局或所，作为县级局的派出机构履行部分监管职能。

二、化妆品技术监督机构

化妆品技术监督机构包括国家药品监督管理局的直属技术机构、省、自治区、直辖市的药品监督管理部门的直属技术机构以及市县级的药品检验机构。

在国家药品监督管理局的直属技术机构中，中国食品药品检定研究院成立化妆品检定所、化妆品安全技术评价中心、技术监督中心，专门负责化妆品检验检测、抽检组织、特殊化妆品及化妆品新原料技术审评等工作；国家药监局食品药品审核查验中心、药品评价中心、信息中心、高级研修学院、行政事项受理服务和投诉举报中心等技术支撑单位也分别设立了专门的处室或者指定专人，承担化妆品监督检查、不良反应监测、信息化建设、队伍培训、行政许可和投诉举报受理等工作（表1－3）。

表1－3 国家药品监督管理局部分直属技术机构（化妆品相关）职责

机构	职责（化妆品相关）
中国食品药品检定研究院	1. 承担食品、药品、医疗器械、化妆品及有关药用辅料、包装材料与容器的检验检测工作。组织开展药品、医疗器械、化妆品抽验和质量分析工作。负责相关复验、技术仲裁 2. 承担药品、医疗器械、化妆品质量标准、技术规范、技术要求、检验检测方法的制修订以及技术复核工作。组织开展检验检测新技术新方法新标准研究。承担相关产品严重不良反应、严重不良事件原因的实验研究工作 3. 承担化妆品安全技术评价工作 4. 组织开展有关国家标准物质的规划、计划、研究、制备、标定、分发和管理工作 5. 负责生产用菌毒种、细胞株的检定工作。承担医用标准菌毒种、细胞株的收集、鉴定、保存、分发和管理工作 6. 承担实验动物饲育、保种、供应和实验动物及相关产品的质量检测工作

续表

机构	职责（化妆品相关）
国家药品监督管理局食品药品审核查验中心	1. 组织制定修订药品、医疗器械、化妆品检查制度规范和技术文件 2. 承担特殊化妆品注册、化妆品新原料注册备案核查及相关有因检查，生产环节的有因检查。承担化妆品和化妆品新原料境外检查 3. 承担国家级职业化专业化药品、医疗器械、化妆品检查员管理。指导省级职业化专业化药品、医疗器械、化妆品检查员管理工作 4. 承担药品、医疗器械、化妆品检查的国际（地区）交流与合作
国家药品监督管理局药品评价中心（国家药品不良反应监测中心）	1. 组织制定修订药品不良反应、医疗器械不良事件、化妆品不良反应监测与上市后安全性评价以及药物滥用监测的技术标准和规范 2. 组织开展药品不良反应、医疗器械不良事件、化妆品不良反应、药物滥用监测工作 3. 开展药品、医疗器械、化妆品的上市后安全性评价工作 4. 指导地方相关监测与上市后安全性评价工作。组织开展相关监测与上市后安全性评价的方法研究、技术咨询和国际（地区）交流合作
国家药品监督管理局行政事项受理服务和投诉举报中心	1. 负责药品、医疗器械、化妆品行政事项的受理服务和审批结果相关文书的制作、送达工作 2. 受理和转办药品、医疗器械、化妆品涉嫌违法违规行为的投诉举报 3. 负责药品、医疗器械、化妆品行政事项受理和投诉举报相关信息的汇总、分析、报送工作 4. 负责药品、医疗器械、化妆品重大投诉举报办理工作的组织协调、跟踪督办，监督办理结果反馈 5. 参与拟订药品、医疗器械、化妆品行政事项和投诉举报相关法规、规范性文件和规章制度 6. 负责投诉举报新型、共性问题的筛查和分析，提出相关安全监管建议。承担国家局执法办案、整治行动的投诉举报案源信息报送工作 7. 参与药品、医疗器械审评审批制度改革以及国家局“互联网＋政务服务”平台建设、受理服务工作 8. 承担国家局行政事项受理服务大厅的运行管理工作。参与国家局行政事项受理、审批网络系统的运行管理。承担国家局行政事项收费工作 9. 开展与药品、医疗器械、化妆品行政事项受理及投诉举报工作有关的国际（地区）交流与合作

在省级层面，绝大多数省级药监局参照国家药监局机构设置，单独设有化妆品监管处。大多数省级药监局还专门设了直属派出机构或者直属检查事业单位，参照国家药监局配置了相应的技术支撑机构。

此外，国家药监局还确定了以标准管理、安全评价、风险监测、信息化为基石的化妆品技术支撑体系建设目标，与国内知名高校建立化妆品监管科学研究基地，建立了包括国内顶级医疗机构和检验机构等在内的多家国家药监局化妆品重点实验室，充分调动社会资源，开展化妆品监管科学研究，为化妆品科学监管提供新标准、新方法、新技术。

知识拓展

技术监管机构未按照规定履行职责的法律责任

依据《化妆品监督管理条例》第七十二条，化妆品技术审评机构、化妆品不良反应监测机构和负责化妆品安全风险监测的机构未依照本条例规定履行职责，致使技术审评、不良反应监测、安全风险监测工作出现重大失误的，由负责药品监督管理的部门责令改正，给予警告，通报批评；造成严重后果的，对其法定代表人或者主要负责人、直接负责的主管人员和其他直接责任人员，依法给予或者责令给予降低岗位等级、撤职或者开除的处分。

三、与化妆品监管相关的其他机构

其他与化妆品监管相关的部门及职责见表1－4。

表1-4 与化妆品监管相关的部门职责

机构	职责
海关总署	主管全国进出口化妆品检验检疫监督管理工作
国家市场监督管理总局	负责化妆品生产、经营企业的市场主体登记注册；负责化妆品广告的监管；负责化妆品强制性国家标准的立项、编号和对外通报
国家知识产权局	负责化妆品商标、专利审查注册登记事务；保护商标、专利等知识产权
商务部	研究制定化妆品流通行业发展规划和政策
国家发展和改革委员会	监测宏观经济，实施价格检查，查处价格违法行为
国家卫生健康委员会	协助化妆品不良反应监测工作；管理医疗美容机构
工业和信息化部	拟定实施化妆品产业规划，承担化妆品行业管理
公安部	化妆品违法犯罪行为的查处

四、化妆品行业协会

相较于药品、医疗器械等产品，化妆品风险相对较低，化妆品业态较为分散，政府监管成本相对较高，因此应当加强自我规制，其中行业自律是自我规制重要的载体。行业协会是指介于政府、企业之间，商品生产者与经营者之间，并为其服务、咨询、沟通、监督、协调的社会中介组织。行业协会不属于政府的管理机构系列，属于《民法典》规定的社团法人，是中国民间组织社会团体的一种，即国际上统称的非政府机构（Non－Governmental Organizations，NGO），属非营利性机构。行业协会是政府与企业的桥梁和纽带，在促进和监督行业健康发展，协调政府与行业沟通交流方面起着重要的作用。与化妆品相关的行业协会数量较多，包括全国性行业协会，比如中国香料香精化妆品工业协会、中华全国工商业联合会美容化妆品业商会、中国口腔清洁护理用品工业协会等，以及地方性行业协会，比如浙江省健康产品化妆品行业协会、广东省化妆品质量管理协会等。

知识拓展

中国香料香精化妆品工业协会

中国香料香精化妆品工业协会（China Association of Fragrance Flavour and Cosmetic Industries，CAFFCI）是化妆品业界最为重要的行业协会之一。该协会成立于1984年8月21日，是经国家民政部批准，具有社会团体法人资格的国家一级工业协会，是由香料香精、化妆品生产企业及其原料、设备、包装企业和相关科研、设计、教育等企、事业单位和个人自愿组成的全国性、行业性、非营利性的社会组织，现有会员单位1200余家。协会的宗旨是：遵守法律，代表行业，沟通政府，维权自律，服务企业，促进发展。

行业自律在化妆品监管中发挥着重要的作用，例如美国食品药品管理局（FDA）官网上列有几十家化妆品贸易协会和行业协会的信息与网址，以美国个人护理产品协会（Personal Care Products Council，PCPC）为例，该协会成立于1894年，约有600家会员企业，是美国化妆品和个人护理产品行业重要的行业性协会，它在美国化妆品治理中发挥着重要作用，协会经常向会员企业提供国际最新的技术法规和分析数据并保证会员企业拥有公共事务发言权。欧洲化妆品协会（Cosmetics Europe，CE）于1962年成立，是代表欧洲约4000家化妆品企业利益的非官方机构，致力于推动化妆品的安全、有效及创新，形成化妆品技术标准和技术规范。

目标检测

一、单选题

1. 以下法律规范由国务院各组成部门或直属机构制定并发布的是（　）

A. 药品管理法　　B. 化妆品监督管理条例

C. 化妆品注册备案管理办法　　D. 行政许可法

2. 符合化妆品法律规范效力等级一般规则的是（　）

A. 行政法规的效力高于地方性法规　　B. 地方性法规的效力高于行政法规

C. 地方性法规的效力高于部门规章　　D. 部门规章的效力高于地方性法规

3. 国家药监局对化妆品的监管职责不包括（　）

A. 组织实施化妆品注册备案工作　　B. 依职责组织指导生产现场检查

C. 组织开展不良反应监测　　D. 组织化妆品进口检验

4. 化妆品法规主要是有关化妆品（　）的法律规范的总称

A. 民事关系　　B. 刑事犯罪　　C. 行政管理　　D. 经济调控

5.《化妆品监督管理条例》实施的时间是（　）

A. 2020 年 12 月 1 日　　B. 2021 年 1 月 1 日

C. 2020 年 12 月 30 日　　D. 2021 年 2 月 1 日

6. 实施化妆品技术审评的部门是（　）

A. 药品评价中心　　B. 药品审评中心

C. 中国食品药品检定研究院　　D. 食品药品审核查验中心

二、多选题

1.《化妆品监督管理条例》的立法宗旨包括（　）

A. 规范化妆品生产经营活动　　C. 保证化妆品质量安全

C. 保障消费者健康　　D. 促进化妆品产业健康发展

2. 下列哪些事项由省级药监局负责（　）

A. 协助开展特殊化妆品注册现场核查

B. 在委托范围内以国家药品监督管理局的名义实施进口普通化妆品备案管理工作

C. 国产普通化妆品备案管理工作

D. 化妆品新原料注册的技术审评工作

3. 现行的化妆品行政监管机构包括（　）

A. 国家药品监督管理局　　B. 省级药品监督管理局

C. 地市级市场监管局　　D. 县级市场监管局

4. 下列哪些是属于行政法范畴的规范性文件（　）

A. 治安管理处罚法　　B. 药品管理法

C. 化妆品监督管理条例　　D. 婚姻法

5. 以下哪些是法律规范冲突的适用原则（ ）

A. 基本法优于一般法　　B. 上位法优于下位法

C. 新法优于旧法　　D. 特别法优于一般法

6. 下列关于化妆品法规渊源说法正确的有（ ）

A. 专门针对化妆品制定的位阶最高的规范性文件是《化妆品监督管理条例》

B. 法律是由全国人大及其常委会颁布的规范性文件

C. 其他规范性文件不是法的正式渊源，所以没有普遍的约束力

D. 地方性法规只能由省级人大及其常委会颁布

三、简答题

1. 请阐述化妆品法规的概念。
2. 请阐述《化妆品监督管理条例》的立法宗旨和主要特点。
3. 请简述国家药品监督管理局主要的化妆品监管职责。

四、实训项目

请登录国家药品监督管理局网站或者北大法宝网站，检索我国现行与化妆品相关的规范性文件，并任意选取5个不同效力等级的规范性文件，结合本项目所学知识，分别分析5个规范性文件各自的制定机关、渊源、效力范围（时间效力、空间效力和对人的效力）以及相互之间的效力等级。

书网融合……

本章小结　　习题

项目二　化妆品概述

PPT

学习目标

【知识要求】

1. 掌握化妆品的定义；特殊化妆品与普通化妆品的分类要求。

2. 熟悉化妆品与其他产品的区别与联系；化妆品的分类规则与目录。

3. 了解化妆品的质量特性。

【技能要求】

具备能够熟练运用化妆品的定义辨析化妆品与其他产品的能力；具备从功效宣称判断是否为特殊化妆品的能力；具备化妆品分类编码的能力。

【素质要求】

培养用辨证的思维分析问题的能力与意识。

任务一　化妆品辨析

实例分析

实例　如果你在市场上购买了以下产品：A. 防脱洗发水；B. 香皂；C. 牙膏；D. 洗手液；E. 洗衣液；F. 润唇膏；G. 美白针；H. 胶原蛋白片；I. 花露水；J. 漱口水。

问题　你买的这些产品哪些是化妆品？如果不是，属于什么产品？

一、化妆品的定义

依据《化妆品监督管理条例》第三条规定，化妆品是指以涂擦、喷洒或者其他类似方法，施用于皮肤、毛发、指甲、口唇等人体表面，以清洁、保护、美化、修饰为目的的日用化学工业产品。

上述化妆品的定义表明化妆品的性质、使用方法、使用部位以及使用目的，是判断产品是否属于化妆品的根本依据。

（一）化妆品的性质和作用对象

化妆品是一种日用化学工业产品，具备化学产品的类别属性，因此一些物理器械类产品，比如美容仪、假睫毛等不属于化妆品。其次，化妆品具备工业产品的属性，需经过稳定可控的工业化生产流程制备而成，研发阶段的试制样品以及个人自行勾兑、调配的产品不符合工业产品的定位，从严格意义上讲不属于化妆品的范畴。最后，化妆品的作用对象是人体，不可用于动物、植物或者某一固定物品上，因此作用于物品、动物等的产品，比如洗衣液、动物毛发清洗剂等不属于化妆品。

（二）化妆品的使用方法

化妆品的使用方法是涂擦、喷洒或者类似方式，也就是通过施加适当的外力使化妆品均匀分布在皮肤表面，没有创伤性和侵入性，比如膏霜类的化妆品主要以涂擦为主要使用方式，液体类化妆品主要以喷涂为主要使用方式。所以以注射、口服、植入、填埋等为主要使用方式的产品不属于化妆品范畴。

（三）化妆品的使用部位

化妆品的使用部位为人体表面，包括皮肤、毛发、指甲、口唇等表面。其中皮肤表面是指皮肤表皮层中的角质层，施用部位深入真皮层或者皮下组织的产品，不属于化妆品范畴。此外，化妆品的使用部位还包括毛发、指甲和口唇唇红部位的表面等，所以使用部位深入口腔、鼻腔、耳道、生殖系统等人体粘膜部位的产品，比如漱口水、私处外用护理产品等均不属于化妆品的范畴。由于牙膏的特殊性，依据法规规定，参照普通化妆品管理。

（四）化妆品的使用目的

化妆品的使用目的为清洁、保护和美化修饰。使用目的的要义在于作用轻微，不对人体结构和功能产生显著影响，不可以宣称杀灭细菌、治疗疾病等功效。比如宣称用于皮肤创面恢复，抗菌消毒、保健养生、治疗疾病等产品，均不属于化妆品范畴。

知识拓展

其他国家（地区）的化妆品定义

1. 美国 《联邦食品、药品、化妆品法案》对化妆品进行了明确的定义：以涂抹、倾倒、喷洒、喷射或者其他方法使用于人体，以实现清洁、美化，促使有魅力或使人容貌变得靓丽等目的，但不影响机体功能和结构的产品。（含有碱性脂肪酸盐且未宣称清洁之外功能的香皂除外）。

2. 欧盟 欧盟化妆品的定义主要收载于《化妆品法规 1223/2009》（EC No. 1223/2009），其将化妆品定义为用于接触于人体表面（表皮、毛发、指趾甲、口唇和外生殖器）或牙齿及口腔黏膜，以清洁、增加香气、改变容颜、纠正体臭、保护或保持其良好状态为目的的物质或制剂。

3. 日本 日本化妆品的定义主要收载于《药品和医疗器械法》，其将化妆品定义为为了清洁和美化人体、增加魅力、改变容貌、保持皮肤及头发健美而涂抹、散布于身体或用类似方法使用的物品，是对人体作用缓和的物质。

从国际对化妆品的定义中，可以看到在属性、使用方法、使用部位、使用目的和作用机制的差别。在化妆品属性方面，中国强调了化妆品的化工属性，其他国家基本都是物品或者制品；在使用方法、使用部位上各国基本一致，欧盟没有具体规定使用方法，其外延较为宽泛（包含牙齿、口腔黏膜和外生殖器的使用部位）。在化妆品作用机制上，中国、欧盟没有规定，美、日作出了规定，其中，美国强调不影响人体结构和功能，日本强调对人体作用缓和。

二、化妆品与相关产品定义辨析

化妆品和药品、医疗器械、消毒产品等相关产品的概念存在一定的混淆和引人误导的情形，必须对化妆品和相关产品的定义进行辨析。

（一）化妆品与药品

药品是指用于预防、治疗、诊断人的疾病，有目的地调节人的生理机能并规定有适应证或者功能主治、用法和用量的物质，包括中药、化学药和生物制品等。化妆品与药品在使用目的上有明显的区别。药品强调治疗、预防、诊断人的疾病，是结合病理状况而有针对性使用的物品；而化妆品起清洁、护肤、美容和修饰作用，只作用于体表，是人体特定部位在正常生理状态下使用的物品。

（二）化妆品与其他产品

1. 医疗器械　医疗器械是指直接或者间接用于人体的仪器、设备、器具、体外诊断试剂及校准物、材料以及其他类似或者相关的物品，包括所需要的计算机软件；其效用主要通过物理等方式获得，不是通过药理学、免疫学或者代谢的方式获得，或者虽然有这些方式参与但是只起辅助作用。医疗器械与化妆品从产品的性质及作用机制都存在明显差别，医疗器械以仪器、设备等为表现形式，而化妆品为日用化学工业品。医疗器械作用机制主要是通过物理方式完成的，并可以具有创伤性和侵入性。而化妆品并不能宣称医用，且作用部位只能在人体表面。

2. 消毒产品　化妆品与消毒产品的区别在于消毒产品采用化学、物理、生物的方法来消灭或消除环境中的致病微生物，从而达到杀菌消毒的目的，并不能宣称护肤等功效。而化妆品通过物理、化学方式达到清洁、护肤、美化的效果，并不能宣称杀菌消毒功效。

消毒产品包括消毒剂、消毒器械、卫生用品。按消毒学定义，消毒产品对微生物的杀灭或抑制分为4个层次，由高到低分别为灭菌、消毒、抗菌与抑菌。

灭菌是杀灭或除去外环境中一切致病和非致病微生物的过程，包括细菌芽孢、真菌孢子。用杀菌率来衡量，灭菌剂的杀菌率需≥99.9999%。消毒是杀灭或清除传播媒介上病原微生物，使其达到无害化的处理。消毒不需要灭杀所有微生物，一般需要将致病和条件致病的微生物除去或使之丧失活性。用杀菌率来衡量，消毒剂的杀菌率需≥99.9%。抗菌是杀灭细菌或妨碍细菌生长繁殖及其活性的过程。用杀菌率来衡量，抗菌剂的杀菌率需≥90%。抑菌是抑制或妨碍细菌生长繁殖及其活性的过程。用抑菌率来衡量，抑菌剂的抑菌率需≥50%。

知识拓展

●“药妆品”这个概念不存在

我国化妆品法规中并没有“药妆品”的概念。不但是我国，世界大多数的国家在法规层面均不存在“药妆品”的概念。避免化妆品和药品概念的混淆，是世界各国化妆品监管部门的普遍共识。部分国家的药品或医药部外品类别中，有些产品同时具有化妆品的使用目的，但这类产品应符合药品或医药部外品的监管法规要求，不存在单纯依照化妆品管理的“药妆品”。

●医学护肤面膜不是化妆品

医疗美容越来越贴近我们的生活，各种激光治疗、护肤项目受到消费者的追捧。医疗美容之后，消费者往往被推荐使用各种“医用冷敷贴”“医美敷料”，并将这些产品冠以“医学护肤面膜”等称号。但这些所谓面膜类的产品其实并不是化妆品，而是医疗器械，其主要是用于发热患者的局部降温、创面的护理。国家药监局明确指出，并没有所谓的械字号面膜。

●食品级化妆品是伪概念

“可食用”果冻口红、“食品级”儿童防晒霜、“纯天然”食品成分面膜……近年来，市场上出现了一些所谓的“食品级”化妆品，商家宣称此类化妆品原料都是“无添加”“纯天然”“纯植物”及安全、无副作用等，不仅有化妆品功能，还可以直接食用，因此受到了许多注重健康的女性特别是家长们的青睐。

食品是指各种供人食用或者饮用的成品和原料以及按照传统既是食品又是药品的物品，但是不包括以治疗为目的的物品。食品经口进入并由消化系统消化和吸收，在使用方法、作用机制等方面都与作为化工产品的化妆品完全不同，因此，食品级化妆品这个说法并不成立，把化妆品描述成食品，这是鱼目混珠的行为。化妆品不应宣传食用用途，所谓的“食品级”化妆品，不过是商家进行营销的噱头。《儿童化妆品监督管理规定》中明确规定儿童化妆品标签不得标注“食品级”“可食用”等词语或者食品有关图案。

三、化妆品的质量特性

（一）安全性

安全性是化妆品的首要特性。化妆品是与人体直接接触的日用化学产品。为了追求皮肤的健康与美丽，人们可能每天或者长期连续使用化妆品，使用时间长久且使用群体广泛。这就要求在正常及合理的、可预见的使用条件下，化妆品不能对人体健康产生危害，不能对皮肤产生刺激、致敏性，更不能有累积毒性和致癌性。因此，世界各个国家对化妆品的安全性要求都居首要地位，并制定了严格的法律法规去管理化妆品原料和产品。化妆品的生产和经营企业必须加强自律，严格遵守法律法规，对其产品的安全和质量负责。

（二）稳定性

化妆品从生产出厂，进入流通环节，最终到达消费者手中需要较长的时间，从消费者开封使用化妆品到最终将其消耗完也需要较长的时间。在这段较长的时间里，尤其是开封后使用过程中，能否保证化妆品稳定性是非常关键的质量控制因素，而且化妆品多为热力学不稳定的多相体系，只能在一定时间内获得相对的稳定，原料之间的化学反应、杂质、紫外线、热、pH、包装材料以及其运输存放过程中的微生物污染都会影响产品的稳定性。因此，稳定性是评价化妆品质量的重要指标之一，也是确定化妆品有效期的主要依据，一般要求化妆品在密封容器以及开封后在规定的存储条件和保质期内能保持原有的性质特点无变化。

（三）功效性

化妆品功效性是人们使用化妆品的目的。功效性指化妆品依赖于其中的活性成分和构成配方主体的基质，在正确使用条件下，能够帮助消费者改善、保持皮肤及其附属器良好状态的作用和效果。在安全的前提下，化妆品的功效越来越受到重视。化妆品注册人、备案人在申请注册备案的同时，应当在国家药品监督管理局指定的专门网站上传产品功效宣称依据的摘要。许多化妆品企业采用更严谨的科学方法设计方案，使用现代化的仪器设备，结合基本的临床感官评价，为人们提供安全且真实有效的产品。

（四）使用性

化妆品的使用性是满足人们对美好生活更深层次的需求。其主要体现在使用方便及舒适度等方面。首先，化妆品应该使用方便，即形状、大小、质量、结构、功能型和携带性合适。其次，化妆品要满足人们对于舒适感的需求。化妆品的舒适度是指在使用过程中与皮肤的融合度、涂敷延展性等，还包括使用后皮肤的感觉，如润滑、弹性、光滑、紧绷等。美容修饰类化妆品强调美学上的润色，而芳香类产品则强调在整体上赋予身心的舒适感。不同年龄、不同肤质者在对化妆品的舒适度评价并不相同，表现出对化妆品肤感、香味、颜色和外观设计等的不同偏好。因此，化妆品品牌商与生产商要开发出更多不同使用体验的产品，以满足多样化的需求。

四、牙膏及香皂的管理

依据《牙膏监督管理办法》第三条，牙膏是指以摩擦的方式，施用于人体牙齿表面，以清洁为主要目的的膏状产品。从该定义可以得出牙膏的作用方式是辅助摩擦，作用部位为牙齿表面，使用目的主要是清洁。牙膏用于口腔内部，本来不符合化妆品定义，但其产品属性、生产工艺和化妆品极为相似，因此《化妆品监督管理条例》规定，牙膏参照本条例有关普通化妆品的规定进行管理。牙膏备案人按照国家标准、行业标准进行功效评价后，可以宣称牙膏具有防龋、抑牙菌斑、抗牙本质敏感、减轻牙龈问题等功效。

香皂由于其本身安全性较高，未纳入化妆品管理，但宣称具有特殊化妆品功效的香皂则按照化妆品管理。

任务二　化妆品分类

实例分析

实例　2019 年 8 月 24 日举报人在李某专属店网购了 42 瓶某品牌洗发水，花费了 3738 元。举报人称李某专属店在网上虚假宣传该洗发水有防脱发功能，实际上没有，因此向监管部门投诉该店家虚假宣传。监管机构查明，当事人 A 公司 2019 年 4 月在其该电商平台上自行开设的李某专属店发布其销售的洗发水具有防脱发功效，但其并非防脱发的特殊化妆品，无法提供相关依据，存在虚假宣传。最终市场监督管理局决定对当事人给予相应的行政处罚。

问题　1. A 公司为何会被处罚？

2. 哪些化妆品属于特殊化妆品，对特殊化妆品有何特别规定？

一、按照化妆品使用目的分类

（一）清洁类化妆品

清洁类化妆品对皮肤、毛发、指甲、口唇等部位的污垢进行清洁。包括利用表面活性剂来降低皮肤污垢的表面张力，通过乳化、增溶和溶解等方式来去除污垢的洗面奶类；通过油相成分和水相成分来溶解残留于皮肤上的化妆品和污垢的卸妆油类；通过祛除老化的角质层作皮肤深层去污的磨砂膏类等。

（二）护肤类化妆品

护肤类化妆品保护皮肤和毛发等，使其滋润、柔顺、光滑、富有弹性，以抵御外界损害，达到保持皮肤水分、延缓皮肤衰老和防止毛发枯断的目的，如润肤膏、防晒霜、护发素等。

（三）美容修饰类化妆品

美容修饰类化妆品对皮肤、毛发、指甲、口唇等进行美化和修饰，修饰容貌，发挥色彩和芳香效果，增进美感，达到美容和修饰容颜的目的。常用的美容修饰类化妆品有唇膏、粉底、眼线笔、指甲油、香水等。

二、按照监管风险程度分类

国家按照风险程度对化妆品、化妆品原料实行分类管理。化妆品分为特殊化妆品和普通化妆品。风险较大的用于染发、烫发、祛斑美白、防晒、防脱发的化妆品以及宣称新功效的化妆品为特殊化妆品，其他的为普通化妆品。特殊化妆品需经国务院药品监督管理部门注册后方可生产、进口。国产普通化妆品应当在上市销售前向备案人所在地省、自治区、直辖市人民政府药品监督管理部门备案。进口普通化妆品应当在进口前向国务院药品监督管理部门备案。化妆品原料分为新原料和已使用的原料。国家对风险程度较高的化妆品新原料实行注册管理，对其他化妆品新原料实行备案管理。

知识拓展

新旧条例中特殊化妆品范围的变化

原《化妆品卫生监督条例》将化妆品分为特殊用途化妆品和非特殊用途化妆品，分类突出化妆品“用途”的特殊与否，但实际上化妆品的用途并无特殊和非特殊之分，只是具有的功效类型不同。新《化妆品监督管理条例》根据产品的风险程度以及作用机制，同时对特殊化妆品的范围进行了调整，规定用于染发、烫发、祛斑美白、防晒、防脱发以及宣称新功效的化妆品为特殊化妆品，删除了原《条例》中用于育发、脱毛、美乳、健美、除臭的化妆品，增加了宣称新功效的化妆品（图2－1）。

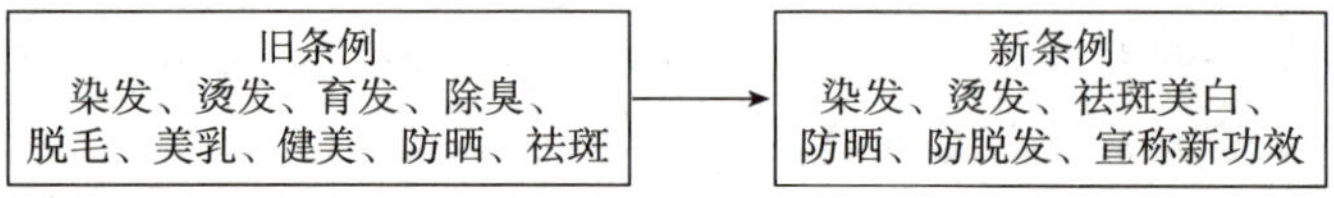

图2－1　新旧条例中特殊化妆品范围的变化

这些被删除的特殊功效化妆品根据其作用机制以及其对人体生理结构的影响程度，风险较低的被归为普通化妆品管理，风险较高的被归为药品管理。

原育发类特殊化妆品按照作用机制分类管理，其中通过生理作用促进生发的按药品管理；通过改善发质预防断发的按普通化妆品管理；通过改善头皮环境预防脱发的仍按特殊化妆品管理。原脱毛类特殊化妆品因风险较低，划归为普通化妆品管理。原除臭类特殊化妆品中通过抑制汗液和微生物生长除臭的按药品管理；通过遮蔽方式减轻体臭的按普通化妆品管理。原美乳和健美类化妆品按作用机制进行分类管理，其中参与生理活动或调节激素达到丰胸或减肥的按药品管理；通过改善皮肤状态美化修饰皮肤的，按具体功效归为化妆品管理。

三、按照《化妆品分类规则和分类目录》分类

（一）分类规则与目录

《化妆品分类规则和分类目录》主要是按照化妆品的功效宣称、作用部位、使用人群、产品剂型，同时考虑使用方法进行的分类。一共包括5个目录，用以明确化妆品分类的界定，其主要目的是用于化妆品备案、注册、管理和统计。化妆品注册人、备案人应当根据化妆品功效宣称、作用部位、使用人群、产品剂型和使用方法，按照目录规定进行分类编码。

功效宣称分类目录一共包括染发、防晒、祛痘、抗皱等26＋A类，其中26类中前5类宣称归为特殊化妆品，剩余21类宣称归为普通化妆品，最后的A类是指宣称新功效化妆品，即不属于前26类的新宣称，宣称新功效的化妆品也为特殊化妆品（表2－1）。作用部位分类目录包括头发、躯干、面部、眼部等10＋B类，B为新作用部位，宣称新作用部位等同于宣称新功效（表2－2）。使用人群分类目录包括婴幼儿（0～3周岁，含3周岁）、儿童（3～12周岁，含12周岁）及普通人群等3＋C类，C为新的使用人群，宣称新的作用人群等同于宣称新功效（表2－3）。产品剂型分类目录包括膏霜乳、液体、凝胶等11＋0类，0代表不属于11类的其他剂型（表2－4）。使用方法分类目录包括驻留和淋洗2类（表2－5）。需要注意的是，化妆品的功效宣称、作用部位、使用人群等应当符合《化妆品分类规则和分类目录》中相应规则，超出目录规定的宣称一般都是违规行为，如宣称孕妇和哺乳期妇女适用的产品、宣

称面部脱毛的面部蜜蜡。但如果对上述产品安全性和功效性进行充分研究论证后，结果满足化妆品定义、符合化妆品相关法律法规规定的，可归属于新功效化妆品。

（二）分类编码规则

化妆品应当按照功效宣称、作用部位、使用人群、产品剂型和使用方法的分类目录依次选择对应序号，各组目录编码之间用“－”进行连接，形成完整的产品分类编码。同一产品具有多种功效宣称、作用部位、使用人群或者产品剂型的，可选择多个对应序号，各序号应当按顺序依次排列，序号之间用“/”进行连接。

表2－1 功效宣称分类目录

序号	功效类别	释义说明和宣称指引
A	新功效	不符合以下规则的
01	染发	以改变头发颜色为目的，使用后即时清洗不能恢复头发原有颜色
02	烫发	用于改变头发弯曲度（弯曲或拉直），并维持相对稳定。注：清洗后即恢复头发原有形态的产品，不属于此类
03	祛斑美白	有助于减轻或减缓皮肤色素沉着，达到皮肤美白增白效果；通过物理遮盖形式达到皮肤美白增白效果。注：含改善因色素沉积导致痘印的产品
04	防晒	用于保护皮肤、口唇免受特定紫外线所带来的损伤。注：婴幼儿和儿童的防晒化妆品作用部位仅限皮肤
05	防脱发	有助于改善或减少头发脱落。注：调节激素影响的产品，促进生发作用的产品，不属于化妆品
06	祛痘	有助于减少或减缓粉刺（含黑头或白头）的发生；有助于粉刺发生后皮肤的恢复。注：调节激素影响的、杀（抗、抑）菌的和消炎的产品，不属于化妆品
07	滋养	有助于为施用部位提供滋养作用。注：通过其他功效间接达到滋养作用的产品，不属于此类
08	修护	有助于维护施用部位保持正常状态。注：用于疤痕、烫伤、破损等损伤部位的产品，不属于化妆品
09	清洁	用于除去施用部位表面的污垢及附着物
10	卸妆	用于除去施用部位的彩妆等其他化妆品
11	保湿	用于补充或增强施用部位水分、油脂等成分含量；有助于保持施用部位水分含量或减少水分流失
12	美容修饰	用于暂时改变施用部位外观状态，达到美化、修饰等作用，清洁卸妆后可恢复原状。注：人造指甲或固体装饰物类等产品（如假睫毛等），不属于化妆品
13	芳香	具有芳香成分，有助于修饰体味，可增加香味
14	除臭	有助于减轻或遮盖体臭。注：单纯通过抑制微生物生长达到除臭目的产品，不属于化妆品
15	抗皱	有助于减缓皮肤皱纹产生或使皱纹变得不明显
16	紧致	有助于保持皮肤的紧实度、弹性
17	舒缓	有助于改善皮肤刺激等状态
18	控油	有助于减缓施用部位皮脂分泌和沉积，或使施用部位出油现象不明显
19	去角质	有助于促进皮肤角质的脱落或促进角质更新
20	爽身	有助于保持皮肤干爽或增强皮肤清凉感。注：针对病理性多汗的产品，不属于化妆品
21	护发	有助于改善头发、胡须的梳理性，防止静电，保持或增强毛发的光泽
22	防断发	有助于改善或减少头发断裂、分叉；有助于保持或增强头发韧性
23	去屑	有助于减缓头屑的产生；有助于减少附着于头皮、头发的头屑
24	发色护理	有助于在染发前后保持头发颜色的稳定。注：为改变头发颜色的产品，不属于此类
25	脱毛	用于减少或除去体毛
26	辅助剃须剃毛	用于软化、膨胀须发，有助于剃须剃毛时皮肤润滑。注：剃须、剃毛工具不属于化妆品

表 2-2 作用部位分类目录

序号	作用部位	说明
B	新功效	不符合以下规则的
01	头发	注：染发、烫发产品仅能对应此作用部位；防晒产品不能对应此作用部位
02	体毛	不包括头面部毛发
03	躯干部位	不包含头面部、手、足
04	头部	不包含面部
05	面部	不包含口唇、眼部；注：脱毛产品不能对应此作用部位
06	眼部	包含眼周皮肤、睫毛、眉毛；注：脱毛产品不能对应此作用部位
07	口唇	注：祛斑美白、脱毛产品不能对应此作用部位
08	手、足	注：除臭产品不能对应此作用部位
09	全身皮肤	不包含口唇、眼部
10	指（趾）甲	

表 2-3 使用人群分类目录

序号	使用人群	说明
C	新功效	不符合以下规则的产品；宣称孕妇和哺乳期妇女适用的产品
01	婴幼儿（0~3 周岁，含 3 周岁）	功效宣称仅限于清洁、保湿、护发、防晒、舒缓、爽身
02	儿童（3~12 周岁，含 12 周岁）	功效宣称仅限于清洁、卸妆、保湿、美容修饰、芳香、护发、防晒、修护、舒缓、爽身
03	普通人群	不限定使用人群

表 2-4 产品剂型分类目录

序号	产品剂型	说明
00	其他	不属于以下范围的
01	膏霜乳	膏、霜、蜜、脂、乳、乳液、奶、奶液等
02	液体	露、液、水、油、油水分离等
03	凝胶	啫喱、胶等
04	粉剂	散粉、颗粒等
05	块状	块状粉、大块固体等
06	泥	泥状固体等
07	蜡基	以蜡为主要基料的
08	喷雾剂	不含推进剂
09	气雾剂	含推进剂
10	贴、膜、含基材	贴、膜、含配合化妆品使用的基材的
11	冻干	冻干粉、冻干片等

表 2-5 使用方法分类目录

序号	作用部位	使用方法
01	淋洗	淋洗类化妆品：在人体表面（皮肤、毛发、甲、口唇等）使用后及时清洗的化妆品
02	驻留	驻留类化妆品：除淋洗类产品外的化妆品

目标检测

一、单选题

1. 化妆品的使用目的不包括（　）

A. 清洁皮肤　B. 保护皮肤　C. 修饰容颜　D. 修复创面

2. 下列不属于化妆品质量特性的是（　）

A. 安全性　B. 稳定性　C. 经济性　D. 功效性

3. 下列为特殊化妆品的是（　）

A. 除臭喷雾　B. 美白祛斑膏　C. 健美霜　D. 生发液

4. 下列关于化妆品定义的描述，错误的是（　）

A. 化妆品的使用部位可以在口腔　B. 化妆品的使用方法包括涂擦、喷洒

C. 化妆品的使用目的不能用于提高免疫力　D. 化妆品是一种日用化学工业品

5. 国家对风险程度较高的化妆品新原料实行（　）管理

A. 监测　B. 注册　C. 备案　D. 审评

6. 依据《化妆品分类规则与分类目录》，下列关于化妆品作用部位说法错误的是（　）

A. 脱毛类化妆品的作用部位不可以在面部

B. 除臭类化妆品的作用部位不可以在足部

C. 婴幼儿防晒化妆品的作用部位不可以在面部

D. 描眉类的化妆品其作用部位属于眼部

二、多选题

1. 下列不属于化妆品的有（　）

A. 胶原蛋白片　B. 驱蚊花露水

C. 润肤精油　D. 漱口水

2. 下列关于牙膏的说法，正确的有（　）

A. 牙膏不是化妆品

B. 牙膏参照普通化妆品管理

C. 牙膏不能进行功效宣称

D. 牙膏在经过功效评价后，可以进行功效宣称

3. 从风险程度划分，化妆品可以分为（　）

A. 功效化妆品　B. 普通化妆品

C. 特殊化妆品　D. 特殊用途化妆品

4. 化妆品可以宣称的功效有（　）

A. 除臭　B. 祛痘　C. 抗皱　D. 抑菌

5.《化妆品分类规则和分类目录》主要是按照（　）和使用方法进行分类

A. 功效宣称　B. 作用部位　C. 产品剂型　D. 使用人群

6. 下列哪几类编码中出现字母时，应当判定为宣称新功效的化妆品（　）

A. 使用方法　　B. 功效宣称　　C. 作用部位　　D. 使用人群

三、案例分析题

药监局对A化妆品有限公司进行现场检查时，发现该公司生产的“睡莲保湿净颜乳”“睡莲保湿爽肤水”两款普通化妆品在未批准的情况下宣称“孕妇可用”。

（1）该产品是否可以宣称“孕妇可用”，为什么?

（2）如果产品要宣称“孕妇可用”，其应该如何进行合规操作?

四、实训项目

如果你是一家化妆品生产企业注册备案人员，打算对本企业4款产品申请上市，在填写注册备案申请表时需要填写这4款产品的分类编码，请根据《化妆品分类规则和分类目录》对这4款产品进行分类编码。

（1）儿童保湿修护面霜

（2）美白滋养润肤乳

（3）防脱去屑洗发水

（4）保湿控油舒缓面膜

书网融合……

本章小结　　习题

项目三　化妆品信息管理

PPT

学习目标

【知识要求】

1. 掌握化妆品标签的内容及标注要求。
2. 熟悉化妆品广告的监管要求；化妆品标签的禁止性规定。
3. 了解化妆品标签及广告的处罚规定。

【技能要求】

培养合规标注化妆品标签的能力。

【素质要求】

培养合规宣称、诚信经营的意识及素养。

任务一　化妆品标签管理

实例分析

实例一　某市场监督管理局发布的行政处罚决定书显示，网络商城某店铺“某美妆”运营方——某网络科技有限公司被查封的涉案48箱进口化妆品中，有21箱确系无中文标签，进口化妆品货值金额合计二十多万元。针对“某美妆”标签不合规的违法行为，市场监督管理局罚没“某美妆”运营方百万元。

实例二　某区市场监管局在日常监督检查过程中，注意到辖区某化妆品店经营区域产品陈列架上的10包“某蛋白眼贴”，经营者在拆包后以片为单位在顾客嫁接假睫毛时消耗使用，单片包装并无产品标签信息。经查验经营者进货票据及库存商品了解，该店从广州某公司购进相关产品100包共计5000片，其最小销售包装为片，均没有标签。

问题　1. 上述案件中有哪些违规行为？

2. 化妆品标签应该标注哪些内容？

2021年6月，国家药品监督管理局发布《化妆品标签管理办法》，要求在中华人民共和国境内生产经营的化妆品的标签管理必须适用该办法的规定。

依据《化妆品标签管理办法》第三条的规定，化妆品标签是指产品销售包装上用以辨识说明产品基本信息、属性特征和安全警示等的文字、符号、数字、图案等标识，以及附有标识信息的包装容器、包装盒和说明书。

从化妆品标签定义可以得出，消费者能从化妆品内外包装、说明书、吊牌等获取的任何文字、图片、数字及符号信息都属于标签的组成部分。化妆品标签既包括文字、图片等信息也包括包装容器及说明书等载体。

知识拓展

化妆品包装

化妆品包装是指在流通中保护化妆品、方便储运、促进销售，按一定的技术方法所采用的容器、材料和辅助物等的总称。化妆品包装可以分为内包装和外包装（图3-1）。内包装又称内包材，是指与化妆品内容物直接接触的包装材料和容器（如玻璃瓶、塑料瓶、塑料软管、安瓿等）。外包装系指内包装以外的包装。

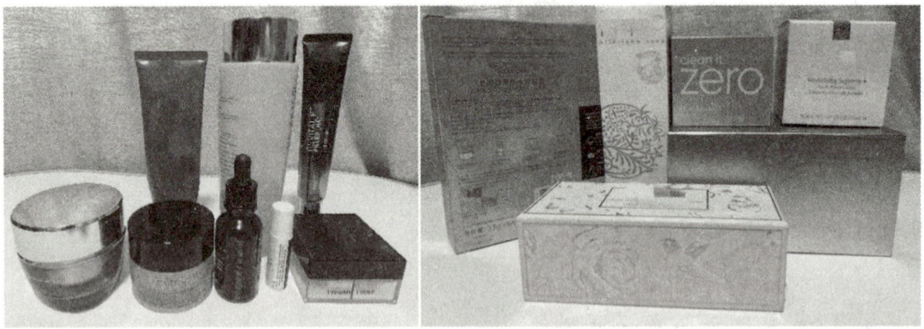

图3-1 化妆品内包装（左）与外包装（右）

化妆品的标签是化妆品基础信息展示的重要载体，是消费者获得产品信息的直接来源，消费者通过标签了解化妆品的成分、安全信息、功效宣称、使用方法、有效期等关键信息，指导消费者合理用妆，其规范性直接影响消费者对产品的选择。监管者通过管理化妆品的标签标识来确保产品合法合规，规范标签管理是落实企业主体责任的行政手段之一。标签也是维护消费者权益的关键，它保护消费者的知情权与选择权。标签内容作为合同的一部分，是消费者维权时的重要证据。

一、化妆品标签的一般要求

（一）基本要求

化妆品的最小销售单元应当有标签。标签应当符合相关法律、行政法规、部门规章、强制性国家标准和技术规范要求，标签内容应当合法、真实、完整、准确，并与产品注册或者备案的相关内容一致。化妆品标签应当清晰、持久，易于辨认、识读，不得有印字脱落、粘贴不牢等现象。

关键术语

最小销售单元：以产品销售为目的，将产品内容物随产品包装容器、包装盒以及产品说明书等一起交付消费者时的最小包装的产品形式。

销售包装：最小销售单元的包装。包括直接接触内容物的包装容器、放置包装容器的包装盒，以及随附于产品的说明书。

内容物：包装容器内所装的产品。

展示面：化妆品在陈列时，除底面外能被消费者看到的任何面（图3-2中1~5为展示面）。

可视面：化妆品在不破坏销售包装的情况下，能被消费者看到的任何面（图3-2中1~6为可视面）。

引导语：用以引出标注内容的用语，如“成分”“备案人名称”等。

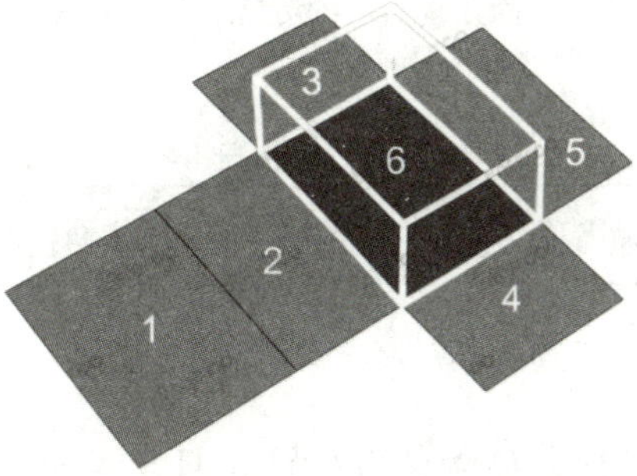

图3－2　展示面与可视面示例图

（二）文字要求

化妆品应当有中文标签。中文标签应当使用规范汉字，规范汉字一般是指简体中文汉字。繁体字、少数民族语言、特殊符号等都不属于规范汉字。使用其他文字或者符号的，应当在产品销售包装可视面使用规范汉字对应解释说明，网址、境外企业的名称和地址以及约定俗成的专业术语等必须使用其他文字的除外，比如BB霜、维生素C、SPF等这些约定俗成的术语，境外企业的英文名称及地址，净含量中的数字及单位等无须翻译说明。

化妆品可以直接使用中文标签，也可以加贴中文标签。如果加贴中文标签，注册人、备案人应当如实翻译销售包装原标签内容，不能隐瞒，也不能通过遮盖、涂改等方式修改销售包装，中文标签有关产品安全、功效宣称的内容应当与原标签相关内容对应一致。

除注册商标之外，中文标签同一可视面上其他文字字体的字号应当小于或者等于相应的规范汉字字体的字号。这一规定的出发点在于一些企业在标注信息时故意将汉字标注得很小，而将外文标注得异常醒目，这样消费者查找相应信息会很费力，甚至还有一些国产产品也故意这样标注，以使消费者误以为该产品为进口产品。

二、化妆品标签的内容

依据《化妆品标签管理办法》第七条的规定，化妆品中文标签应当至少包括以下内容：①产品中文名称、特殊化妆品注册证书编号；②注册人、备案人的名称、地址，注册人或者备案人为境外企业的，应当同时标注境内责任人的名称、地址；③生产企业的名称、地址，国产化妆品应当同时标注生产企业生产许可证编号；④产品执行的标准编号；⑤全成分；⑥净含量；⑦使用期限；⑧使用方法；⑨必要的安全警示用语；⑩法律、行政法规和强制性国家标准规定应当标注的其他内容。

具有包装盒的产品，还应当同时在直接接触内容物的包装容器上标注产品中文名称和使用期限。在直接接触内容物的包装容器上标注标签的生产工序应当在完成最后一道接触化妆品内容物生产工序的生产企业内完成。

（一）产品的名称

1. 一般要求　化妆品命名的规范性及准确性至关重要，为了防止不规范的产品命名误导消费者，《化妆品标签管理办法》规定化妆品产品中文名称一般由商标名、通用名和属性名三部分组成（图3－3）。商标名的使用除符合国家商标有关法律法规的规定外，还应当符合国家化妆品管理相关法律法规的规定。通用名应当准确、客观，可以是表明产品原料或者描述产品用途、使用部位等的文字。属性名应当表明产品真实的物理性状或者形态。约定俗成、习惯使用的化妆品名称可以省略通用名或者属性名。

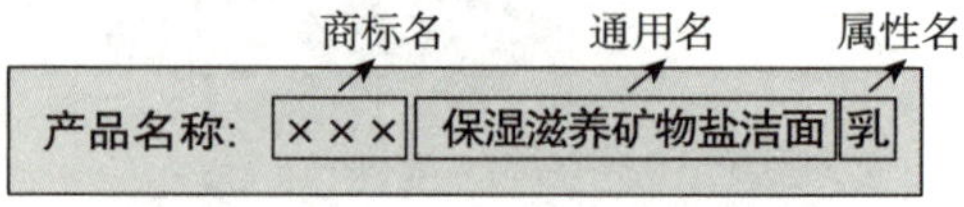

图 3-3　产品名称组成示例

产品中文名称应当在销售包装可视面显著位置标注，且至少有一处以引导语引出。引导语一般为“产品名称”或者“产品中文名称”。化妆品中文名称不得使用字母、汉语拼音、数字、符号等进行命名，注册商标、表示防晒指数、色号、系列号，或者其他必须使用字母、汉语拼音、数字、符号等的除外。

特殊化妆品注册证书编号应当是国家药品监督管理局核发的注册证书编号，在销售包装可视面进行标注。

2. 具体要求　不得以商标名的形式宣称医疗效果或者产品不具备的功效。以暗示含有某类原料的用语作为商标名，产品配方中含有该类原料的，应当在销售包装可视面对其使用目的进行说明。产品配方不含有该类原料的，应当在销售包装可视面明确标注产品不含该类原料，相关用语仅作商标名使用。产品中文名称中的注册商标使用字母、汉语拼音、数字、符号等的，应当在产品销售包装可视面对其含义予以解释说明。

在通用名中使用具体原料名称或者表明原料类别的词汇的，应当与产品配方成分相符，且该原料在产品中产生的功效作用应当与产品功效宣称相符。如产品名称为“某某氨基酸面膜”，产品功效宣称为抗皱，则产品配方中应包含氨基酸，并且氨基酸的使用目的应当与抗皱相关。使用动物、植物或者矿物等名称描述产品的香型、颜色或者形状的，配方中可以不含此原料，命名时可以在通用名中采用动物、植物或者矿物等名称加香型、颜色或者形状的形式，也可以在属性名后加以注明，比如“黄瓜味洗面奶或者洗面奶（黄瓜味）”。

典型案例

原料宣称与实际不符案件

某化妆品有限公司宣称其透明质酸保湿精华液：“植萃透明质酸1000倍深度补水”。但该产品配方成分中并无“透明质酸”而是“透明质酸钠”。透明质酸和透明质酸钠是两种不同的原料，而且透明质酸钠在该精华中的使用目的并不是保湿，与其宣称的功效不符。药监局以对商品或者服务作虚假或者引人误解的宣传为由，依据《广告法》第五十五条的规定，对其罚款30000元。

不同产品的商标名、通用名、属性名相同时，其他需要标注的内容应当在属性名后加以注明，包括颜色或者色号、防晒指数、气味、适用发质、肤质或者特定人群等内容（图3-4）。商标名、通用名或者属性名单独使用时符合规定要求，组合使用时可能使消费者对产品功效产生歧义的，应当在销售包装可视面予以解释说明。

产品名称：×××幻色溢彩高光眼线液02号深咖色

图 3-4　不同产品商标名、通用名、属性名相同时的标注示例

（二）企业信息

为了明确产品的责任主体，应当在产品销售包装的可视面标注化妆品注册人、备案人、境内责任人和生产企业的名称、地址等相关信息。注册人、备案人、境内责任人和生产企业的名称和地址，应当标注产品注册证书或者备案信息载明的企业名称和地址，分别以相应的引导语引出。生产企业为境内的，还应当在企业名称和地址之后标注化妆品生产许可证编号，以相应的引导语引出。化妆品注册人或者备案人与生产企业相同时，即自主生产的情况下，可使用“注册人/生产企业”或者“备案人/生产企业”作为引导语，进行简化标注（图3－5）。

境内自主生产	备案人/生产企业：××有限公司 地址：××省××市××区××路××号 化妆品生产许可证编号：×妆××××××××
境内委托生产	备案人：××有限公司 地址：××省××市××区××路××号 生产企业：××有限公司 地址：××省××市××区××路××号 化妆品生产许可证编号：×妆××××××××
境外自主生产	备案人/生产企业：境外公司名称 地址：境外公司地址 境内责任人：××有限公司 地址：××省××市××区××路××号

图3－5　企业信息标注示例（以备案为例）

生产企业名称和地址应当标注完成最后一道接触内容物的工序的生产企业的名称、地址。比如化妆品的配制和灌装不在同一企业内完成的，生产企业信息仅需标注最终完成灌装的企业信息。注册人、备案人同时委托多个生产企业完成最后一道接触内容物工序的，可以同时标注各受托生产企业的名称、地址，并通过代码或者其他方式指明产品的具体生产企业。

知识拓展

禁止在标签上标注“监制”“出品人”“品牌授权人”等字样

部分化妆品品牌方通过授权的方式，由受托生产企业进行产品备案或注册，同时品牌方企业以“监制”“联合出品”“品牌方”等引导语出现在产品包装上，以显示品牌方的主导地位。但这样做会让消费者误以为这个商标持有的公司（品牌方）是产品的责任人，因为信任这个商标而购买这个产品。但实际备案或注册人不是这个品牌方，而是受托生产企业。

国家药监局明确表示化妆品注册人、备案人、境内责任人、受托生产企业都是法规明确规定的生产责任主体。除此以外，其他与产品生产者相关的概念、用语、表述，包括“监制”“出品”“品牌授权人”等，因法规无明确定义，词语本身含义也比较模糊，消费者、企业对这些词语的理解并不一致，以类似用语标注企业或者组织信息，将导致消费者对产品生产者和责任主体产生误解，属于“虚假或者引人误解的内容”，不得在产品标签上进行类似标注。同理，在产品标签上标注产品名称中的商标名以外的其他商标，导致消费者对化妆品生产者和责任主体产生误解的，均属于应当禁止的标签标注行为。

（三）产品执行的标准编号

化妆品标签应当在销售包装可视面标注产品执行的标准编号，以相应的引导语引出。产品执行的标准代表着化妆品的技术指标和质量控制情况，法规规定每个产品都要有其对应执行的标准，用意在于引导化妆品行业推行“一品一标”，用标准的手段推动产品质量和品牌提升。企业在办理产品的注册备案事项时要提交产品执行的标准，在完成产品注册备案后就可以获得产品执行的标准编号，产品执行的标准的编号规则与特殊化妆品注册证书编号或者普通化妆品备案编号一致。

化妆品注册人、备案人应当按照规定，在产品标签标注正确的产品执行的标准编号。如需在产品标签上标注除产品执行的标准编号以外的国家标准、行业标准或其他相关标准编号的，应当符合相关法律法规要求，内容应当真实、完整、准确。

（四）成分

化妆品成分是指生产过程中有目的地添加到产品配方中，并在最终产品中起到一定作用的成分，不包括所用原料中的杂质以及生产过程中使用但最终成品中不含的技术辅料。

化妆品标签应当在销售包装可视面标注化妆品全部成分的原料标准中文名称，以“成分”作为引导语引出。并按照各成分在产品配方中含量的降序列出。

如果成分表中同一行标注两种或两种以上的成分名称时，在各个成分名称之间用“、”予以分开。化妆品配方中存在含量不超过0.1%（w/w）的成分的，所有不超过0.1%（w/w）的成分应当以“其他微量成分”作为引导语引出另行标注，可以不按照成分含量的降序列出（图3－6）。以复配或者混合原料形式进行配方填报的，应当以其中每个成分在配方中的含量作为成分含量的排序和判别是否为微量成分的依据。

通过对成分含量降序排列及微量成分的标注，使消费者对化妆品中成分的含量有更直观的认识，一般成分排序越靠前，在配方中的含量越高，可以防止概念性添加误导消费者。但是也要明确原料的添加量越大并不代表产品一定越好，也不是使用的原料种类越多产品就越好，产品是否安全、有效是由原料配伍情况、原料的品质、生产工艺等综合决定，也与个人的体质、肤质有关。

保湿滋润乳液
产品名称：×××保湿滋润乳液 **成分：**水、甘油、鲸蜡基-PG羟乙基棕榈酰胺、三硅氧烷、聚二甲基硅氧烷、氢化聚癸烯、PEG-3聚二甲基硅氧烷、尿囊素、硫酸镁、丁二醇、异硬脂基甘油醚、羟苯甲脂、PEG-12聚二甲基硅氧烷。 **其他微量成分：**琥珀酸、氢氧化钠、蓝桉叶提取物、生育酚。

图3－6　化妆品成分标注示例

（五）净含量

化妆品的净含量应当使用国家法定计量单位表示，并在销售包装展示面标注。依据《定量包装商品计量监督管理办法》第五条的规定，净含量的标注由“净含量”（中文）、数字和法定计量单位（或者用中文表示的计数单位）三个部分组成（表3－1）。例如：“净含量：150ml”。以长度、面积、计数单位标注净含量的定量包装商品，可以免于标注“净含量”三个中文字，只标注数字和法定计量单位（或者用中文表示的计数单位）。

液态化妆品以体积标明净含量（比如化妆水），固态化妆品以质量标明净含量（比如粉饼），半固态或者黏性化妆品（比如面霜）用质量或者体积标明净含量。对于通过计数来表示含量的化妆品，可以在产品包装展示面上标注数字和中文表示的计数单位，如使用片、张、枚等。

表3-1　《定量包装商品计量监督管理办法》中有关净含量单位的要求

商品的标注类别		标注净含量的量限	计量单位
质量		$Q_n<1$ 克	mg（毫克）
		1 克 $\leq Q_n<1000$ 克	g（克）
		$Q_n\geq 1000$ 克	kg（千克）
体积（容积）	容积（液体）	$Q_n<1000$ 毫升	mL（ml）（毫升）或 cL（cl）（厘升）
		$Q_n\geq 1000$ 毫升	L（l）（升）
	体积（固体）	$Q_n\leq 1000$ 立方厘米（1 立方分米）	cm^3（立方厘米）或 mL（ml）（毫升）
		1 立方分米 $<Q_n<1000$ 立方分米	dm^3（立方分米）或 L（l）（升）
		$Q_n\geq 1000$ 立方分米	m^3（立方米）

（六）使用期限

化妆品的使用期限是指导消费者选购化妆品及合理用妆的重要指标，化妆品使用期限的标注一定要易于辨认，通俗易懂。产品使用期限应当按照下列方式之一在销售包装可视面标注，并以相应的引导语引出。

1. 生产日期和保质期　生产日期应当使用汉字或者阿拉伯数字，以四位数年份、二位数月份和二位数日期的顺序依次进行排列标识。

2. 生产批号和限期使用日期　具有包装盒的产品，在直接接触内容物的包装容器上标注使用期限时，除可以选择上述方式标注外，还可以采用标注生产批号和开封后使用期限的方式。

销售包装内含有多个独立包装产品时，每个独立包装应当分别标注使用期限，销售包装可视面上的使用期限应当按照其中最早到期的独立包装产品的使用期限标注，也可以分别标注单个独立包装产品的使用期限。

（七）使用方法

为保证消费者正确使用化妆品，需要标注产品使用方法的，应当在销售包装可视面或者随附于产品的说明书中进行标注。正确的使用方法是保证消费者安全用妆的重要环节。有些化妆品的使用方法比较复杂，比如染发类产品，使用方法中通常还有皮肤过敏性测试内容，包括如何配制测试液、测试部位、结果观察等内容，还有一些冻干粉类产品，使用前需要将冻干粉与溶媒混合才能使用，因此化妆品的使用方法应该清楚标注。但对于消费者都知晓其用法的常用产品，比如口红、眼影等可以不予标注使用方法。

在标注时应该明确化妆品具体的使用部位及方法，不应该出现“多个部位”“适用多种肤质”等模糊不清的表述。标注对使用人群和使用部位有特殊要求的，应当予以说明。并且与产品分类编码中使用人群、使用部位及功效宣称相符。

（八）安全警示用语

化妆品存在下列情形之一的，应当以“注意”或者“警告”作为引导语，在销售包装可视面标注安全警示用语。

1. 法律、行政法规、部门规章、强制性国家标准、技术规范对化妆品限用组分、准用组分有警示用语和安全事项相关标注要求的。比如《化妆品安全技术规范》要求含有准用防腐剂碘丙炔醇丁基氨甲酸酯的化妆品应在标签的警示用语中标注“三岁以下儿童勿用”的字样。

2. 法律、行政法规、部门规章、强制性国家标准、技术规范对适用于儿童等特殊人群化妆品要求标注的相关注意事项的。比如《儿童化妆品监督管理规定》要求儿童化妆品必须在销售包装可视面标注“应当在成人监护下使用”等警示用语。

3. 法律、行政法规、部门规章、强制性国家标准、技术规范规定其他应当标注安全警示用语、注意事项的。比如指甲油、香水、气雾剂等易燃易爆品需按照国家标准相关要求，标注使用安全注意事项和化学品安全标志。

（九）小规格产品的标注

化妆品净含量不大于15g或者15mL的小规格包装产品，仅需在销售包装可视面标注产品中文名称、特殊化妆品注册证书编号、注册人或者备案人的名称、净含量、使用期限等信息，其他应当标注的信息可以标注在随附于产品的说明书中。具有包装盒的小规格包装产品，还应当同时在直接接触内容物的包装容器上标注产品中文名称和使用期限。

在新消费形势下，化妆品小样备受年轻消费者喜爱。化妆品小样是指相对于市场上销售的化妆品正装，用规格较小的容器包装的化妆品。一般化妆品商家都是以免费试用、赠予等方式给予消费者化妆品小样，以此来吸引消费者购买正品，提高销量。有些商家甚至直接进行化妆品小样的销售活动。但是市场上的一些小样并不像正品一样有规范的标签，往往标识非常简单模糊，有的甚至什么标识都没有。

化妆品小样的标签同样需要符合有关规定，不能因为是免费赠予而豁免。《化妆品标签管理办法》第二十一条明确规定，以免费试用、赠予、兑换等形式向消费者提供的化妆品，标签同样是要适用本办法。

三、禁止标注的内容

化妆品标签上标注的内容，比如产品名称、功效宣称等应该客观准确，与注册备案资料中的内容保持一致。不得出现下列禁止宣称的内容。

1. 使用医疗术语、医学名人的姓名、描述医疗作用和效果的词语或者已经批准的药品名明示或者暗示产品具有医疗作用。

2. 使用虚假、夸大、绝对化的词语进行虚假或者引人误解的描述。

3. 利用商标、图案、字体颜色大小、色差、谐音或者暗示性的文字、字母、汉语拼音、数字、符号等方式暗示医疗作用或者进行虚假宣称。

4. 使用尚未被科学界广泛接受的术语、机理编造概念误导消费者。

5. 通过编造虚假信息、贬低其他合法产品等方式误导消费者。

6. 使用虚构、伪造或者无法验证的科研成果、统计资料、调查结果、文摘、引用语等信息误导消费者。

7. 通过宣称所用原料的功能暗示产品实际不具有或者不允许宣称的功效。

8. 使用未经相关行业主管部门确认的标识、奖励等进行化妆品安全及功效相关宣称及用语。

9. 利用国家机关、事业单位、医疗机构、公益性机构等单位及其工作人员、聘任的专家的名义、形象作证明或者推荐。

10. 表示功效、安全性的断言或者保证。

11. 标注庸俗、封建迷信或者其他违反社会公序良俗的内容。

12. 法律、行政法规和化妆品强制性国家标准禁止标注的其他内容。

知识拓展

国家药监局发布科普文章——干细胞是伪概念

在化妆品销售市场上，一些商家宣称其化妆品中含有干细胞，有修复皮肤细胞损伤，延长细胞寿命，抗衰老等功效，甚至还有商家夸大干细胞护肤是“还童术”。针对这一乱象，国家药监局直接在官网上发布“干细胞是伪概念”的科普文章，文章指出干细胞，俗称“万用细胞”，是一类具有自我更新能力的多潜能细胞，在一定诱导条件下可以增殖并分化为其他类型的细胞。目前，干细胞技术在医学领域大多仍处于临床研究阶段。在卫生健康部门备案的干细胞临床研究中，尚无干细胞在美容、抗衰方面的研究。2021 年国家药监局修订发布的《已使用化妆品原料目录》中，未收录名称含有“干细胞”的化妆品原料。目前，国家药监局未注册或者备案任何干细胞相关的化妆品原料。因此，宣称干细胞化妆品是典型的使用尚未被科学界广泛接受的术语、机理编造概念误导消费者的行为，应予禁止。

四、过度包装限制

商品包装具有保护商品、美化产品、引导消费、提高商品附加值等作用，然而部分化妆品企业为了提高利润，执着于高颜值的包装呈现，将产品本身与产品包装本末倒置，华而不实的过度包装不仅浪费资源，甚至进一步加重环境污染现象。为此，2021 年 8 月，国家市场监督管理总局、国家标准化管理委员会联合发布了新修订的 GB 23350—2021《限制商品过度包装要求 - 食品和化妆品》的强制性国家标准，于 2023 年 9 月 1 日起实施。其中对化妆品过度包装作出明确定义，化妆品过度包装是指化妆品的包装空隙率、包装层数、包装成本超过要求的包装。

新标准涵盖了 31 类食品、16 类化妆品的包装要求，其中化妆品包括护肤水、散粉、洗护、牙膏等，规定了包装层数、包装成本和包装空隙率要求，以及相应的计算、检测和判定方法。

（一）包装层数

化妆品包装层数应不超过 4 层。以直接接触内容物的包装为第一层，有 N 层包装的商品，最外层为第 N 层。

（二）包装成本

除直接与内容物接触的包装之外所有包装的成本不得超过产品销售价格的 20%。包装成本与产品销售价格比率按照如下公式计算：

$$Y = \frac{C}{P} \times 100\%$$

式中，Y—— 包装成本与产品销售价格比率（%），不得超过 20%；C—— 第二层到第 N 层所有包装物成本的总和（元）；P—— 商品制造商与销售商签订的合同销售价格或该商品的市场正常销售价格（元）。

（三）包装孔隙率

包装空隙率是指包装内去除内容物占有的必要空间容积与包装总容积的比率（表 3 - 2）。

表 3-2 化妆品与食品包装孔隙率要求

单件[a]净含量（Q）/（mL 或 g）	空隙率[b]（%）
≤1	≤85
1 < Q≤5	≤75
5 < Q≤15	≤60
15 < Q≤30	≤50
35 < Q≤50	≤40
>50	≤30

注：本表不适用于销售包装层数仅为一层的商品。

[a]需混合使用的化妆品，单件是指混合后的产品。
[b]综合商品的包装空隙率应以单件净含量最大的产品所对应的空隙率为准。

五、法律责任

（一）生产经营标签不符合规定的化妆品

依据《化妆品监督管理条例》第六十一条第一款第（五）项的规定，生产经营标签不符合本条例规定的化妆品，由负责药品监督管理的部门没收违法所得、违法生产经营的化妆品，并可以没收专门用于违法生产经营的原料、包装材料、工具、设备等物品；违法生产经营的化妆品货值金额不足 1 万元的，并处 1 万元以上 3 万元以下罚款；货值金额 1 万元以上的，并处货值金额 3 倍以上 10 倍以下罚款；情节严重的，责令停产停业、由备案部门取消备案或者由原发证部门吊销化妆品许可证件，对违法单位的法定代表人或者主要负责人、直接负责的主管人员和其他直接责任人员处以其上一年度从本单位取得收入的 1 倍以上 2 倍以下罚款，5 年内禁止其从事化妆品生产经营活动。

典型案例

标签标识的原料浓度与实际不符案件

某生物科技有限公司生产的玻色因抗衰精华液的标签显著位置标识有“内含 10% 玻色因”等字样的宣称。经检测发现，玻色因在该产品中实际含量为 2.5%，未到标注的 10%。经执法人员的核实，玻色因原名羟丙基四氢吡喃三醇，是一种有抗皱功效的化妆品原料。“玻色因原料”并不是 100% 羟丙基四氢吡喃三醇，而是由羟丙基四氢吡喃三醇、水、丁二醇、1,2 己二醇构成，羟丙基四氢吡喃三醇在“玻色因原料”中纯度含量范围在 20% ~30%。所以，若在产品中添加 10% 的“玻色因原料”，实际真正具有抗衰作用的玻色因（羟丙基四氢吡喃三醇）在产品中仅为 2% ~3%。该生物科技有限公司为了引起消费者的注意，提高产品销售，故在产品外包装明显位置及产品标签上标示有 10% 玻色因字样。该企业涉嫌生产销售标签不符合规定的化妆品。

处罚结果：由于该生物科技有限公司配合调查，对产品进行整改，且已注销备案，社会危害性较小，药监局决定对当事人减轻处罚，依据《化妆品监督管理条例》第六十一条第一款第（五）项的规定，没收其违法所得 7.86 万元；没收违法生产标签不符合规定的化妆品；对生产标签不符合规定化妆品的行为处以罚款 20.14 万元。

（二）标签瑕疵

依据《化妆品监督管理条例》第六十一条第二款，生产经营的化妆品的标签存在瑕疵但不影响质量安全且不会对消费者造成误导的，由负责药品监督管理的部门责令改正。拒不改正的，处2000元以下罚款。标签存在瑕疵的情形包括以下内容。

1. 文字、符号、数字的字号不规范，或者出现多字、漏字、错别字、非规范汉字的。
2. 使用期限、净含量的标注方式和格式不规范等的。
3. 化妆品标签不清晰难以辨认、识读，或者部分印字脱落或者粘贴不牢的。
4. 化妆品成分名称不规范或者成分未按照配方含量的降序列出的。
5. 未按照本办法规定使用引导语的。
6. 产品中文名称未在显著位置标注的。
7. 其他违反本办法规定但不影响产品质量安全且不会对消费者造成误导的情形。

任务二　化妆品广告管理

实例分析

实例　一款某著名化妆品品牌的新品“种草”笔记在小红书上引起了广泛的争议。原因在于，一位自称是医学生且拥有68万粉丝的“美妆博主”发布了一条关于该化妆品品牌新品“闪修精华”笔记，称该化妆品具有快速褪红的产品效果，因此在该笔记中，将“建议纳入医保”作为功效宣传点，引发不少医学业内人士的不满和疑议。除此之外，网络平台还有多个账号，同样以“建议纳入医保”作为该“闪修精华”产品的宣传卖点，发布多条图文笔记。通过笔记可以看到，其内容结构大多基本为：获得实验室内测版本，产品褪红效果好，国内还未上市，最后建议产品纳入医保。

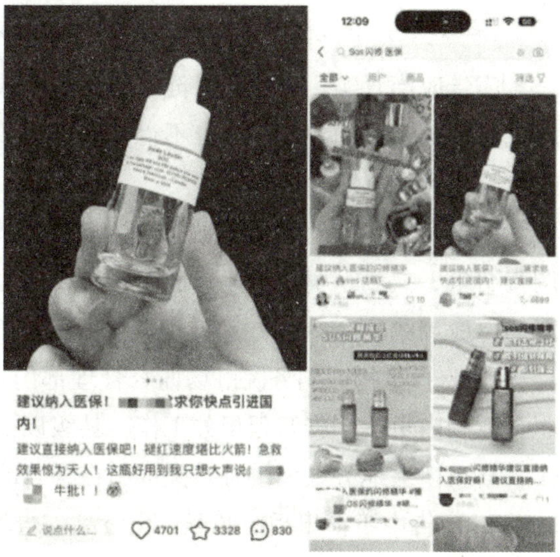

问题　1. 现在流行的网络平台上“种草”笔记是否属于广告？

2. 你怎么看待化妆品“建议纳入医保”的宣传行为？

一、化妆品广告概述

（一）定义

化妆品广告是指化妆品经营者通过一定媒介和形式直接或者间接地介绍自己所推销的化妆品的商业活动。随着各种传播媒介不断涌现，广告在化妆品销售中的重要性不断提高，化妆品经营者通过广告可以向消费者传递产品的信息，增加产品的知名度和认可度，扩大企业的声誉，提高产品的销售额。

根据传播媒介的不同，可以将广告分为传统媒介广告和新媒介广告。传统媒介是以电视、广播、期刊为主要传播媒介的广告形式，是化妆品广告传播的经典渠道。但随着网络的高速发展，以互联网为主要传播媒介的新媒介广告已经成为化妆品广告的重要渠道，比如化妆品企业在“抖音”“小红书”等新型短视频及内容营销平台上投放所谓的“种草”广告，通过美妆博主的试用体验进行广告营销输出。

广告媒介的多样化极大提高化妆品销量，但也存在虚假宣传、产品质量难以保证等问题。

（二）主体

化妆品广告制作过程中一般会出现广告主、广告经营者、广告发布者和广告代言人这四个主体。广告主，是指为推销商品或者服务，自行或者委托他人设计、制作、发布广告的自然人、法人或者其他组织。广告经营者，是指接受委托提供广告设计、制作、代理服务的自然人、法人或者其他组织。广告发布者，是指为广告主或者广告主委托的广告经营者发布广告的自然人、法人或者其他组织。广告代言人，是指广告主以外的，在广告中以自己的名义或者形象对商品、服务作推荐、证明的自然人、法人或者其他组织。

二、化妆品广告的监管

化妆品广告必须遵守《中华人民共和国广告法》《中华人民共和国反不正当竞争法》《化妆品监督管理条例》《化妆品标签管理办法》等法律法规的规定。不同于药品、医疗器械等特殊产品的广告，化妆品广告发布之前无须行政审批，因此广告发布内容是否合规主要依靠广告的各个主体自身的内容审查，以及发布后行政部门的监管。

（一）《中华人民共和国广告法》的相关规定

广告应当真实、合法，以健康的表现形式表达广告内容，符合社会主义精神文明建设和弘扬中华民族优秀传统文化的要求。广告不得含有虚假或者引人误解的内容，不得欺骗、误导消费者。广告主应当对广告内容的真实性负责。

广告内容涉及的事项需要取得行政许可的，应当与许可的内容相符合。广告使用数据、统计资料、调查结果、文摘、引用语等引证内容的，应当真实、准确，并表明出处。引证内容有适用范围和有效期限的，应当明确表示。

1. 监管机构 国务院市场监督管理部门主管全国的广告监督管理工作，国务院有关部门在各自的职责范围内负责广告管理相关工作。县级以上地方市场监督管理部门主管本行政区域的广告监督管理工作，县级以上地方人民政府有关部门在各自的职责范围内负责广告管理相关工作。

2. 广告中不得出现的情形 化妆品广告不仅要遵守《化妆品标签管理办法》第十九条规定的禁止标注的内容，还要遵守《广告法》第九条规定的禁止出现的情形。

（1）使用或者变相使用中华人民共和国的国旗、国歌、国徽，军旗、军歌、军徽。

（2）使用或者变相使用国家机关、国家机关工作人员的名义或者形象。

（3）使用“国家级”“最高级”“最佳”等用语。

（4）损害国家的尊严或者利益，泄露国家秘密。

（5）妨碍社会安定，损害社会公共利益。

（6）危害人身、财产安全，泄露个人隐私。

（7）妨碍社会公共秩序或者违背社会良好风尚。

（8）含有淫秽、色情、赌博、迷信、恐怖、暴力的内容。

（9）含有民族、种族、宗教、性别歧视的内容。

（10）妨碍环境、自然资源或者文化遗产保护。

（11）法律、行政法规规定禁止的其他情形。

3. 涉医广告 化妆品广告在功效宣称时容易使用与药品、医疗器械相混淆的用语。除医疗、药品、医疗器械广告外，禁止其他任何广告涉及疾病治疗功能，并不得使用医疗用语或者易使推销的商品与药品、医疗器械相混淆的用语。

依据《广告法》第五十八条规定，在广告中涉及疾病治疗功能，以及使用医疗用语或者易使推销的商品与药品、医疗器械相混淆的用语的，由市场监督管理部门责令停止发布广告，责令广告主在相应范围内消除影响，处广告费用一倍以上三倍以下的罚款，广告费用无法计算或者明显偏低的，处十万元以上二十万元以下的罚款；情节严重的，处广告费用三倍以上五倍以下的罚款，广告费用无法计算或者明显偏低的，处二十万元以上一百万元以下的罚款，可以吊销营业执照，并由广告审查机关撤销广告审查批准文件、一年内不受理其广告审查申请。

典型案例

化妆品广告宣称治疗功能和使用医疗用语案件

2024 年 4 月 8 日，国家市场监督管理总局公布 2023 年“铁拳”行动十大典型案例。此次公布的十起典型案例中有涉及在化妆品广告中宣称疾病治疗功能和使用医疗用语的违法行为。

2022 年 10 月，四川省成都市新津区市场监管局收到投诉举报称，四川某健康管理有限公司涉嫌发布违法广告。经查，自 2022 年起，当事人通过自建网站、APP 以及小程序销售化妆品“某活化能精华液”，在产品宣传页面上，对该精华液宣称可以“有效治疗预防青春痘、牛皮癣、过敏等恶性皮肤病”，并宣称“深层排毒，激活细胞，加速眼周血液循环，减小眼袋，改善黑眼圈”。上述行为违反了《中华人民共和国广告法》第四条第一款、第十七条的规定，新津区市场监管局依法对当事人在化妆品广告中宣称疾病治疗功能和使用医疗用语的违法行为作出行政处罚，罚款 55 万元。

4. 虚假广告　虚假广告是化妆品广告最常见的违法情形，《广告法》第二十八条规定，广告以虚假或者引人误解的内容欺骗、误导消费者的，构成虚假广告。广告有下列情形之一的，为虚假广告。

（1）商品或者服务不存在的。

（2）商品的性能、功能、产地、用途、质量、规格、成分、价格、生产者、有效期限、销售状况、曾获荣誉等信息，或者服务的内容、提供者、形式、质量、价格、销售状况、曾获荣誉等信息，以及与商品或者服务有关的允诺等信息与实际情况不符，对购买行为有实质性影响的。

（3）使用虚构、伪造或者无法验证的科研成果、统计资料、调查结果、文摘、引用语等信息作证明材料的。

（4）虚构使用商品或者接受服务的效果的。

（5）以虚假或者引人误解的内容欺骗、误导消费者的其他情形。

《广告法》第五十五条规定，违反本法规定，发布虚假广告的，由市场监督管理部门责令停止发布广告，责令广告主在相应范围内消除影响，处广告费用三倍以上五倍以下的罚款，广告费用无法计算或者明显偏低的，处二十万元以上一百万元以下的罚款；两年内有三次以上违法行为或者有其他严重情节的，处广告费用五倍以上十倍以下的罚款，广告费用无法计算或者明显偏低的，处一百万元以上二百万元以下的罚款，可以吊销营业执照，并由广告审查机关撤销广告审查批准文件、一年内不受理其广告审查申请。

《广告法》第五十六条规定，发布虚假广告，欺骗、误导消费者，使购买商品或者接受服务的消费者的合法权益受到损害的，由广告主依法承担民事责任。广告经营者、广告发布者不能提供广告主的真实名称、地址和有效联系方式的，消费者可以要求广告经营者、广告发布者先行赔偿。关系消费者生命健康的商品或者服务的虚假广告，造成消费者损害的，其广告经营者、广告发布者、广告代言人应当与广告主承担连带责任。

典型案例

虚构使用商品的效果案件

某化妆品有限公司在百货公司专柜发布印刷品广告，其内容含有："使用本产品8天，肌肤犹如新生。愈颜、弹润、透亮源自活源精粹的愈颜力，无论年龄、无论肌肤状态、8天肌肤犹如新生，明星达人挚爱之选，众人见证8天奇迹，肌肤问题一并解决，68800人已经见证奇迹水带来的肌肤新生"等用语。后据市场监督管理局调查，其并无上述8天内的神奇功效。这一行为违反了《中华人民共和国广告法》第二十八条第二款第四项相关规定，属虚构使用商品的效果。根据《中华人民共和国广告法》第五十五条第一款相关规定，市场监督管理局作出行政处罚，责令当事人停止违法行为，并处罚款200000元。

---

5. 其他规定 广告应当具有可识别性，能够使消费者辨明其为广告。大众传播媒介不得以新闻报道形式变相发布广告。通过大众传播媒介发布的广告应当显著标明"广告"，与其他非广告信息相区别，不得使消费者产生误解。广告不得贬低其他生产经营者的商品或者服务。

广告代言人在广告中对商品、服务作推荐、证明，应当依据事实，符合有关法律、行政法规规定，并不得为其未使用过的商品或者未接受过的服务作推荐、证明。不得利用不满十周岁的未成年人作为广告代言人。

广告中涉及专利产品或者专利方法的，应当标明专利号和专利种类。未取得专利权的，不得在广告中谎称取得专利权。禁止使用未授予专利权的专利申请和已经终止、撤销、无效的专利作广告。

（二）《中华人民共和国反不正当竞争法》的相关规定

经营者在生产经营活动中，应当遵循自愿、平等、公平、诚信的原则，遵守法律和商业道德。不正当竞争行为，是指经营者在生产经营活动中，违反本法规定，扰乱市场竞争秩序，损害其他经营者或者消费者的合法权益的行为。

《反不正当竞争法》第八条规定，经营者不得对其商品的性能、功能、质量、销售状况、用户评价、曾获荣誉等作虚假或者引人误解的商业宣传，欺骗、误导消费者。经营者不得通过组织虚假交易等方式，帮助其他经营者进行虚假或者引人误解的商业宣传。

《反不正当竞争法》第二十条规定，经营者违反本法第八条规定对其商品作虚假或者引人误解的商业宣传，或者通过组织虚假交易等方式帮助其他经营者进行虚假或者引人误解的商业宣传的，由监督检查部门责令停止违法行为，处二十万元以上一百万元以下的罚款；情节严重的，处一百万元以上二百万元以下的罚款，可以吊销营业执照。

（三）《互联网广告管理办法》的相关规定

互联网广告是利用网站、网页、互联网应用程序等互联网媒介，以文字、图片、音频、视频或者其他形式，直接或者间接地推销商品或者服务的商业广告活动。互联网是化妆品广告最重要的渠道之一。因此，化妆品广告的发布还应该遵守《互联网广告管理办法》的有关规定。

互联网广告应当具有可识别性，能够使消费者辨明其为广告。对于竞价排名的商品或者服务，广告发布者应当显著标明"广告"，与自然搜索结果明显区分。除法律、行政法规禁止发布或者变相发布广告的情形外，通过知识介绍、体验分享、消费测评等形式推销商品或者服务，并附加购物链接等购买方式的，广告发布者应当显著标明"广告"。

在针对未成年人的网站、网页、互联网应用程序、公众号等互联网媒介上不得发布医疗、药品、保健食品、特殊医学用途配方食品、医疗器械、化妆品、酒类、美容广告，以及不利于未成年人身心健康的网络游戏广告。

商品销售者或者服务提供者通过互联网直播方式推销商品或者服务，构成商业广告的，应当依法承担广告主的责任和义务。直播间运营者接受委托提供广告设计、制作、代理、发布服务的，应当依法承担广告经营者、广告发布者的责任和义务。直播营销人员接受委托提供广告设计、制作、代理、发布服务的，应当依法承担广告经营者、广告发布者的责任和义务。直播营销人员以自己的名义或者形象对商品、服务作推荐、证明，构成广告代言的，应当依法承担广告代言人的责任和义务。

目标检测

一、单选题

1. 化妆品产品名称不包括（　）

A. 通用名　　B. 商品名　　C. 商标名　　D. 属性名

2. 化妆品标签的内容不包括（　）

A. 使用方法　　B. 生产企业地址　　C. 经营者地址　　D. 全成分

3. 下列对于化妆品标签说法错误的是（　）

A. 化妆品标签应当标注主要成分

B. 成分表中成分名称应按加入量的降序列出

C. 化妆品成分应当使用化妆品原料标准中文名称进行标注

D. 化妆品的净含量应当使用国家法定计量单位表示

4. 化妆品标签上，生产企业名称和地址应当标注完成（　）的生产企业的名称、地址

A. 最后一道工序　　B. 核心工序

C. 主要工序　　D. 最后一道接触内容物的工序

5. 下列标签的内容应当在展示面标注的是（　）

A. 产品名称　　B. 生产企业名称　　C. 成分　　D. 净含量

二、多选题

1. 化妆品标签禁止标注的内容有（　）

A. 明示或者暗示产品具有医疗作用　　B. 表示功效、安全性的断言或者保证

C. 国家机关的名义作证明　　D. 明星的名义作证明

2. 化妆品外包装上使用期限标注方式包括（　）

A. 生产日期和保质期　　B. 生产批号和限期使用日期

C. 限期使用日期和开封后使用期限　　D. 生产批号和开封后使用期限

3. 具有包装盒的产品，还应当同时在直接接触内容物的包装容器上标注（　）

A. 中文名称　　B. 主要成分　　C. 生产日期　　D. 使用期限

4. 约定俗成、习惯使用的化妆品名称可以省略（　）

A. 通用名　　B. 商标名　　C. 属性名　　D. 商品名

5. 下列关于化妆品标签说法正确的有（　）

A. 同一展示面上其他文字字体的字号应当小于规范汉字字体的字号

B. 委托生产的化妆品，应只标注实际生产企业的名称、地址

C. 化妆品标注的产品名称应与注册或者备案名称相一致

D. 化妆品标签应当使用规范汉字，一些约定俗成的专业术语除外

三、案例分析题

1. 假设你从商场购买如下产品名称的面霜。

【产品名称】：天天美玻尿酸B5复颜紧致淡斑面霜

（1）以上产品名称的商标名、通用名和属性名分别是什么？

（2）《化妆品标签管理办法》要求化妆品中文名称一般不得使用字母、拼音、数字进行命名，你觉得产品名称中出现 B5 是否符合规定？

2. 药监部门在检查中发现，A 化妆品公司生产的“氨基酸洗发水”产品包装容器上印有“南京同仁堂绿金家园”字样。A 化妆品公司为涉案化妆品的备案人和生产企业，南京同仁堂并未参与该化妆品的生产及备案工作。

（1）你觉得 A 公司的行为是否合规，为什么？

（2）如果不合规，请阐述违反的条款及处罚依据。

四、实训项目

假设你是化妆品标签的设计人员，请为本企业的化妆品（可以任选一种化妆品）进行标签的设计工作，提交平面图样稿，并符合以下要求：①标签内容应该符合《化妆品标签管理办法》的规定。②标签上的功效宣称应该合规，无禁止标注的内容。③标签设计在合规的前提下，应该兼具美观与实用。

书网融合……

本章小结　　习题

项目四　化妆品注册与备案管理

PPT

学习目标

【知识要求】

1. 掌握化妆品注册备案的流程及责任主体；化妆品注册备案资料要求。
2. 熟悉化妆品原料管理要求；化妆品功效宣称分类及要求。
3. 了解化妆品新原料注册备案资料要求；化妆品安全评估要求。

【技能要求】

能够学会收集不同品类化妆品的注册备案资料；学会从产品类别等要素识别所需进行的注册备案检验项目。

【素质要求】

培养合规准入的意识，以及细致严谨的职业素养。

任务一　化妆品注册备案主体与程序

实例分析

实例　企业A委托化妆品生产企业B研发及生产一款保湿霜，由于企业A团队无符合要求的质量安全负责人且没有能力建立质量安全管理体系，故委托B作为备案人提交普通化妆品备案。但在产品包装上额外标注“品牌授权人：企业A”。

问题　1. 产品包装上可以标注品牌授权人吗？

2. 哪个企业应作为备案人？备案人应具备哪些能力要求？

3. 普通化妆品备案流程是怎么样的？

化妆品注册，是指注册申请人依照法定程序和要求提出注册申请，药品监督管理部门对申请注册的化妆品的安全性和质量可控性进行审查，决定是否同意其申请的活动。化妆品备案，是指备案人依照法定程序和要求，提交表明化妆品安全性和质量可控性的资料，药品监督管理部门对提交的资料存档备查的活动。

在中华人民共和国境内生产经营的化妆品和化妆品新原料，应当按照规定申请注册或者办理备案。我国对特殊化妆品实行注册管理，对普通化妆品实行备案管理。特殊化妆品经国务院药品监督管理部门注册后方可生产、进口。进口普通化妆品应当在进口前向国务院药品监督管理部门备案。国产普通化妆品应当在上市销售前向备案人所在地省、自治区、直辖市人民政府药品监督管理部门备案（图4－1）。

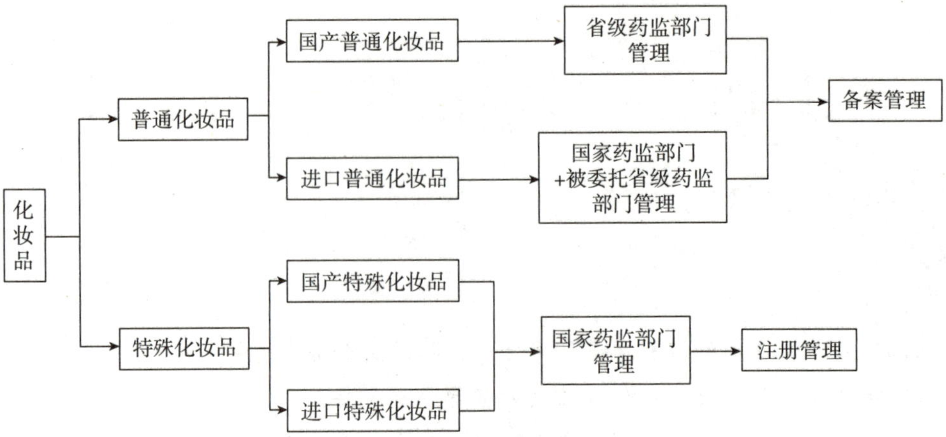

图4-1 化妆品注册备案分级管理

关键术语

国产化妆品与进口化妆品：化妆品最后一道接触内容物的工序在境内完成的为国产产品，在境外完成的为进口产品，在中国台湾、香港和澳门地区完成的参照进口产品管理。以一个产品名称申请注册或者进行备案的配合使用产品或者组合包装产品，任何一剂的最后一道接触内容物的工序在境外完成的，按照进口产品管理。

为了规范化妆品注册和备案行为，《化妆品注册备案管理办法》于2021年1月公布，并于2021年5月1日起施行。《化妆品注册备案管理办法》共6章63条，对化妆品注册和备案管理、化妆品新原料注册和备案管理、监督管理、法律责任等各方面作出明确规定，全面落实“四个最严”“放管服”、风险管理、鼓励创新等要求。《化妆品注册备案管理办法》要求企业落实主体责任，细化注册人、备案人的主体责任与义务。同时强化风险控制，对化妆品产品和新原料进行分级管理，明确告知性备案，提交备案资料即完成备案，优化特殊化妆品延续告知承诺审批的程序。建立鼓励创新机制，将安全监测期中的新原料可按流程早日应用于化妆品生产中，加快产品上市，又可动态监测相关安全性。

一、化妆品注册备案责任主体

化妆品注册备案过程中，在不同情形下（境内与境外、自主生产与委托生产）会出现不同的责任主体，比如注册人、备案人、受托生产企业、境内责任人等。由于化妆品委托加工较为普遍，化妆品的委托方（品牌商）与受托生产企业之间的责任权限不清，一旦产品出现问题，相互推诿，可能会出现无人担责的局面。《化妆品监督管理条例》明确各个主体的责任与义务，建立注册人、备案人制度，明确指出注册人、备案人是产品的第一责任人，受托生产企业对其生产活动承担责任。同时针对在境外的注册人、备案人责任难以直接落实到位的情形，要求其在境内必须设立境内责任人，代为履行相应的义务与责任。

（一）注册人、备案人

化妆品注册人、备案人是指申请特殊化妆品注册或者进行普通化妆品备案，并以自己名义把产品推向市场，能够独立承担民事责任的企业或者其他组织。化妆品注册人、备案人可以自行生产化妆品，也可以委托其他企业生产化妆品。

1. 注册人、备案人的职责　化妆品注册人与备案人应对化妆品的质量安全和功效宣称负责，履行上市前注册备案管理、上市后按照化妆品质量管理规范的要求组织化妆品生产、标签合规、不良反应监测与评价、产品风险控制及召回等义务。受托生产企业、境内责任人、化妆品经营者等其他主体在规定的义务范围内承担相应的责任。

化妆品注册人、备案人应当对提交的注册备案资料的合法性、真实性、准确性、完整性和可追溯性负责，并且承担相应的法律责任。境外化妆品注册人、备案人应当对境内责任人的注册备案工作进行监督。

2. 注册人、备案人的条件　化妆品注册申请人、备案人应当具备下列条件。

（1）是依法设立的企业或者其他组织。

（2）有与申请注册、进行备案的产品相适应的质量管理体系。

（3）有化妆品不良反应监测与评价能力。

化妆品的注册人、备案人必须是依法设立的企业或者其他组织，自然人不可以作为注册人或者备案人。此外，企业是否有与申请注册、进行备案化妆品相适应的质量管理体系并有不良反应监测与评价的能力是成为化妆品注册人、备案人必要条件。注册申请人首次申请特殊化妆品注册或者备案人首次进行普通化妆品备案的，应当提交其符合上述规定要求的证明资料。

（二）境内责任人

由于语言以及地理空间的原因，境外注册人、备案人直接办理注册备案及承担质量安全责任存在一定的障碍。因此，注册人、备案人在境外的，应当指定我国境内的企业法人（非自然人）作为境内责任人，由境内责任人以境外注册人、备案人名义代为办理注册备案，并承担相应的责任。境内责任人必须取得境外注册人、备案人的授权，出具授权书。虽然设置了境内责任人，境外注册人、备案人仍然是质量的第一责任人。在实际的情形中，是否需要指定境内责任人，应该以注册人、备案人是否在境外来评定，而不以生产地是否在境外来评判（表4-1）。

表4-1　境内责任人指定情形表

注册人、备案人	受托生产企业	类别	是否指定境内责任人
境外	/	进口化妆品	是
境外	境外	进口化妆品	是
境外	境内	国产化妆品	是
境内	境外	进口化妆品	否

同一个境外注册人、备案人可以同时授权多个境内责任人，但同一时期同一种产品不得授权多个境内责任人。境内责任人的义务不仅限于协助履行化妆品注册备案工作，还包括协助境外注册人、备案人进行产品事中事后的风险管控。具体义务包括：①以注册人、备案人的名义，办理化妆品、化妆品新原料注册、备案；②协助注册人、备案人开展化妆品不良反应监测、化妆品新原料安全监测与报告工作；③协助注册人、备案人实施化妆品、化妆品新原料召回工作；④按照与注册人、备案人的协议，对投放境内市场的化妆品、化妆品新原料承担相应的质量安全责任；⑤配合药品监督管理部门的监督检查工作。

二、化妆品注册备案监管主体

（一）国家药品监督管理局

国家药品监督管理局负责特殊化妆品、进口普通化妆品、化妆品新原料的注册和备案管理，并指导监督省、自治区、直辖市药品监督管理部门承担的化妆品备案相关工作。国家药品监督管理局可以委托具备相应能力的省、自治区、直辖市药品监督管理部门实施进口普通化妆品备案管理工作。

国家药品监督管理局化妆品技术审评机构负责特殊化妆品、化妆品新原料注册的技术审评工作，进口普通化妆品、化妆品新原料备案后的资料技术核查工作，以及化妆品新原料使用和安全情况报告的评估工作。

国家药品监督管理局行政事项受理服务机构、审核查验机构、不良反应监测机构、信息管理机构等专业技术机构，承担化妆品注册和备案管理所需的注册受理、现场核查、不良反应监测、信息化建设与管理等工作。

（二）省级药品监督管理部门

省、自治区、直辖市药品监督管理部门负责本行政区域内国产普通化妆品备案管理工作，在委托范围内以国家药品监督管理局的名义实施进口普通化妆品备案管理工作，并协助开展特殊化妆品注册现场核查等工作。

三、化妆品注册备案管理程序

化妆品注册备案管理程序包括化妆品注册备案流程、变更、延续、注销等环节。

（一）普通化妆品备案流程

国产普通化妆品上市前或进口普通化妆品进口前，备案人通过化妆品注册备案信息服务平台提交备案资料，提交即完成备案，并可将产品投放市场。省级以上药监部门在企业提交备案之日起 5 个工作日内向社会公布备案信息（图 4－2）。告知性备案并非降低对化妆品安全性的要求，监管部门将通过加强事中、事后监管措施，对备案资料进行备案后的监督检查。

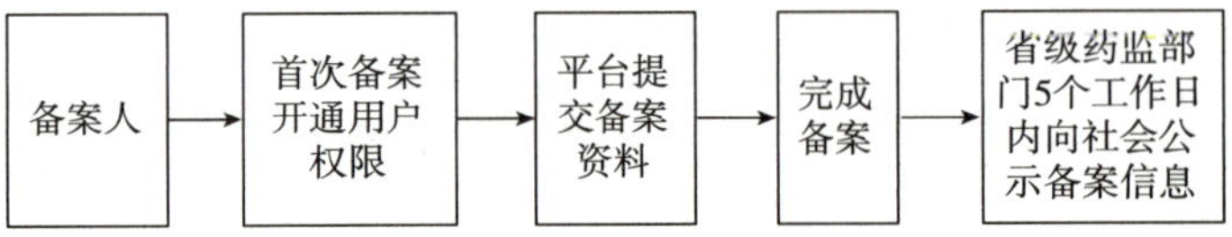

图 4－2　普通化妆品备案流程

普通化妆品备案编号规则如下。

1. 国产产品　省、自治区、直辖市简称＋G 妆网备字＋四位年份数＋本年度行政区域内备案产品顺序数。

2. 进口产品　国妆网备进字（境内责任人所在省、自治区、直辖市简称）＋四位年份数＋本年度全国备案产品顺序数。

3. 中国台湾、香港、澳门产品　国妆网备制字（境内责任人所在省、自治区、直辖市简称）＋四位年份数＋本年度全国备案产品顺序数。

（二）特殊化妆品注册流程

特殊化妆品生产或者进口前，注册申请人应当按照国家药品监督管理局的要求提交申请资料。国家药品监督管理局应当自受理特殊化妆品注册申请之日起 3 个工作日内将申请资料转交技术审评机构。技术审评机构应当自收到申请资料之日起 90 个工作日内完成技术审评，向国务院药品监督管理部门提交审评意见。国务院药品监督管理部门应当自收到审评意见之日起 20 个工作日内作出决定。对符合要求的，准予注册并发给特殊化妆品注册证；对不符合要求的，不予注册并书面说明理由。

技术审评机构在注册技术审评过程中，可以根据需要通知审核查验机构开展现场核查。境内现场核查应当在45个工作日内完成，境外现场核查应当按照境外核查相关规定执行。现场核查所用时间不计算在审评时限之内。注册申请人应当配合现场核查工作，需要抽样检验的，应当按照要求提供样品。特殊化妆品注册成功后，注册人还应在产品上市前将上市销售产品标签图片上传至化妆品注册备案信息服务平台向公众公示（图4-3）。

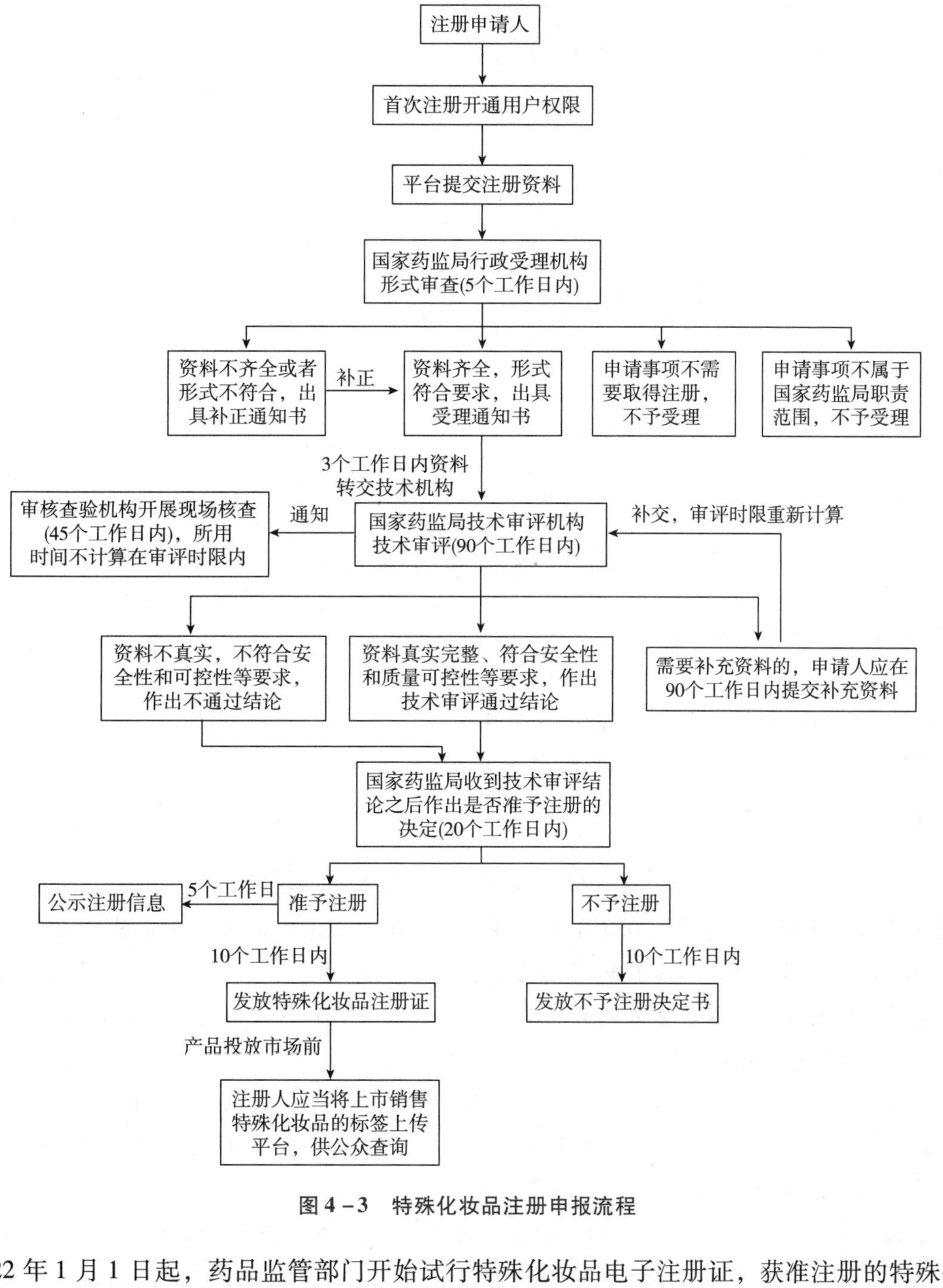

图4-3　特殊化妆品注册申报流程

自2022年1月1日起，药品监管部门开始试行特殊化妆品电子注册证，获准注册的特殊化妆品和化妆品新原料在试行期间可同时获得电子注册证与纸质注册证，为企业提供更加高效便捷的服务（图4-4）。而针对过往已注册特殊化妆品，则在2022年5月1日起获准变更、延续时也会获得新的电子注册证。另外需要注意的是，原《化妆品卫生监督条例》规定的育发、脱毛、美乳、健美、除臭等五类特殊用途化妆品自2021年1月1日起不再按照特殊化妆品管理。此前已经获得行政许可批件的产品可以继续生产、进口、销售至2025年12月31日，此后该类化妆品就将退出市场舞台。

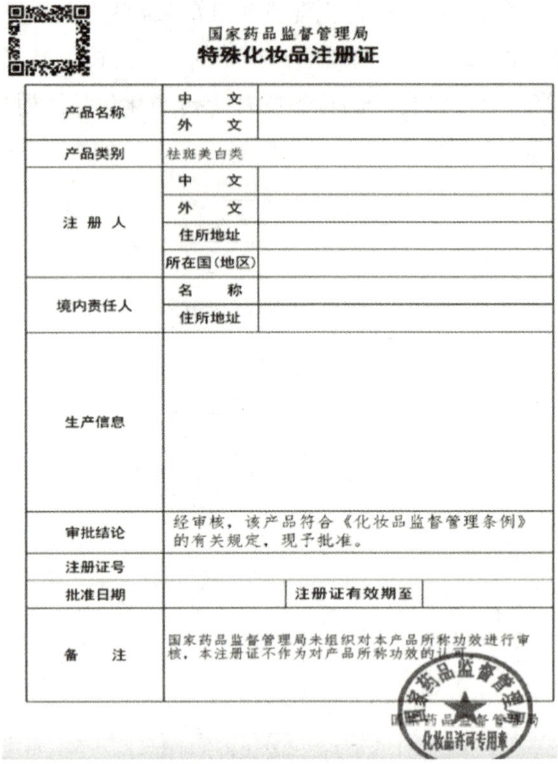

国家药品监督管理局
特殊化妆品注册证

产品名称	中　　文			
	外　　文			
产品类别	祛斑美白类			
注 册 人	中　　文			
	外　　文			
	住所地址			
	所在国（地区）			
境内责任人	名　　称			
	住所地址			
生产信息				
审批结论	经审核，该产品符合《化妆品监督管理条例》的有关规定，现予批准。			
注册证号				
批准日期		注册证有效期至		
备　　注	国家药品监督管理局未组织对本产品所称功效进行审核，本注册证不作为对产品所称功效的认可			

化妆品许可专用章

图 4－4　特殊化妆品注册证示例

特殊化妆品注册编号规则如下。

1. 国产产品　国妆特字＋四位年份数＋本年度注册产品顺序数。

2. 进口产品　国妆特进字＋四位年份数＋本年度注册产品顺序数。

3. 中国台湾、香港、澳门产品　国妆特制字＋四位年份数＋本年度注册产品顺序数。

知识拓展

化妆品“一号多用”违法行为专项检查

根据国家药监局统一部署，2023 年 7 月各省市组织开展化妆品“一号多用”违法行为专项检查。化妆品“一号多用”违法行为是指通过在产品标签上违法标注化妆品注册备案资料以外的文字、商标、标识或者以其他方式套用特殊化妆品注册证编号或者普通化妆品备案编号的行为。“一号多用”的主要表现形式有以下三种。

（1）以“一号多名称”形式套用特殊化妆品注册证编号或者普通化妆品备案编号的情形。通过在产品标签上违法标注已注册或者备案产品的名称以外的其他名称或者易使消费者视为产品名称的文字，导致消费者对该产品的名称产生误解。

（2）以“一号多商标”形式套用特殊化妆品注册证编号或者普通化妆品备案编号的情形。通过在产品标签上违法标注化妆品注册备案资料载明的商标以外的其他商标或者易使消费者视为商标的标识，导致消费者对该产品的质量安全责任主体产生误解。

（3）以“一号多主体”形式套用特殊化妆品注册证编号或者普通化妆品备案编号的情形。通过在产品标签上违法标注“监制”“出品”“品牌授权人”等相关词语，导致消费者对该产品的质量安全责任主体产生误解。

（三）注册备案后管理

1. 年报　普通化妆品的备案人应当每年向承担备案管理工作的药品监督管理部门报告生产、进口情况，以及符合法律法规、强制性国家标准、技术规范的情况。未在规定时间内提交年报的产品，则按规定取消备案。

知识拓展

广东省取消未提交年度报告普通化妆品的备案

根据《国家药监局关于实施<化妆品注册备案资料管理规定>有关事项的公告》（2021 年第 35 号）有关规定，普通化妆品备案人应当于每年 1 月 1 日至 3 月 31 日期间，通过化妆品注册备案信息服务平台提交备案时间满一年普通化妆品的年度报告。

针对在 2022 年 3 月 31 日前未按要求完成年度报告的产品，按照国家药监局统一部署，广东省药品监督管理局通过化妆品注册备案信息服务平台出具限期改正意见，要求还未提交年度报告的产品于 2022 年 6 月 30 日前完成整改。

根据广州市场监管局发布的《关于取消广州市未提交年度报告国产普通化妆品备案的通告》显示，由于截至2022 年6 月30 日未通过国家药品监管局注册备案平台提交备案时间满一年普通化妆品年度报告，广州市场监管局已取消一批广州市国产普通化妆品的备案，涉及超过 17 万个产品。

2. 延续　特殊化妆品注册证有效期为五年。特殊化妆品注册证有效期届满需要延续的，注册人应当自注册证有效期届满前 6 个月对产品开展全面自查评估，经自查评估认为产品符合法规规定的，应当在注册证有效期届满前 90 个工作日至 30 个工作日期间提出延续注册申请，并承诺符合强制性国家标准、技术规范的要求。注册人应当对提交的自查资料和作出承诺的真实性、合法性负责。逾期未提出延续注册申请的，不再受理其延续注册申请。受理机构应当在收到延续注册申请后 5 个工作日内对申请资料进行形式审查，符合要求的予以受理，并自受理之日起 10 个工作日内向申请人发出新的注册证。注册证有效期自原注册证有效期届满之日的次日起重新计算。药品监督管理部门应当对已延续注册的特殊化妆品的申报资料和承诺进行监督，经监督检查或者技术审评发现存在不符合强制性国家标准、技术规范情形的，应当依法撤销特殊化妆品注册证（图 4 – 5）。

（四）变更与注销

已注册或备案产品，均可申请变更或者注销。允许对已注册备案化妆品的部分事项发起变更申请，普通化妆品和特殊化妆品在完成变更后才可上市或进口。所有变更前已生产、上市或者进口的产品可以销售至产品保质期结束。

1. 用户主体变更

（1）注册人变更　化妆品注册证不得转让，注册人主体一般不得变更，但由于企业合并、分立等法定事由导致原注册人主体资格注销，将注册人变更为新设立的企业或者其他组织的，应当按照规定申请变更注册。

（2）备案人变更　备案人主体不允许变更。如果备案人主体发生变化，需要注销原备案后重新备案。如果备案人地址的变更涉及到对应的备案管理部门改变，比如原备案人地址为上海变更至现地址为北京，需注销原备案信息后使用原备案资料重新办理备案。

（3）境内责任人变更　允许注册人、备案人变更境内责任人，但应当提交以下资料。

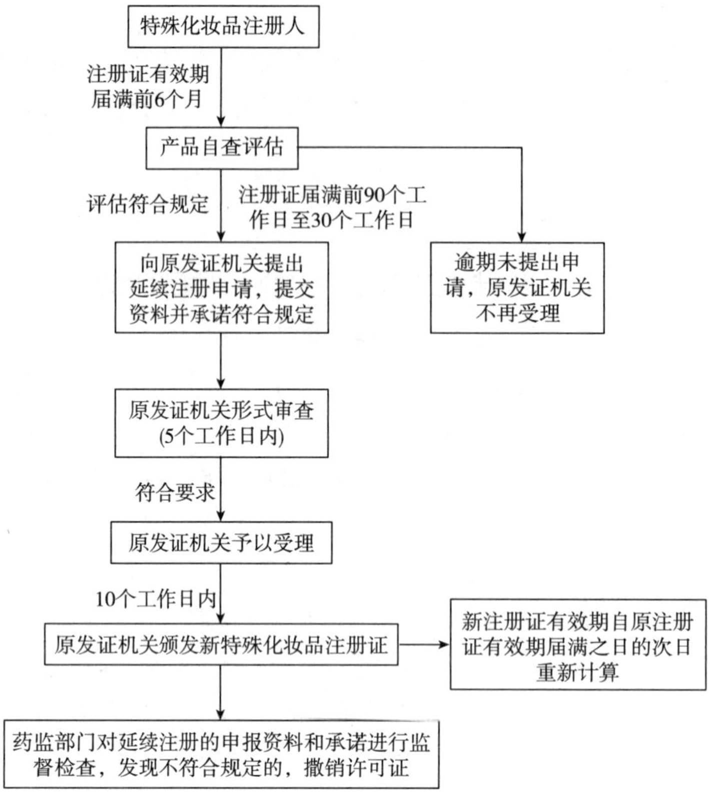

图 4-5　特殊化妆品注册证延续流程

1）拟变更境内责任人的产品清单。

2）原境内责任人盖章同意更换境内责任人的知情同意书，或者能够证明境内责任人发生变更生效的判决文书。

3）拟变更境内责任人承担产品（含变更前已上市的产品）原境内责任人相关各项责任的承诺书。

与备案人变更情形一样，如果境内责任人的变更涉及到对应的备案管理部门改变，则同样需要重新进行注销后，再由新的境内责任人重新备案产品。已经备案的进口普通化妆品拟在境内责任人所在省、自治区、直辖市行政区域以外的口岸进口的，应当通过注册备案信息服务平台补充填报进口口岸以及办理通关手续的联系人信息。

（4）名称变更　注册备案主体未发生变化，仅变更已注册或者备案产品的注册人、备案人、境内责任人或者生产企业的名称、住所的（生产场地未变化），应当按照规定要求完成信息更新后，对涉及的特殊化妆品注册证或者普通化妆品备案信息以及产品标签样稿的上述相关信息分别进行一次性变更。

2. 产品事项变更　已经备案的普通化妆品，无正当理由不得随意改变产品名称；没有充分的科学依据，不得随意改变功效宣称。已经备案的普通化妆品不得随意改变产品配方，但因原料来源改变等原因导致产品配方发生微小变化的情况除外。如果确实需要对已备案产品的产品名称、生产场地、原料供应商、产品执行标准以及标签样稿等事项进行变更，则需要按照规定通过注册备案信息服务平台提交相应的变更材料申请变更。

已经注册的特殊化妆品的注册事项发生变化的，国家药品监督管理局根据变化事项对产品安全、功效的影响程度实施分类管理。

（1）不涉及安全性、功效宣称的事项发生变化的，注册人应当及时向国家药品监督管理局备案。

（2）涉及安全性的事项发生变化的，以及生产工艺、功效宣称等方面发生实质性变化的，注册人应当向国家药品监督管理局提出产品注册变更申请。

（3）产品名称、配方等发生变化，实质上构成新的产品的，注册人应当重新申请注册。

当其中一项产品事项发生变更时，企业同样需要自查其影响面，是否涉及到多项资料同时变更。例如产品名称变更，往往涉及到产品标签样稿一并变更。产品分类变更，可能会连带产品安全评估资料变更等。

3. 注销 已注册或备案产品，均可申请注销。已经注册的产品不再生产或者进口的，注册人应当主动申请注销注册证。已经备案的产品不再生产或者进口的，备案人应当及时报告承担备案管理工作的药品监督管理部门取消备案。

非安全性原因注销备案产品后，再次申请备案时可以使用原备案资料复印件。对于非安全性原因不予注册的特殊产品再次申请注册时，可使用原注册资料的复印件，同时提交不予注册未涉及安全性的说明，包括对不予注册原因的解释。

（五）仅供出口

仅供出口的特殊化妆品和普通化妆品，都应当在注册备案信息服务平台进行备案。出口化妆品应符合进口国（地区）的标准或贸易双方合同约束的要求。由生产企业提交以下资料：①产品名称；②拟出口国家（地区）；③产品标签图片，包括产品销售包装正面立体图、产品包装平面图和产品说明书（如有）。

知识拓展

其他国家（地区）化妆品上市监管方式

美国 2022年12月29日美国总统签署《2022年食品和药品综合改革法》，其中包括《2022年化妆品法规现代化法》（MoCRA法）。新法要求化妆品产品在上市后的120天必须提交备案，向美国FDA提交包括生产地点、成分、标签等信息，且备案需每年更新一次。而在此之前，美国一直实施的是化妆品自愿注册计划（VCRP），不强制企业注册或备案提交信息。

欧盟 《欧盟化妆品法规》[（EC）No. 1223/2009]要求化妆品成品投放欧盟市场前，需指定欧盟境内的法人或自然人作为化妆品责任人，在化妆品在线通报系统（Cosmetic Products Notification Portal，CPNP）提交产品备案。通报备案信息包括：欧盟责任人信息及联系人信息、化妆品名称、产品配方、产品标签图片、原产国、上市地区等。除通报信息以外，责任人还应留存产品信息文档（Product Information File，PIF）备查。PIF文档包含产品描述、产品安全评估报告、生产工艺、符合良好生产规范声明、动物实验数据声明、产品功效证明等。

韩国 《化妆品法》要求任何打算进口、分销和销售化妆品的人都必须在韩国食品药品管理局（MFDS）注册为药品上市许可持有人（MAH）。对于一般化妆品，在产品进口上市前，MAH必须向韩国制药贸易商协会（KPTA）提交通知备案。对于机能性化妆品，监管情形类似我国的特殊化妆品，产品上市前MAH还需获得韩国食品药品安全部（MFDS）的审核、批准。

日本 日本厚生劳动省（MHLW）根据《药品和医疗器械法》，对化妆品（化妆品、医药部外品）进行监管。化妆品进口前只需简单通报产品上市，而医药部外品进口前需完成审批流程，要求提供产品完整的配方、生产工艺、使用方法、功效、质量规格和检测方法等资料。

四、法律责任

（一）生产经营或者进口未经注册的特殊化妆品

依据《化妆品监督管理条例》第五十九条第二款，生产经营或者进口未经注册的特殊化妆品，由负责药品监督管理的部门没收违法所得、违法生产经营的化妆品和专门用于违法生产经营的原料、包装材料、工具、设备等物品；违法生产经营的化妆品货值金额不足 1 万元的，并处 5 万元以上 15 万元以下罚款；货值金额 1 万元以上的，并处货值金额 15 倍以上 30 倍以下罚款；情节严重的，责令停产停业、由备案部门取消备案或者由原发证部门吊销化妆品许可证件，10 年内不予办理其提出的化妆品备案或者受理其提出的化妆品行政许可申请，对违法单位的法定代表人或者主要负责人、直接负责的主管人员和其他直接责任人员处以其上一年度从本单位取得收入的 3 倍以上 5 倍以下罚款，终身禁止其从事化妆品生产经营活动；构成犯罪的，依法追究刑事责任。

（二）上市销售、经营或者进口未备案的普通化妆品

依据《化妆品监督管理条例》第六十一条第一款第（一）项，上市销售、经营或者进口未备案的普通化妆品，由负责药品监督管理的部门没收违法所得、违法生产经营的化妆品，并可以没收专门用于违法生产经营的原料、包装材料、工具、设备等物品；违法生产经营的化妆品货值金额不足 1 万元的，并处 1 万元以上 3 万元以下罚款；货值金额 1 万元以上的，并处货值金额 3 倍以上 10 倍以下罚款；情节严重的，责令停产停业、由备案部门取消备案或者由原发证部门吊销化妆品许可证件，对违法单位的法定代表人或者主要负责人、直接负责的主管人员和其他直接责任人员处以其上一年度从本单位取得收入的 1 倍以上 2 倍以下罚款，5 年内禁止其从事化妆品生产经营活动。

（三）虚假注册

依据《化妆品监督管理条例》第六十四条，在申请化妆品行政许可时提供虚假资料或者采取其他欺骗手段的，不予行政许可，已经取得行政许可的，由作出行政许可决定的部门撤销行政许可，5 年内不受理其提出的化妆品相关许可申请，没收违法所得和已经生产、进口的化妆品；已经生产、进口的化妆品货值金额不足 1 万元的，并处 5 万元以上 15 万元以下罚款；货值金额 1 万元以上的，并处货值金额 15 倍以上 30 倍以下罚款；对违法单位的法定代表人或者主要负责人、直接负责的主管人员和其他直接责任人员处以其上一年度从本单位取得收入的 3 倍以上 5 倍以下罚款，终身禁止其从事化妆品生产经营活动。

（四）虚假备案

依据《化妆品监督管理条例》第六十五条，备案时提供虚假资料的，由备案部门取消备案，3 年内不予办理其提出的该项备案，没收违法所得和已经生产、进口的化妆品；已经生产、进口的化妆品货值金额不足 1 万元的，并处 1 万元以上 3 万元以下罚款；货值金额 1 万元以上的，并处货值金额 3 倍以上 10 倍以下罚款；情节严重的，责令停产停业直至由原发证部门吊销化妆品生产许可证，对违法单位的法定代表人或者主要负责人、直接负责的主管人员和其他直接责任人员处以其上一年度从本单位取得收入的 1 倍以上 2 倍以下罚款，5 年内禁止其从事化妆品生产经营活动。

已经备案的资料不符合要求的，由备案部门责令限期改正，其中，与化妆品、化妆品新原料安全性有关的备案资料不符合要求的，备案部门可以同时责令暂停销售、使用；逾期不改正的，由备案部门取消备案。备案部门取消备案后，仍然使用该化妆品新原料生产化妆品或者仍然上市销售、进口该普通化妆品的，分别依照《化妆品监督管理条例》第六十条、第六十一条的规定给予处罚。

典型案例

化妆品备案时提供虚假资料案

依据国家药品监督管理局 2024 年 4 月通报的经典案例信息，2022 年 4 月，北京市药品监督管理局

在组织实施普通化妆品备案工作中发现普通化妆品“聚佰草水润凝肌按摩霜”备案资料加盖的公章涉嫌伪造等。经北京市市场监管综合执法总队调查，北京某生物科技有限公司在上述产品备案时提交的化妆品安全评估报告不是由具名单位和人员完成评估并出具的，属于虚假备案资料。上述行为违反了《化妆品监督管理条例》第十九条第三款规定。依据《化妆品监督管理条例》第六十五条第一款等规定，北京市市场监督管理局给予该企业行政处罚。

任务二　化妆品注册备案资料

实例分析

实例　某化妆品企业想上市一款美白精华液，打算向国家药品监督管理局提出注册申请。

问题　1. 该企业在注册时应该提交哪些材料？

2. 该美白精华液需要检验哪些项目？如何选择检验机构？

《化妆品注册备案资料管理规定》于2021年3月4日正式发布，用于规范化妆品注册备案管理工作以及保证各项资料的规范提交。该规定系统、完整地梳理了注册备案的资料要求，正文部分共6章60条，涵盖总则、用户信息相关资料要求、注册与备案资料要求、变更事项要求、延续注销等事项要求和附则。

一、化妆品注册备案用户信息管理

化妆品注册人、备案人、境内责任人和化妆品生产企业，可以通过全国一体化在线政务服务平台国家药监局网上办事大厅，按照要求在化妆品注册备案信息服务平台（以下简称信息服务平台）提交相关资料，办理化妆品注册和备案。注册备案系统是对服务产业高质量发展的重要体现，通过加强注册、备案信息化建设，构建多功能信息服务平台，提升注册备案效率。

按照国家“互联网+政务服务”要求，企业需在国家药品监督管理局网上办事大厅注册账号并绑定化妆品注册备案相关功能后，方可进入信息服务平台。平台总共分为三大功能模块，包括企业信息资料管理模块、普通化妆品（牙膏）备案管理模块和化妆品智慧申报审评模块（图4-6）。其中企业信息资料管理模块主要用于化妆品、新原料的注册人、备案人、境内责任人、生产企业用户信息管理；普通化妆品（牙膏）备案管理模块用于国产与进口普通化妆品和牙膏的备案、变更、注销等管理；化妆品智慧申报审评模块用于国产与进口特殊化妆品注册管理、新原料注册备案管理。

图4-6　化妆品注册备案信息服务平台界面

（一）用户信息与权限

首次申请特殊化妆品注册或者办理普通化妆品备案时，企业在提交产品注册备案资料前，应先在化妆品信息服务平台的企业信息资料管理模块中提交用户信息相关资料，开具用户权限。境内注册人、备案人可自行申报权限，境外注册人、备案人应通过境内责任人申报权限。在化妆品信息服务平台开具用户权限时，申请者首先要选择自身的角色类型，包括注册人/备案人、境内责任人、生产企业这三类角色（图4－7）。每种角色类型在平台中填报的用户信息各不相同，包括企业相关信息、质量管理体系以及不良反应体系等信息。

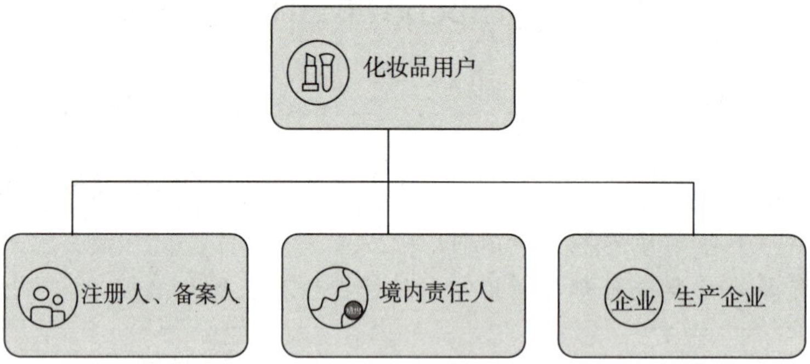

图4－7 用户权限角色分类

除在平台填报信息之外，境内的注册申请人、备案人和境内责任人等应该依据各自不同的角色在平台分别提交以下经过企业盖章之后的用户信息相关资料：①注册人备案人信息表及质量安全负责人简历；②注册人备案人质量管理体系概述；③注册人备案人不良反应监测和评价体系概述；④境外注册人、备案人应当提交境内责任人信息表；⑤境内责任人授权书原件及其公证书原件；⑥注册人、备案人有自行生产或者委托境外生产企业生产的，应当提交生产企业信息表和质量安全负责人信息，一次性填报已有生产企业及其信息。生产企业为境外的，应当提交境外生产规范证明资料原件。我国境内仅从事受托生产的企业，应当提交生产企业信息表，以便关联确认委托生产关系。

1. 信息表 注册人、备案人、境内责任人、生产企业都需提供信息表（表4－2），包含企业的基本名称地址信息、法定代表人信息、质量安全负责人信息（境内责任人除外）与联系信息。注册申请人、备案人与生产企业还需提供质量安全负责人简历，简历应当包括与其要求相关的教育背景、工作经历等。

表4－2 注册人/备案人信息表（以境内注册人/备案人为例）

基本信息（一般审核维护）	名称						
	统一社会信用代码						
	住所地址						
	所在地	省		市		区	
法定代表人信息（自行维护）	法定代表人						
	法定代表人证件类型						
	法定代表人证件号码						
质量安全负责人信息（自行维护）	姓名						
	证件类型						
	证件号码						

续表

联系信息（自行维护）	联系人	
	联系电话（手机）	
	联系电话（座机）	
	电子邮箱	
	传真号	
	实际办公地址	
	邮政编码	

承诺书

1. 本企业注册或备案产品符合《化妆品监督管理条例》《化妆品注册备案管理办法》及其他中华人民共和国化妆品监管相关法规要求。
2. 本企业提供的注册备案相关资料均真实合法。本企业对资料内容负责，并承担相应的法律责任。
3. 本企业将妥善保管用户密码，通过该用户进行的注册备案相关行为均代表本企业行为，因密码丢失或泄密造成的损失将由本企业自行承担。

（注册人/备案人盖章）

年　月　日

2. 质量管理体系概述　注册人、备案人根据自行生产或委托生产提供相应的质量管理体系概述。自行生产的注册申请人与备案人，通常已按照规定具备较为健全的生产质量管理体系，其质量管理体系涵盖人员健康卫生管理、质量管理制度、记录管理、车间基本情况、设备使用维护、生产用水、合格放行、留样管理、质量自查纠错等模块，并提交相应模块的要求简述。例如，在人员健康卫生管理模块，需简述建立健康档案情况、对直接从事生产人员的日常卫生要求及接受健康检查的频率等。

委托生产的注册人与备案人一般不具备自行生产的能力，并没有实际的生产资质，其质量管理体系更侧重于如何确保被委托方交付质量合格的产品。其质量管理体系需至少涵盖配方来源、物料采购、生产企业遴选和管理制度、产品放行、独立于生产企业的质量管理措施、质量自查纠错等。例如需告知注册备案人是否具有配方研发能力，如果不具备自主研发能力，配方都是由第三方开发提供的，则需要证明注册备案人采取哪些措施以确保配方质量和产品安全。

3. 不良反应监测和评价体系概述　注册申请人、备案人、境内责任人需简述设置不良反应相关岗位和团队的情况，以及整个不良反应监测体系的构成环节、运行模式，不良反应的评价方式和评价后的处置措施。注册申请人、备案人是境外的，还需提供境内责任人相应配合措施与沟通交流机制。

4. 境内责任人授权书　境内责任人需要提交境外注册申请人、备案人的授权书。授权书内容需包括双方企业完整信息、授权范围和授权期限（图4-8）。注册申请人、备案人有多个境内责任人的，应注意授权范围不得有重叠，授权书的签署双方需经过签章公证，涉及外文的需由我国公证机关出具译文公证，最终原件及公证件都将一并提交。

5. 生产规范证明文件　对于进口化妆品的注册备案，由于境外生产企业不适用于我国的化妆品生产许可制度，则需额外提供其所符合的质量管理体系或者生产质量管理规范的资质证书、文件等证明资料，证明资料应当由所在国（地区）政府主管部门、认证机构或者具有所在国（地区）认证认可资质的第三方出具或者认可，载明生产企业名称和实际生产地址信息。为了确保资料的真实性，如果无法提供资料原件的，则需要提供我国公证机关公证的或由我国使领馆确认的复印件。境外生产质量管理规范证明资料有有效期限的，更新不得超过有效期截止后90日；无有效期限的，应当每5年提交最新版本。

化妆品注册备案境内责任人授权书
(式样)

经双方协商一致,现就化妆品注册备案境内责任人授权和承诺有关事宜明确如下:

授权方: ____________________

被授权方: ____________________

授权范围: ____________________

授权期限至: ××××-××-×× (年-月-日)

授权方(盖章):	被授权方(盖章):
法定代表人(签字):	法定代表人(签字):
联系方式:	联系方式:
年 月 日	年 月 日

图4-8 境内责任人授权书示例

（二）用户信息和资料更新

注册申请人、备案人、生产企业等用户信息或者相关资料发生变化时，应当及时在注册备案信息服务平台内更新。更新方式主要包括自行更新、一般审核更新、生产场地更新，以及其他各具体规定情形的审核更新。属于自行更新的，企业可直接于系统内更新信息，提交后立刻生效；属于审核更新的，需经药品监督管理部门审核后才可完成信息和资料的更新（表4-3）。

表4-3 用户信息更新分类表

	自行更新	一般审核更新	生产场地更新
注册人、备案人	法定代表人信息、质量安全负责人信息、联系信息	基本信息、质量管理体系概述、不良反应监测和评价体系概述	/
境内责任人	法定代表人信息、联系信息	基本信息、不良反应监测和评价体系概述、境内责任人授权范围和授权期限	/
生产企业	法定代表人信息、质量安全负责人信息、联系信息	基本信息	生产场地信息（搬迁、增加、减少、生产规范证明文件更新）

二、化妆品注册备案资料要求

申请特殊化妆品注册或者进行普通化妆品备案，应当提交下列资料：①《化妆品注册备案信息表》及相关资料；②产品名称信息；③产品配方；④产品执行的标准；⑤产品标签样稿；⑥产品检验报告；⑦产品安全评估资料。

值得注意的是，特殊化妆品和普通化妆品虽在管理方式上有所差异，但对于产品质量安全要求是相同的，因此所要提供的注册备案资料是一致的。进口化妆品与国产化妆品原则上质量安全要求也是一样的，但由于产地属性不同，会存在少量资料的差异要求。

（一）《化妆品注册备案信息表》及相关资料

化妆品注册备案资料之一为《化妆品注册备案信息表》、委托关系确认以及上市销售证明文件等相关资料，《化妆品注册备案信息表》根据不同情形（国产/进口化妆品，境内/境外注册人、备案人），填报的内容会略有差别。信息表除了包含注册人、备案人、境内责任人和生产企业用户信息外，还包括产品的基本信息，例如产品名称、分类编码、委托关系等（表4-4，表4-5）。

表4-4　化妆品注册备案信息表（国产产品，境内注册人/备案人）

产品信息	产品名称（中文）						
	分类编码	功效宣称					
		作用部位					
		产品剂型					
		适用人群					
		使用方法					
	申报类别（特殊化妆品填报）	□染发类	□烫发类		□防脱类		
		□祛斑美白类	□祛斑美白类（仅具物理遮盖作用）				
		□防晒类	SPF 值	PA	浴后 SPF 值		
		□新功效	（填写宣称功效）				
注册人/备案人信息	名称						
	统一社会信用代码						
	住所地址						
	所在地	省		市		区	
	联系人		联系电话				
生产信息	□境内自行生产	生产许可证编号					
		生产地址					
	□委托境内生产	生产企业名称					
		生产许可证编号					
		住所地址					
		生产地址					
其他信息	检验受理编号（补充检验报告编号无须单独填报）						
	是否使用新原料	□使用已注册新原料	注册号				
		□使用已备案新原料	备案号				
		□不使用					
	□套装产品						
	□配合仪器使用产品						
	……						

（注册人/备案人盖章）
年　月　日

表 4－5 化妆品注册备案信息表（进口产品，境外注册人/备案人）

产品信息	产品名称（中文）						
	产品名称（外文）						
	分类编码	功效宣称					
		作用部位					
		产品剂型					
		适用人群					
		使用方法					
	申报类别 （特殊化妆品填报）	□染发类	□烫发类	□防脱类			
		□祛斑美白类	□祛斑美白类（仅具物理遮盖作用）				
		□防晒类	SPF 值	PA	浴后 SPF 值		
		□新功效	（填写宣称功效）				
注册人/备案人信息	名称（中文）						
	名称（外文）						
	住所地址						
	所在国/地区						
	联系人			联系电话			
境内责任人信息	名称						
	统一社会信用代码						
	住所地址						
	所在地	省		市		区	
	联系人			联系电话			
生产信息	□境外自行生产	生产资质证明类型					
		生产地址					
		原产国（地区）					
生产信息	□委托境外生产	生产资质证明类型					
		生产企业名称					
		住所地址					
		生产地址					
		原产国（地区）					
其他信息	检验受理编号 （补充检验报告编号 无须单独填报）						
	是否使用新原料	□使用已注册新原料	注册号				
		□使用已备案新原料	备案号				
		□不使用					
	□套装产品						
	□配合仪器使用产品						
	……						

（注册人/备案人盖章）

年 月 日

1. 委托关系确认 在委托生产的情形下，委托境内和境外生产相应的委托关系确认方式不同。如果是委托境内企业生产，注册人、备案人或境内责任人只需在平台系统内直接选择已开通用户权限的生产企业进行关联，经生产企业端在平台内确认，即可绑定委托关系。如果是委托境外企业生产，则需提交委托关系文件，载明双方企业信息、委托产品名称与接受委托日期，该文件需双方法人或法人授权人签章，但如果境外受托生产企业与注册人、备案人是同一集团公司的，可免于提交委托关系文件，但需出具同一集团公司的证明资料，以及企业集团需出具产品质量保证文件以确认委托关系。

2. 已上市销售证明文件 进口化妆品，或组合包装中涉及到的进口化妆品，注册人、备案人均应提交所在国或者生产国（地区）产品已上市销售证明文件。已上市销售证明文件应由注册人、备案人所在国或生产国（地区）政府主管部门或者行业协会等机构出具，不能是企业自我声明文件。且已上市销售证明文件应当至少载明注册人、备案人或生产企业名称、产品名称、签发机构名称与签章时间。

以下两种情形的进口化妆品注册备案，无须提供产品已上市销售证明：①产品由境内注册人、备案人委托境外生产企业生产；②产品配方专为中国市场设计的。

产品配方专为中国市场设计的，虽无须提供产品已上市销售证明，但需提供针对中国消费者肤质类型、消费需求等进行设计的说明资料以及提供在中国境内选用中国消费者开展消费者测试或人体功效试验资料。

委托关系确认文件与已上市销售证明等文件可同时列明多个产品，申请注册或办理备案时，一个产品使用原件，其他产品可使用复印件，并说明原件所在的产品名称以及相关受理编号、注册证号或备案编号等信息。

（二）产品名称信息

化妆品注册备案资料之二为产品名称信息。注册人、备案人应当提交产品名称命名依据，产品名称命名依据中应当指明商标名、通用名、属性名，并分别说明其具体含义。进口产品应当对外文名称和中文名称分别进行说明，并说明中文名称与外文名称的对应关系（专为中国市场设计无外文名称的除外）。产品中文名称中商标名使用字母、汉语拼音、数字、符号等的，应当提供商标注册证。

（三）产品配方

化妆品注册备案资料之三为产品配方。化妆品配方成分是指生产过程中有目的地添加到产品配方中，并在最终产品中起到一定作用的成分，包括防腐剂、防晒剂、染发剂、着色剂、保湿剂、pH 调节剂、黏度调节剂等。为了保证化妆品原料质量而在原料中添加的且在配方中极其微量的成分（如抗氧化剂等），原料本身所带有或残留的技术工艺上不可避免的微量杂质，以及在产品生产工艺中添加但不与其他成分发生化学反应、对最终产品不起作用的在后续生产步骤中去除的加工助剂不属于配方成分的范畴。

1. 配方表填写 产品配方是影响化妆品安全的核心要素之一，产品配方为生产投料配方，注册人、备案人应当按照配方表式样，填写全部配方成分的原料名称、百分含量、主要使用目的等内容（表 4－6），并按照含量递减顺序排列。由于配方表要求填写所有配方成分，因此注册人、备案人应首先判断原料是否符合上述化妆品配方成分的定义，不作为配方成分的，在产品配方中可以选择不予填写。

表 4-6　配方样式表

序号	标准中文名称	INCI 名称/英文名称	原料含量（%）	复配百分比（%）	实际成分含量（%）	使用目的	备注

包含两个或者两个以上必须配合使用或者包装容器不可拆分的独立配方的化妆品，应当分别填写配方，按一个产品申请注册或者办理备案。其中一个（剂）或者多个（剂）产品为特殊化妆品的，应当按照特殊化妆品申请注册；其中一个（剂）或者多个（剂）产品在境外生产的，应当按照进口化妆品申请注册或者办理备案。

（1）原料类型　包括单一组分原料和非单一组分原料。化妆品生产企业将单一组分原料进行预先混合后再行投料的，混合所用原料应以单一组分原料的形式填写配方，混合过程及工艺填写在产品生产工艺部分。

非单一组分原料又称“复配原料”，指含两种或两种以上组分的原料，填写时应当列明组成成分及相应含量，香精以及原料中非化妆品配方成分的组分除外。配方中使用了多种植物混合加工获得的植物提取物原料的，应以非单一组分原料的形式填写配方，将各植物提取物作为不同组分分别列出，按照原料信息填报各组分的百分含量。

（2）原料名称　包括原料的标准中文名称、国际化妆品原料名称（简称 INCI 名称）或者英文名称。配方成分的原料名称应当使用《已使用化妆品原料目录》中载明的标准中文名称、INCI 名称或者英文名称。配方中含有尚在安全监测中化妆品新原料的，应当使用已注册或者备案的新原料名称。

中文名称与 INCI 名称/英文名称须对应一致，如果进口产品原包装标注成分的 INCI 名称与配方原料名称不一致，应在配方表备注栏进行相应的说明。

作为着色剂使用的，在配方原料名称栏中填写《化妆品安全技术规范》载明的着色剂索引号（简称 CI 号），无 CI 号的除外；使用着色剂为色淀的，应当在着色剂名称后标注“（色淀）”；使用纳米原料的，应当在此类成分名称后标注“（纳米级）”。

（3）原料百分含量　产品配方应当提供全部原料的含量，配方含量以质量百分比计，且需要按照含量递减顺序排列，合计应为 100%。复配原料应当列明复配成分内各组分配比含量。配方含有与产品内容物直接接触的推进剂的，推进剂组成和含量应进行单独填报，推进剂含量合计为 100%，同时需要标注推进剂和料体的灌装比例。

配方添加量在一定范围内波动、对终产品起调节作用的 pH 调节剂、黏度调节剂等，化妆品注册人、备案人或境内责任人可根据实际情况，在配方表中填写此类原料的添加量典型值，也可在配方表下方备注实际添加量的范围值，备注实际添加量范围值的，以最大添加量进行安全评估，确保在添加量范围内产品安全且质量可控。

（4）原料使用目的　一个化妆品原料可以呈现多种使用目的，以甘油为例，其在配方中的使用目的可以是溶剂、保湿剂、皮肤保护剂和黏度剂等。化妆品注册人、备案人或境内责任人应根据原料在产品中的实际作用标注其主要使用目的。宣称染发、烫发、祛斑美白、防晒、防脱发、祛痘、抗皱、去屑、除臭功效的化妆品，以及宣称新功效的化妆品（适用于特殊人群除外），应在配方表使用目的栏中标注相应的功效原料，如果上述需标注的功效原料不是单一组分，应当在使用目的栏中明确其具体的功效成分。

（5）配方表备注　有些原料应在配方表备注栏中增加备注信息（表4－7）。

表4－7　需在配方表中备注信息的情形

原料情形	备注信息
来源于石油、煤焦油的碳氢化合物（单一组分除外）	标注化学文摘索引号（简称 CAS 号）
变性乙醇	说明变性剂的名称、用量
着色剂为色淀的	说明使用色淀的种类
类别原料	说明具体的原料名称
直接来源于植物的原料	说明原植物的具体使用部位
配方原料名称相同但分开填报的	说明分开填报的原因，例如分子量不同等

（6）其他特殊情形　因香精原料构成的特殊性，在配方表中可以有两种填写方法。

1）可以不提交具体组成成分的种类和含量，仅填写为“香精”（包含日用香精、香精），但如果产品标签标识香精中的具体香料组分的，以及进口产品原包装标签标识含具体香料组分的，应当在配方表备注栏中说明。

2）产品配方表中同时填写“香精”及香精中的具体香料组分的，应当提交香精原料生产商出具的关于该香精所含全部香料组分种类及含量的资料。

使用贴、膜类载体材料的，例如无纺布面膜，需要提供面膜载体的材料组成、来源、制备工艺、质量控制等；使用动物脏器组织及血液制品提取物作为原料的，例如动物胎盘，应当提供原料来源、组成以及制备工艺，并且需要证明原料生产国允许使用该原料。

表4－8　配方表填写样例（以防晒乳为例）

序号	标准中文名称	INCI 名称/英文名称	原料含量（%）	复配百分比（%）	实际成分含量（%）	使用目的	备注
1	水	WATER	60.15	100	60.15	溶剂	
2	甲氧基肉桂酸乙基己酯	ETHYLHEXYL METHOXYCINNAMATE	8	99.95	7.996	防晒剂	
3	C12－15 醇苯甲酸酯	C12－15 ALKYL BENZOATE	7	46	防晒剂：二氧化钛（纳米级）	3.22	
	二氧化钛（纳米级）	TITANIUM DIOXIDE（NANO）		39		2.73	
	氧化铝	ALUMINA		9		0.63	
	氢化聚二甲基硅氧烷	HYDROGEN DIMETHICONE		6		0.42	
4	双－乙基己氧苯酚甲氧苯基三嗪	BIS－ETHYLHEXYLOXYPHENOL METHOXYPHENYL TRIAZINE	6	100	6	防晒剂	
5	水杨酸乙基己酯	ETHYLHEXYL SALICYLATE	4	100	4	防晒剂	
6	水	WATER	3	60	保湿剂	1.8	使用部位：全株
	丁二醇	BUTYLENE GLYCOL		30		0.9	
	马齿苋（PORTULACA OLERACEA）提取物	PORTULACA OLERACEA EXTRACT		9		0.27	
	苯氧乙醇	PHENOXYETHANOL		0.4		0.012	
	二苯酮－4	BENZOPHENONE－4		0.1		0.003	

续表

序号	标准中文名称	INCI 名称/英文名称	原料含量（%）	复配百分比（%）	实际成分含量（%）	使用目的	备注
7	变性乙醇	ALCOHOL DENAT.	2.5	100	2.5	溶剂	变性剂：苯甲地那铵，0.0015%
8	C13 – 16 异链烷烃	C13 – 16 ISOPARAFFIN	2	100	2	润肤剂	CAS 号：64742 – 47 – 8
9	水	WATER	1.8	82	保湿剂	1.476	
	藻提取物	ALGAE EXTRACT		10		0.18	具体为掌状海带（LAMINARIA DIGITATA）提取物
	精氨酸	ARGININE					
	透明质酸钠	SODIUM HYALURONATE		5		0.09	
	羟苯甲酯	METHYLPARABEN		2.6		0.0468	
	羟苯丙酯	PROPYLPARABEN		0.2		0.0036	
				0.1		0.0018	
10	聚山梨醇酯 – 60	POLYSORBATE 60	1.6	100	1.6	乳化剂	
11	聚二甲基硅氧烷	DIMETHICONE	1	100	1	润肤剂	与 14 号原料粘度不同
12	山梨坦硬脂酸酯	SORBITAN STEARATE	0.7	100	0.7	乳化剂	
13	苯氧乙醇	PHENOXYETHANOL	0.6	100	0.6	防腐剂	
14	聚二甲基硅氧烷	DIMETHICONE	0.5	100	0.5	润肤剂	与 11 号原料粘度不同
15	黄原胶	XANTHAN GUM	0.4	100	0.4	增稠剂	
16	CI 19140（色淀）	CI 19140（LAKE）	0.35	100	0.35	着色剂	铝色淀
17	（日用）香精	FRAGRANCE	0.25	100	0.25	芳香剂	
18	柠檬酸	CITRIC ACID	0.15	100	0.15	pH 调节剂	所填添加量为典型值
合计			100		99.9792		非配方成分未填写，故实际成分含量未达到 100%

柠檬酸的填报也可选择在配方表下方备注实际添加量的范围值，参考备注内容如下：
配方中添加了柠檬酸，使用目的为 pH 调节剂，为生产过程中调节体系 pH 值。添加范围为 0.1% ~ 0.2%，配方表中用水调整至 100%。

2. 原料安全信息 原料作为化妆品产品的基本构成要素，对产品的质量安全起决定性作用。注册人、备案人需在配方附表中报送原料安全相关信息。依据《化妆品注册备案资料管理规定》附件 14 的要求，原料安全相关信息主要涉及原料商品名、原料基本信息、原料生产工艺简述、必要的质量控制要求、国际权威机构评估结论、风险物质限量要求等模块。其中原料基本信息包括原料组成、化妆品中建议添加量、原料使用限制、原料性状和物理化学性质描述。

自 2024 年 1 月 1 日起，化妆品注册人、备案人在申请特殊化妆品注册或者进行普通化妆品备案时，应当按照相关规定，填报产品配方所使用全部原料的原料安全信息资料。化妆品注册人、备案人可根据产品配方所使用原料的实际情况，选择以下方式报送化妆品原料安全信息资料。

（1）原料生产商填报 化妆品原料生产商是指对原料安全承担责任的企业，可以是原料的实际生产企业、也可以是原料实际生产企业隶属同一集团公司的关联企业或者原料委托生产行为中的委托企业。

原料生产商应当按照相关法规规定和技术规范的要求在原料安全信息登记平台进行原料安全信息登

记，并对原料安全信息内容的真实性、完整性负责。原料安全信息登记完成后，原料平台将自动生成相应的报送码，化妆品注册人、备案人可在产品注册备案时通过报送码进行关联，无须重复填报详细的原料安全信息资料，提高化妆品注册备案工作效率（表4－9）。同时注册人、备案人应向原料生产商索要相应的原料安全信息资料存档备查。原料报送码由原料数字编码、生产商数字编码和原料质量规格数字编码组成，每组编码间用“－”相连。

表4－9　原料报送码填报表

序号	标准中文名称	生产商	原料报送码

（2）注册人、备案人自行填报　原料生产商尚未在原料平台登记并取得原料安全信息报送码的，化妆品注册人、备案人可通过化妆品注册备案信息服务平台按照规定的要求自行填报该原料的原料安全相关信息资料，并上传加盖注册人、备案人印章的纸质资料扫描件。化妆品注册人、备案人应当在原料供应商筛选、原料采购、原料验收、原料使用等各个环节，对原料质量安全相关信息进行询问、验证和管理，开展相关研究。在对原料质量安全充分了解后，方可在化妆品注册备案信息服务平台填报原料安全相关信息。注册人、备案人自行填报的原料安全信息资料的相关依据及证明性材料，如原料生产商提供的原料质量规格证明文件、所查阅的文献资料、相关研究试验数据等，由注册人、备案人存档备查。

知识拓展

《化妆品监督管理条例》的创新改革成果之一即组织企业开展化妆品原料安全管理，并明确原料管理的重要性及其要求。为便利原料生产企业填报化妆品安全信息资料，国家药监局利用信息化手段搭建化妆品原料安全信息登记平台，主要用于《已使用化妆品原料目录》收录的化妆品原料相关安全信息的统一登记，从而促进化妆品企业与原料企业的联系，共同承担化妆品安全责任（图4－9）。

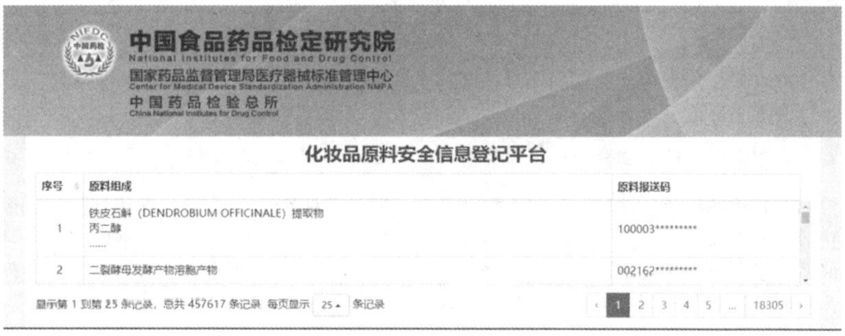

图4－9　化妆品原料安全信息登记平台界面

化妆品原料生产商应当通过国家药品监督管理局原料安全信息登记平台提交《原料安全相关信息备案企业信息表》和企业主体证明文件，开通化妆品原料安全相关信息报送权限。

原料安全信息线上化报送方式，是便于行业提高化妆品注册备案工作效率的一种信息化手段。企业获得原料报送码并不等于原料获得监管部门批准或认可，不得以“已获取原料报送码”等类似方式暗示谎称原料获得官方批准或认可。

为充分评估化妆品的安全性，化妆品原料组分的填报应尽可能详尽、明确。原则上，主动或有意添加且最终存在于原料中的组分、生产过程中产生且在原料中占有一定比例的组分，一般均应作为化妆品原料组分予以如实填报。化妆品注册人、备案人应当对原料生产商提供的原料信息与报送码进行审核和评价。如果真实性存疑的，则该原料不得使用；如果完整性有瑕疵的，注册人、备案人可继续收集补充信息并自行填报说明。

知识拓展

新化学物质登记

生产、进口化妆品原料还需要符合《新化学物质环境管理登记办法》的规定。该办法适用于在中华人民共和国境内从事新化学物质研究、生产、进口和加工使用活动的环境管理登记，新化学物质是指未列入《中国现有化学物质名录》的化学物质。如果化妆品原料属于新化学物质的，在中国境内生产或者进口之前，相关企业应按照《新化学物质环境管理登记办法》规定开展新化学物质环境管理登记并获取相应的登记证。

新化学物质登记分为常规登记、简易登记和备案。常规登记：新化学物质年生产量或者进口量10吨以上。简易登记：新化学物质年生产量或者进口量1吨以上不足10吨的。备案：新化学物质年生产量或者进口量不足1吨的或新化学物质单体或者反应体含量不超过2%的聚合物或者属于低关注聚合物的。

（四）产品执行的标准

化妆品注册备案资料之四为产品执行的标准。在注册备案申报时应提交产品执行的标准，包括产品的全成分、生产工艺简述、感官指标、微生物和理化指标及其质量控制措施、使用方法、贮存条件、使用期限等内容（表4－10）。产品执行的标准是产品生产时的重要规范依据，《化妆品监督管理条例》规定每个产品都要有对应的执行标准，旨在引导化妆品行业推行“一品一标”，用标准的手段推动产品质量和品牌提升。

表4－10　产品执行的标准填报要求

标准项	具体要求
全成分	基于配方表仅呈现全部原料的序号、原料名称和使用目的，按原料含量降序排列
生产工艺	应描述主要步骤，例如投料、混合、灌装等，并且需要注意标注生产工艺参数，例如温度、转速、压力等。配方表2个以上原料的预混合、灌装等生产步骤在不同生产企业配合完成的，应当予以注明
感官指标	产品内容物的颜色、性状、气味，如涉及贴、膜类载体则应分别描述载体和浸液的颜色、性状等。颜色是指内容物的客观色泽，同一产品具有多种可区分颜色的，应当逐一描述；难以区分的可描述目视呈现或者使用时的主要色泽或颜色范围。性状指产品内容物的形态，应与分类编码的第四位剂型保持一致。气味根据产品内容物是否有气味可分为无气味、有香味、有原料特征性气味三种情形
微生物和理化指标	应当提交对产品实际控制的微生物和理化指标，微生物和理化指标应当符合《化妆品安全技术规范》、《化妆品注册和备案检验工作规范》的要求。应当根据产品实际控制的微生物和理化指标提交相应的质量控制措施，例如逐批检验、生产工艺控制、原料控制等。如果涉及到检验控制的，则需要注明检验频次和方法，其中采用非《化妆品安全技术规范》所载录方法的，还需对方法开展验证。验证结果应符合要求，完整的检验方法和方法验证资料留档备查
使用方法	应明确清晰，对适用人群和使用部位有特殊要求的要予以说明，不可模糊表述例如涂抹至“所需部位”；安全警示用语应符合相关法规要求
贮存条件和使用期限	企业根据产品包装、产品自身稳定性等特点设置产品的贮存条件和使用期限

（五）产品标签样稿

化妆品注册备案资料之五为产品标签样稿。注册人、备案人应当逐项填写《产品标签样稿》（表4－11），填写的使用方法、安全警示用语、贮存条件、使用期限等内容应当符合产品执行的标准。进口化妆品应当提交生产国（地区）产品的销售包装（含说明书），以及外文标签的中文翻译件。

表 4－11　化妆品产品标签样稿式样

项目		内容	
化妆品标签管理规定的应包括的基本内容	产品名称、注册证编号	按照化妆品标签管理有关规定要求和产品实际情况标注，相关内容应与产品注册证/备案凭证载明信息一致	
	注册人/备案人名称、地址；境内责任人名称、地址		
	生产企业名称、地址；生产许可证编号		
	产品执行的标准编号	0.1%（w/w）以上成分	企业填报
	全成分标识	其他微量成分	企业填报
		按实际标注	
	净含量	按实际标注，与产品执行的标准相符	
	使用期限	企业填报 应与产品执行的标准相符	
	使用方法		
	安全警示用语		
化妆品标签管理规定的应包括的其他内容	产品名称相关解释说明	企业填报	
	创新用语	创新用语一：	解释：
	按有关规定应当标注的其他内容	创新用语二：	解释：
		企业填报	
企业自主选择标注的标签内容	是否标注“已经过评价验证”	□是 □否	
	其他特别宣称	根据化妆品功效宣称评价相关规定，由企业填报	
	其他文案内容（含拟在包装标签上以图案或其他形式出现的文字，如艺术字、变形文字等）	企业填报（语句文意应当连贯，不得使用不必要的空格、回车或间隔标点符号）	

普通化妆品办理备案时、特殊化妆品上市前，注册人、备案人应当上传产品销售包装的标签图片。图片包括全部包装可视面的平面图和可体现产品外观的立体展示图，图片应当完整、清晰（图 4－10）。平面图应当容易辨别所有标注内容。无法清晰显示所有标注内容的，还应当提交局部放大图或者产品包装设计图。上传图片的标签和说明书内容不得超出《产品标签样稿》载明的内容。

图 4－10　产品销售包装平面图与立体图示例

存在多种销售包装的，应当提交所有的销售包装的标签图片。符合以下一种或多种情形的，提交其中一种销售包装的标签图片，其他销售包装的标签图片可不重复上传。

（1）仅净含量规格不同的。

（2）仅在已上传销售包装上附加标注销售渠道、促销、节日专款、赠品等信息的。

（3）仅销售包装颜色存在差异的。

（4）已注册或者备案产品以套盒、礼盒等形式组合销售，组合过程不接触产品内容物，除增加组合包装产品名称外，其他标注的内容未超出每个产品标签内容的。

（5）通过文字描述能够清楚反映与已上传销售包装差异，并已备注说明的。

（六）产品检验报告

化妆品注册备案资料之六为产品检验报告。产品注册备案检验项目及要求应符合《化妆品安全技术规范》《化妆品注册和备案检验工作规范》等法规要求，根据《化妆品注册和备案检验工作规范》的规定，化妆品企业应当依照法规、强制性国家标准、规范的要求，选择具备相应检验能力的检验检测机构，通过化妆品注册和备案检验信息管理系统，对申报注册或提交备案的化妆品进行检验。根据产品的分类、配方成分等信息，产品检验报告一般会涉及微生物与理化检验、毒理学试验、人体安全性检验和人体功效评价检验等项目。同一产品涉及多个生产企业的，应提交其中一个生产企业所生产样品的完整产品注册备案检验报告，并提交其他生产企业样品的微生物与理化检验报告。

1. 检验检测机构管理 检验检测机构在开展化妆品注册和备案检验工作前，应当取得化妆品领域的检验检测机构资质认定（CMA），且取得资质认定的能力范围能够满足化妆品注册和备案检验工作需要（尚未纳入 CMA 认定范围的检验项目除外）。同时，检验检测机构一般应具备独立法人资格，非独立法人资格的检验检测机构需经其所属的法人单位授权，并能够独立承担第三方公正检验，独立开展检验检测业务活动。对于从事化妆品人体安全性与功效评价检验的检验检测机构，还应当配备两名（含两名）以上具有皮肤病相关专业执业医师资格证书且有五年（含五年）以上化妆品安全与功效评价相关工作经验的全职人员，建立受试者知情管理制度和志愿者管理体系，并具备处置化妆品不良反应的能力。

具备上述条件的检验检测机构通过国家药品监督管理局组织建立的化妆品注册和备案检验信息管理系统，提交检验机构的相关信息。检验检测机构提交的相关信息经国家药品监督管理部门确认并公布后即可承担化妆品注册和备案检验工作。

同时，为了保证检验结果的科学性和可靠性，国家和省级药品监督管理部门组织对检验检测机构进行监督检查和能力考评，检验检测机构应当配合药品监督管理部门开展监督检查工作。对化妆品注册、备案和检验检测机构监督检查中发现问题的，检验检测机构应当按要求进行整改。整改符合要求的，经药品监督管理部门确认后，可在检验信息系统恢复该检验检测机构的有关信息；逾期未整改或整改后仍不符合要求的，药品监督管理部门将在检验信息系统中注销该检验检测机构的信息；情节严重的，三年内不得继续从事化妆品注册和备案检验工作；涉嫌违反相关法律规定的，移送有关部门依法查处；构成犯罪的，移送司法机关依法追究其刑事责任。

知识拓展

出具虚假检验报告的法律责任

依据《化妆品监督管理条例》第七十一条的规定，化妆品检验机构出具虚假检验报告的，由认证认可监督管理部门吊销检验机构资质证书，10 年内不受理其资质认定申请，没收所收取的检验费用，并处 5 万元以上 10 万元以下罚款；对其法定代表人或者主要负责人、直接负责的主管人员和其他直接责任人员处以其上一年度从本单位取得收入的 1 倍以上 3 倍以下罚款，依法给予或者责令给予降低岗位等级、撤职或者开除的处分，受到开除处分的，10 年内禁止其从事化妆品检验工作；构成犯罪的，依法追究刑事责任。

2. 产品检验报告可以由企业自检并出具的情形　为进一步深化“放管服”改革，2023 年 1 月，国家药品监督管理局印发《关于优化普通化妆品备案检验管理措施有关事宜的公告》，普通化妆品采用检验方式作为质量控制措施且生产环节已纳入省级药品监督管理部门的日常监管范围，产品安全风险评估结果能够充分确认产品安全性的，备案人在进行产品备案时，可提交由化妆品备案人或受托生产企业按照《化妆品安全技术规范》相关要求开展自检并出具的检验报告。但具有下列情形之一的除外：①产品宣称婴幼儿和儿童使用的；②产品使用尚在安全监测中的化妆品新原料的；③产品宣称具有祛痘、滋养、修护、抗皱、去屑、除臭等功效的；④产品可能存在较高安全风险的其他情形。

以自检方式开展备案检验的，备案人或受托生产企业应依法取得化妆品生产许可证，应当具备相应的检验能力，产品备案时提交自检报告的，备案人应当同时提交具备《化妆品注册和备案检验工作规范》规定的化妆品备案检验相应检验能力的声明，提供开展自检的相应检验人员、设备设施和场所环境等情况说明，并承诺对检验报告的真实性、准确性负责。

3. 样品管理　产品检验报告的受检样品应当为同一产品名称、同一批号的产品。化妆品注册人、备案人应当留存每一批生产的化妆品样品备查，留存样品数量应当能够满足开展注册备案检验所需。同时，还应该满足以下要求（表 4－12）。

表 4－12　注册备案样品留样要求

	特殊化妆品	普通化妆品
国产	首家注册和备案检验机构封样的 1 件样品	1 件市售产品
进口	首家注册和备案检验机构封样的 1 件样品；如若提交试制样品，还需留存未启封的市售产品 1 件	1 件市售产品；专为中国市场设计销售包装的，应当留存 1 件原产国市售产品

4. 产品注册备案检验项目　化妆品注册或备案检验，应当依据《化妆品安全技术规范》《化妆品注册和备案检验工作规范》，结合产品类别和类型，进行相应的检验工作，主要分为微生物检验、理化检验、毒理学检验、人体安全性检验与人体功效评价检验。

（1）微生物检验项目　化妆品微生物检验是指运用微生物学的理论与方法，检验化妆品中微生物的种类、数量、性质及其对人的健康的影响，以判别化妆品是否符合质量标准的检测方法。化妆品注册备案微生物检验项目一般包括菌落总数、霉菌和酵母菌总数、耐热大肠菌群、金黄色葡萄球菌以及铜绿假单胞菌 5 类。不同种类化妆品微生物检验项目各不同（表 4－13）。

表 4－13　微生物检验项目

检验项目	普通化妆品①②	特殊化妆品				
		防脱发类②	染发类③	烫发类	祛斑美白类	防晒类
菌落总数	○	○			○	○
霉菌和酵母菌总数	○	○			○	○
耐热大肠菌群	○	○			○	○
金黄色葡萄球菌	○	○			○	○
铜绿假单胞菌	○	○			○	○

注：①指甲油卸除液不需要检测微生物项目。
②乙醇含量≥75%（w/w）的产品不需要检测微生物项目。
③非氧化型染发类产品需要检测微生物项目。
④○表示需检验项目。

（2）理化检验项目　化妆品注册备案理化检验一般包括汞、铅、砷、镉等项目，依据《化妆品安全技术规范》的要求，产品中汞限值为 1mg/kg；铅限值为 10mg/kg；砷限值为 2mg/kg；镉限值为 5mg/kg。

配方中含有乙氧基结构原料的产品，需检测二噁烷项目，二噁烷限值为30mg/kg。配方中含有滑石粉原料的产品，需检测石棉项目，在现有检测方法条件下，产品中不得检出石棉。其他还包括甲醛、防晒剂、染发剂等项目。不同种类化妆品理化检验项目各不同（表4-14）。

表4-14 理化检验项目

检验项目	普通化妆品①②	特殊化妆品				
		防脱发类②	染发类	烫发类	祛斑美白类	防晒类
汞	○	○	○	○	○	○
铅	○	○	○	○	○	○
砷	○	○	○	○	○	○
镉	○	○	○	○	○	○
甲醇①						
二噁烷②						
石棉③						
甲醛④						
巯基乙酸				○		
防晒剂⑤						○
染发剂			○			
pH值⑥				○	○	
α-羟基酸⑥						
去屑剂⑦						
抗UVA能力参数-临界波长⑧						

注：①乙醇、异丙醇含量之和≥10%（w/w）的产品，需检测甲醇项目。
②配方中含有乙氧基结构原料的产品，需检测二噁烷项目。
③配方中含有滑石粉原料的产品，需检测石棉项目。
④配方中含有甲醛及甲醛缓释体类原料的产品，需检测游离甲醛项目；
⑤配方中含有化学防晒剂的非防晒类产品，需检测所含化学防晒剂。
⑥宣称含α-羟基酸或虽不宣称含α-羟基酸、但其总量≥3%（w/w）的产品，需要检测α-羟基酸项目，同时检测pH值。纯油性（含蜡基）的产品不需要检测pH；多剂配合使用的产品如需检测pH，除在单剂中检测外，还应当根据使用说明书检测混合后样品的pH。
⑦申报配方中含有原料使用目的为去屑剂的产品，需检测所含去屑剂。
⑧宣称UVA防护效果或宣称广谱防晒的产品，需要检测化妆品抗UVA能力参数-临界波长或PFA值。
⑨终产品因包装原因无法取样或可能影响检验结果的（例如喷雾产品、气垫产品等），企业在提交完整检测样品的同时，可配合提供包装前的最后一道工序的半成品，检验检测机构应当在检验报告中予以说明。

知识拓展

1. 理化检验项目判定

（1）除重金属和砷的检验外，需要对配方原料进行整体评价，判断由不同原料带来的不同风险后，再判断是否需要进行其他项目的检验。例如香水产品，乙醇或者变性乙醇含量较高，就需要额外安排甲醇测试。再如散粉等彩妆产品，如果含有滑石粉，就需要额外安排石棉的测试。再如酸类去角质产品，首先需要判断酸类是否属于α-羟基酸，如果属于则需额外进行α-羟基酸测试。

（2）对于部分测试项目，对测试结果需要进行判断和确认。比如α-羟基酸、染发剂、防晒剂等，测试结果需要和配方中所添加的种类和含量相对吻合，否则就是测试失败。

（3）不同包装类型、各部分配方不同，且只有一个产品名称的样品，其理化项目应当按各部分分别检验；若无法分别取样，且不涉及配方原料含量相关检验项目的，可以按说明书中使用方法检验；若涉及配方原料含量相关检验项目的，可由企业提供包装前的半成品进行检验，取样方式应当在检验报告中予以说明。

2. 相关原料举例

（1）含有乙氧基结构的原料，包括乙氧基二甘醇、聚乙二醇（PEG）类及其衍生物、脂肪醇聚醚类及其衍生物、聚山梨醇酯类及其衍生物、泊洛沙姆等。

（2）α－羟基酸类原料，包括葡糖醛酸、酒石酸、羟基乙酸、苹果酸、乳酸、柠檬酸、2－羟基丁酸、扁桃酸、二苯乙醇酸和羟基辛酸等。

（3）去屑剂，包括水杨酸、吡硫鎓锌、二硫化硒等。

（4）含有甲醛及甲醛缓释体类原料，包括DMDM乙内酰脲、双（羟甲基）咪唑烷基脲、咪唑烷基脲、羟甲基甘氨酸钠、2－溴－2－硝基丙烷－1,3二醇、5－溴－5－硝基－1,3－二噁烷等。

（3）毒理学检验项目　化妆品毒理学检验是指通过动物实验测试化妆品的毒性及其潜在危害，用以判断化妆品在正常以及合理的、可预见的使用条件下，是否会对人体健康产生危害。普通化妆品一般通过急性眼刺激性试验、急性皮肤刺激性试验和多次皮肤刺激性试验中的一种或者两种来证明其毒理学方面的安全性（表4－15）。

表4－15　普通化妆品毒理学试验项目①②③

试验项目	发用类	护肤类		彩妆类			指（趾）甲类	芳香类
	易触及眼睛的发用产品	一般护肤产品	易触及眼睛的护肤产品	一般彩妆品	眼部彩妆品	护唇及唇部彩妆品		
急性皮肤刺激性试验④	○						○	○
急性眼刺激性试验⑤⑥	○		○		○			
多次皮肤刺激性试验		○	○	○	○	○		

注：①表中未涉及的产品，在选择试验项目时应根据实际情况确定，可按具体产品用途和类别增加或减少检验项目。
②修护类和涂彩类指（趾）甲产品不需要进行毒理学试验。
③化学防晒剂含量≥0.5%（w/w）的产品（淋洗类、香水类、指甲油类除外），除表中所列项目外，还应进行皮肤光毒性试验和皮肤变态反应试验。
④淋洗类护肤产品只需要进行急性皮肤刺激性试验，不需要进行多次皮肤刺激性试验。
⑤免洗护发类产品和描眉类彩妆品不需要进行急性眼刺激性试验。（如护发油、免洗护发素、眉笔、眉粉、染眉膏等）
⑥沐浴类产品应进行急性眼刺激性试验。（如洗发水、沐浴露、淋洗类护发素等）

关于多次皮肤刺激性试验和急性皮肤刺激性试验的判断，主要取决于驻留时间，淋洗类产品，如洗面奶、洗发水、沐浴露等选择急性皮肤刺激性试验，而驻留类产品，如面霜、身体乳等选择多次皮肤刺激性试验。需要注意的是，类似卸妆产品、磨砂产品不能只凭借名称来决定做多次皮肤刺激性试验还是急性皮肤刺激性试验，而应该根据使用方法来判断，如免洗卸妆水，应该做多次皮肤刺激性试验。

由于动物实验的伦理问题以及国际上禁止化妆品动物实验的趋势，我国允许普通化妆品在满足限定的条件下豁免毒理学试验。普通化妆品的生产企业已取得所在国（地区）政府主管部门出具的生产质量管理体系相关资质认证，且产品安全风险评估结果能够充分确认产品安全性的，可免于提交该产品的毒理学试验报告。但如下情况不可豁免：①产品宣称婴幼儿和儿童使用的；②产品使用尚在安全监测中化妆品新原料的；③根据量化分级评分结果，备案人、境内责任人、生产企业被列为重点监管对象的。

有多个生产企业生产的，所有生产企业均已取得所在国（地区）政府主管部门出具的生产质量管理体系相关资质认证的，方可免于提交毒理学试验报告。

知识拓展

2021 年 1 月 14 日，法国化妆品企业联合会发布声明称，法国国家药品和健康产品安全局在 1 月 12 日已经上线了一个资质认证平台，允许法国普通化妆品生产商申请符合中国有关部门规定的生产质量管理体系相关资质认证，法国化妆品制造商只要获得本国相关资质认证，其出口至中国的普通化妆品就可以不用再进行动物试验。此次法国和中国官方达成协议，允许法国普通化妆品不再进行动物试验也可以进入中国销售，是“零残忍”在中国推进的重要里程碑，越来越多的国外化妆品将以此方式进入中国市场。

由于特殊化妆品的风险性，其毒理学试验种类更多，要求更为严格。除皮肤及眼刺激性试验外，还包括皮肤变态反应试验、光毒性试验、细菌回复突变试验等，不同种类的特殊化妆品毒理学试验项目各不相同（表 4－16）。无论是国产还是进口特殊化妆品都不可以豁免毒理学试验。

表 4－16 特殊化妆品毒理学试验项目①

试验项目	防脱发类	染发类⑦	烫发类	祛斑美白类	防晒类
急性眼刺激性试验②	○	○	○		
急性皮肤刺激性试验			○		
多次皮肤刺激性试验③	○			○	○
皮肤变态反应试验	○	○	○	○	○
皮肤光毒性试验④	○			○	○
细菌回复突变试验⑤	○	○⑥			
体外哺乳动物细胞染色体畸变试验	○	○⑥			

注：①对于表中未涉及的产品，在选择试验项目时应根据实际情况确定，可按具体产品用途和类别增加或减少检验项目。
②易触及眼睛的祛斑类、防晒类产品应进行急性眼刺激性试验。
③淋洗类产品只需要进行急性皮肤刺激性试验，不需要进行多次皮肤刺激性试验。
④除防脱发类、防晒类和祛斑类产品外，化学防晒剂含量≥0.5%（w/w）的产品（香水类、指甲油类除外）也应进行皮肤光毒性试验。
⑤可选用细菌回复突变试验或体外哺乳动物细胞基因突变试验。
⑥非氧化型染发产品不进行细菌回复突变试验和体外哺乳动物细胞染色体畸变试验。
⑦两剂或两剂以上混合使用的产品，应按说明书中使用方法进行试验。当存在不同浓度、不同配比等与安全性相关的不同使用方法时，需对每一种情况均进行相关的毒理学试验。

知识拓展

动物实验的禁止与替代

化妆品毒理学试验是通过实验用动物来完成相应的评价指标，一般化妆品毒理学试验常用动物包括小鼠、大鼠、豚鼠、家兔等。其中，白色家兔是应用最为频繁的实验用动物。随着社会的进步和人们对动物福利的关注，越来越多的公众认为，人类的美丽不需要以动物的痛苦为代价，动物测试方法饱受动物保护人士的争议。

1959 年，动物学家罗歇尔和微生物学家布鲁克共同发表了《人道主义实验技术原理》，第一次系统性提出 3R 原则，即替代（Replacement）、减少（Reduction）和优化（Refinement），首次建立实验动物替代方法理论，为实验动物福利和伦理方面的研究奠定了理论基础。随着社会的发展，3R 原则越来越得到国际社会的广泛认可。有专家学者直接指出，应该用替代来解决问题，杜绝动物实验。英国于 1998 年通过法案，成为第一个禁止化妆品动物实验的国家。从 2003 年起，欧盟逐步开始禁止化妆品动物实验，直到 2013 年欧盟明确要求全面禁止化妆品动物实验，以色列、巴西、澳大利亚、新西兰、印度、土耳其等国家相继效仿，逐步出台了相关法令条文禁止化妆品动物实验。“零残忍（Cruelty－Free）”是指产品以及生产过程中所使用的所有原料都未进行过动物实验，能够满足这一原则的化妆品也被称为“零残忍美妆（Cruelty－Free Beauty）”。为了让消费者能够识别出零残忍美妆，全球已有多个机构和组织发布了零残忍认证，其中国际零残忍组织（Cruelty Free International，CIF）发布的“跳跃的兔子”（Leaping Bunny）认证，是目前国际上公认的产品“零残忍”标识认证之一（图 4－11）。

图 4－11　国际零残忍组织（CFI）认证的无动物实验标志

同时相应的动物实验替代方法发展迅速，动物替代方法指的是使用没有知觉的试验材料代替活体动物，或使用低等动物替代高等动物进行试验，并获得相同实验效果的科学方法。对于已经颁布动物实验禁令的地区内的企业来说，动物替代方法已经成为了其对化妆品产品和原料进行安全评估极为重要的手段。

（4）人体安全性和功效评价检验项目　特殊化妆品中的防脱发、祛斑美白以及防晒化妆品需要进行人体安全性和功效评价检验，普通化妆品中的一些特殊类别也需进行人体安全性或者功效评价检验。人体安全性和功效评价检验应当遵守伦理学原则要求，进行试验之前应先完成微生物及理化检验、毒理学试验并出具书面报告，上述检验项目不合格的产品不得进行人体安全性及功效评价检验。化妆品人体检验应符合国际赫尔辛基宣言的基本原则，要求受试者签署知情同意书并采取必要的医学防护措施，最大限度地保护受试者的利益。

人体安全性检验项目包括人体皮肤斑贴试验和人体试用试验安全性评价（表 4－17）。

表 4－17　人体安全性检验项目

检验项目	普通化妆品	特殊化妆品		
		防脱发类	美白祛斑类	防晒类
人体皮肤斑贴试验①			○	○
人体试用试验安全性评价②③		○		

注：①美白祛斑类和防晒类化妆品进行人体皮肤斑贴试验，出现刺激性结果或结果难以判断时，应当增加皮肤重复性开放型涂抹试验。
②驻留类产品理化检验结果 pH≤3.5 或企业标准中设定 pH≤3.5 的产品，应当进行人体试用试验安全性评价。
③宣称祛痘、抗皱、祛斑等功效的淋洗类产品均应当进行人体试用试验安全性评价。
④两剂或两剂以上混合使用的产品，应按说明书中使用方法进行试验。当存在不同浓度、不同配比等与安全性相关的不同使用方法时，需对每一种情况均进行相关的人体安全性检验。

知识拓展

人体皮肤斑贴试验

人体皮肤斑贴试验是为了检测化妆品产品对人体皮肤潜在的不良反应，包括皮肤封闭型斑贴试验及皮肤重复性开放型涂抹试验，一般情况下采用皮肤封闭型斑贴试验。皮肤封闭型斑贴试验方法步骤如下。

1. 选择18～60岁符合试验要求的志愿者作为受试对象。按受试者入选标准选择参加试验的人员至少30名。

2. 选用面积不超过$50mm^2$、深度约1mm的合格斑试器材。将受试物放入斑试器小室内，用量为0.020～0.025g（固体或半固体）或0.020～0.025mL（液体）。受试物为化妆品产品原物时，对照孔为空白对照（不置任何物质），受试物为稀释后的化妆品时，对照孔内使用该化妆品的稀释剂。将加有受试物的斑试器用低致敏胶带贴敷于受试者的背部或前臂侧，用手掌轻压使之均匀地贴敷于皮肤上，持续24小时。

3. 分别于去除受试物斑试器后30分钟（待压痕消失后）、24小时和48小时按表4－18标准观察皮肤反应，并记录观察结果。

表4－18 皮肤封闭型斑贴试验皮肤反应分级标准

反应程度	评分等级	皮肤反应
－	0	阴性反应
±	1	可疑反应，仅有微弱红斑
＋	2	弱阳性反应（红斑反应）；红斑、浸润、水肿、可有丘疹
＋＋	3	强阳性反应（疱疹反应）；红斑、浸润、水肿、丘疹、疱疹；反应可超出受试区
＋＋＋	4	极强阳性反应（融合性疱疹反应）；明显红斑、严重浸润、水肿、融合性疱疹；反应超出受试区

人体功效评价检验项目包括防晒指数（SPF值）测定、长波紫外线防护指数（PFA值）测定、防水性能测定、祛斑美白功效测试以及防脱发功效测定等（表4－19）。

表4－19 功效评价检验项目

产品类别	检验项目
防晒化妆品	防晒指数（SPF值）测定①
	长波紫外线防护指数（PFA值）测定②
	防水性能测定③
祛斑美白化妆品⑥	祛斑美白功效测试
防脱发化妆品	防脱发功效测试

注：①宣称防晒的产品需要检测SPF值。
②标注PFA值或PA＋～PA＋＋＋＋的产品，需要检测长波紫外线防护指数（PFA值）；宣称UVA防护效果或宣称广谱防晒的产品，需要检测化妆品抗UVA能力参数－－临界波长或PFA值。
③防晒产品宣称“防水”、“防汗”或“适合游泳等户外活动”等内容的，根据其所宣称抗水程度或时间按规定的方法检测防水性能。
④非防晒类化妆品中化学防晒剂含量之和≥0.5%（w/w）的产品（淋洗类、香水类、指甲油类除外），需要检测SPF值。
⑤两剂或两剂以上混合使用的产品，应按说明书中使用方法进行试验。当存在不同浓度、不同配比等与安全性相关的不同使用方法时，需对每一种情况均进行相关的人体功效评价检验。
⑥宣称祛斑美白、防脱发以及宣称新功效的产品，应当按照化妆品功效宣称评价指导原则确定的检验项目要求，进行相应的功效性检验并出具检验报告。

（七）产品安全评估资料

化妆品注册备案资料之七为产品安全评估资料。依据《化妆品安全评估技术导则（2021 年版）》的规定，化妆品注册申请人、备案人申请特殊化妆品注册或者进行普通化妆品备案前，必须依据该导则的要求开展化妆品安全评估，完成产品安全评估报告。注册人、备案人可以委托第三方专业机构或自行依据化妆品安全评估相关技术指南，开展产品安全评估，具体要求详见本项目任务三。

任务三　化妆品安全评估

实例分析

实例　化妆品注册人、备案人应当依据《化妆品安全评估技术导则》的要求，在注册备案过程中提交化妆品安全评估报告，完整的化妆品安全评估报告对各种原料的安全评估、风险物质评估、以及产品稳定性测试等的要求较高。

记者采访国内外原料商、代工厂、检测机构、品牌方等十余家化妆品上下游企业发现，大量原料缺乏毒理学数据、安全评估人才的缺乏、国内原料标准差异巨大、安全评估能力不足等原因都让企业在实践安全评估报告上显得力不从心。由于我国毒理研究起点低，发展时间短，导致当下国内大量原料缺乏毒理数据，而毒理学实验本身成本较高、周期长，导致大多企业难以对所有产品与原料进行毒理测试，使其成为企业实践中最为头疼的问题之一，无论是国内外原料商、检测机构，还是品牌方，都面临着严峻的考验。

问题　1. 既然化妆品安全评估存在这么多现实困境，为何监管部门还要实施？

2. 完整的化妆品安全评估报告包括哪些内容？

3. 化妆品安全评估资料的分类提交制度是怎样的？

化妆品安全评估是指利用现有的科学资料对化妆品中危害人体健康的已知或潜在的不良影响进行科学评价，是确定产品安全性的有效手段之一，能有效地反映出化妆品的潜在风险。化妆品注册人、备案人应当在进行化妆品注册备案时，依据《化妆品安全评估技术导则（2021 年版）》的要求自行或者委托第三方专业机构开展安全评估工作，提交产品安全评估报告。同时为了推进化妆品安全评估制度有序实施，2024 年 4 月 22 日，国家药监局发布了《国家药监局关于发布优化化妆品安全评估管理若干实施的公告》，从风险管理的角度，明确对化妆品安全评估资料实施分类管理，建立安全评估报告分类提交制度。

化妆品产品一般可认为是各种原料的组合，原料的安全性是化妆品产品安全的前提条件。化妆品安全评估主要是针对化妆品原料的风险评估，化妆品原料的风险评估包括对原料本身及可能带入的风险物质的评估。如果确认某些原料之间存在化学或生物学等相互作用的，应评估其产生的风险物质或相互作用产生的潜在安全风险。产品如果配合仪器或者工具使用的，也需要同时评估仪器或工具的安全性。

化妆品安全评估人员应当具有医学、药学、生物学、化学或毒理学等化妆品质量安全相关专业知识，了解化妆品成品或原料生产过程和质量安全控制要求，并具有 5 年以上相关专业从业经历。产品安全评估报告及相关资料保存期限不少于最后一批上市产品保质期结束以后 10 年。

一、风险评估程序

依据《化妆品安全评估技术导则》的规定，化妆品原料和风险物质的风险评估程序一般分为四个步骤，包括危害识别、剂量反应关系评估、暴露评估和风险特征描述。

（一）危害识别

危害识别是指基于毒理学试验、临床研究、不良反应监测和人群流行病学研究等的结果，从化妆品原料和风险物质的物理、化学和毒作用特征来确定其是否对人体健康存在潜在危害。其中毒理学试验是危害识别的主要方式。

按照《化妆品安全技术规范》或国际上通用的毒理学试验结果的判定原则对化妆品原料和风险物质的急性毒性、皮肤刺激性/腐蚀性、眼刺激性/腐蚀性、致敏性、光毒性、光变态反应、遗传毒性、重复剂量毒性、生殖发育毒性、慢性毒性/致癌性等毒性特征进行判定，确定原料或风险物质的主要毒性特征及程度（表4－20）。毒理学研究一般应当按照《化妆品安全技术规范》规定的毒理学试验方法开展。选用其他国内外权威机构发布的《化妆品安全技术规范》未收录的毒理学试验方法或标准时，应当在评估报告中载明方法的来源、识别毒理学危害的原理，并分析结果的科学性、准确性和可靠性。

表4－20　安全评估需判断的毒性特征及试验方法

毒性特征	试验方法
急性毒性	包括急性经口和经皮试验等。急性毒性试验可提供短时间毒性暴露对健康危害的信息。试验结果可作为化妆品原料或风险物质毒性分级以及确定重复剂量毒性试验和其他毒理学试验剂量的依据
刺激性/腐蚀性	包括皮肤和眼睛的刺激性/腐蚀性试验。确定和评价原料或风险物质对局部皮肤或眼睛是否有刺激作用或腐蚀作用及其程度
皮肤致敏性	皮肤变态反应试验确定重复接触化妆品原料或风险物质是否可引起变态反应及其程度
皮肤光毒性	皮肤光毒性试验评价化妆品原料或风险物质引起皮肤光毒性的可能性
皮肤光变态反应	皮肤光变态反应试验可评估重复接触化妆品原料或风险物质，并在紫外线照射下引起皮肤光变态反应的可能性
遗传毒性	评价化妆品原料或风险物质引起遗传毒性的可能性，至少应包括一项基因突变试验和一项染色体畸变试验
重复剂量毒性	包括28天经口或经皮毒性试验、亚慢性经口或经皮毒性试验。连续暴露后对组织和靶器官所产生的功能性和器质性改变
生殖发育毒性	生殖发育毒性检测动物接触化妆品原料或风险物质后，引起生殖功能、胚胎的初期发育（如致畸）、出生前后发育、母体机能以及胚胎和胎儿发育障碍的可能性
慢性毒性/致癌性	慢性毒性试验是使动物长期地以一定方式接触受试物而引起毒性反应的试验。当某种化学物质经短期筛选试验（如遗传毒性试验）预测具有潜在致癌性，或其化学结构与某种已知致癌剂相近时，需用致癌性试验进一步验证
毒代动力学	毒代动力学试验是定量地研究在毒性剂量下原料或风险物质在动物体内的吸收、分布、代谢、排泄过程和特点，进而探讨其毒性的发生和发展的规律，了解其在动物体内的分布及其靶器官
透皮吸收	原料或风险物质的透皮吸收试验，可采用国际通用的透皮吸收试验方法获取相应的数据
其他	有经呼吸道吸收可能时，需提供吸入毒性试验资料；必要时可提供其他有助于表明原料或风险物质毒性的毒理学试验资料
人群安全性	人群安全性试验资料包括人体安全性试验资料和人群流行病学资料

在进行危害识别时，还应考虑原料的纯度和稳定性、其可能与产品中其他原料发生的反应以及透皮吸收的能力等，同时还应考虑到原料和生产过程中不可避免带入的风险物质的健康危害效应等。对可能

有吸入暴露风险的产品，应评估其吸入暴露对人体可能产生的健康危害效应。

（二）剂量－反应关系评估

剂量－反应关系评估用于确定原料或风险物质的毒性反应与暴露剂量之间的关系。对原料或风险物质的有阈值毒性效应的剂量反应关系评估，需获得未观察到有害作用的剂量（NOAEL）或基准剂量（BMD）；当选择NOAEL计算安全系数时，应选择来自系统毒性试验的数据，如亚慢性重复剂量毒性试验、慢性毒性/致癌试验、生殖发育毒性试验、致畸试验等，还应该考虑该值获得的试验条件与被评估物质使用条件和品种敏感度的相关性。如果选择28天重复剂量毒性试验数据时，应增加相应的不确定因子（UF，一般为3倍）。如果不能得到NOAEL或BMD的，则采用其观察到有害作用的最低剂量（LOAEL），但用LOAEL值计算安全边际值（MoS）时，应增加相应的不确定因子（UF，一般为3倍）。

对于原料或风险物质的无阈值致癌效应，可用25%的实验动物的某部位有发生肿瘤的剂量（T25）或BMD来进行剂量反应关系评估。对于具有致敏风险的原料或风险物质，需通过预期无诱导致敏剂量（NESIL）来评估其致敏性。

>>> 关键术语

未观察到有害作用的剂量（No Observed Adverse Effect Level，NOAEL）：是指在规定的试验条件下，用现有的技术手段或检测指标未观察到任何与受试物有关的毒性作用的最大剂量。

观察到有害作用的最低剂量（Lowest Observed Adverse Effect Level，LOAEL）：是指在规定的试验条件下，受试物引起实验动物组织形态、功能、生长发育等有害效应的最低剂量。

基准剂量（Benchmark Dose，BMD）：是指一种物质引起某种特定的、较低健康风险发生率（一般在1%～10%）的剂量。

有阈值毒性效应（Threshold Effects）：是指必须在超过一定的剂量限值（阈剂量）之后，才会引起机体出现损伤的毒性效应。

无阈值毒性效应（Non－Threshold Effects）：多为遗传毒性和致癌性，是已知或假设其作用是无阈值的，即已知或假设大于零的所有剂量都可以诱导出有害作用的毒性效应。

全身暴露量（Systemic Exposure Dosage，SED）：是指通过各种暴露途径进入体循环的化学物质的预计量。通常以mg/kg·bw/day表示。

预期无诱导皮肤过敏的剂量水平（No Expected Sensitization Induction Level，NESIL）：是指不产生诱导致敏效应的最高剂量或浓度。

（三）暴露评估

暴露评估指通过对化妆品原料或风险物质暴露于人体的部位、浓度、频率以及持续时间等的评估，确定其暴露水平。

1. 暴露评估的影响因素　进行暴露评估时，应考虑含该原料或风险物质产品的使用部位、使用量、浓度、使用频率以及持续时间等因素，具体包括：①用于化妆品中的类别。②暴露部位或途径：皮肤、黏膜暴露，以及可能的吞咽或吸入暴露。③暴露频率：包括间隔使用或每天使用的次数等。④暴露持续时间：包括驻留或用后清洗等。⑤暴露量：包括每次使用量及每日使用总量等。⑥浓度：在产品中的浓度。⑦透皮吸收率。⑧暴露对象的特殊性：如儿童、孕妇、哺乳期妇女等。

2. 全身暴露量的计算　应根据评估需要选取合适的暴露计算公式。一般产品使用成人体重（60kg），特定人群使用的产品，应使用相应体重进行暴露计算，例如儿童体重（8kg），原料暴露量计算公式如下。

（1）全身暴露量（SED）=产品日均使用量×驻留因子×成分在配方中百分比×经皮吸收率÷体重；

（2）全身暴露量（SED）=以单位体重计的化妆品每天使用量×在产品中的浓度（%）×经皮吸收率（%）；

（3）全身暴露量（SED）=经皮吸收量×暴露于化妆品的皮肤表面积×产品的日使用次数÷体重；

（4）消费者（局部）暴露水平（CEL）=产品日均使用量×驻留因子×成分在配方中百分比×经皮吸收率÷产品使用面积（在需要进行皮肤致敏定量评估时，需增加该暴露水平计算）。

暴露量计算时还应考虑其他暴露途径的可能性（如吸入、吞入等）；必要时应考虑除化妆品外其他可能来源（食品和环境等）的暴露情况。

（四）风险特征描述

风险特征描述指化妆品原料或风险物质对人体健康造成损害的可能性和损害程度的描述。可通过计算安全边际值、终生致癌风险（LCR）、可接受暴露水平与实际暴露量的比较分别对化妆品原料或风险物质对人体引起有阈值毒性效应、无阈值致癌效应和致敏效应进行描述。

1. 原料或风险物质的有阈值毒性效应风险特征描述 对于化合物的有阈值毒性效应，通常通过计算其安全边际值进行评估。计算公式为：

$$MoS = \frac{NOAEL(BMD)}{SED}$$

式中，*MoS* 代表安全边际值；*NOAEL* 代表未观察到有害作用的剂量；*BMD* 代表基准剂量；*SED* 代表全身暴露量（mg/kg·bw/day）。

在通常情况下，当 MoS≥100 时，可以判定是安全的。100 是由种间差异 10 和种内差异 10 相乘所得，如有毒代动力学等数据，应考虑进行调整。如果毒理学数据质量存在缺陷，*MoS* 值应适当增加。如 $MoS<100$，则认为其具有一定的风险性，原则上不允许使用，应结合毒代动力学数据进一步评估。对于特殊使用方式的原料如染发剂，当 *MoS* 值小于 100 时，需进一步进行评估。

2. 原料或风险物质无阈值致癌效应的风险特征描述 对于原料或风险物质的无阈值致癌效应，可通过计算其终身致癌风险（LCR）进行风险评估。

（1）首先按照以下公式将动物实验获得的 T_{25} 转换成人 HT_{25}：

$$HT_{25} = \frac{T_{25}}{(BW_{(人)}/BW_{(动物)})^{0.25}}$$

式中，T_{25} 代表对自发肿瘤发生率进行校正后，25%的实验动物的某部位发生肿瘤的剂量；HT_{25} 代表由动物实验获得的 T_{25} 转换的人 T_{25}；$BW_{(人)}$ 代表人体体重（kg）（默认的成人体重为60kg）；$BW_{(动物)}$ 代表实验动物的体重（kg）。

（2）根据计算得出的 HT_{25} 以及暴露量按以下公式计算终生致癌风险：

$$LCR = \frac{SED}{4 \times HT_{25}}$$

式中，*LCR* 代表终生致癌风险；*SED* 代表终生每日暴露平均剂量（mg/kg·bw/day）。

如果该原料或风险物质的终生致癌风险 $<10^{-5}$，则认为其引起癌症的风险性较低，可以安全使用。如果该原料或风险物质的终生致癌风险 $\geq 10^{-5}$，则认为其引起癌症的风险性较高，应对其使用的安全性予以关注。

3. 致敏性风险特征描述 对于潜在致敏风险的原料或风险物质，可按以下公式通过预期无诱导致敏剂量计算得出可接受暴露水平。

$$AEL = \frac{NESIL}{SAF}$$

式中，*AEL* 代表可接受暴露水平（$\mu g/cm^2$）；*NESIL* 代表预期无诱导致敏剂量（$\mu g/cm^2$）。*SAF* 代表致敏评估因子，根据个体差异、产品类型、使用部位、使用频率/持续时间等，确定恰当的致敏评估因子。当 *AEL* 低于全身暴露量时，认为其引起致敏性的风险较高，应对其使用的安全性予以关注。

知识拓展

毒理学关注阈值（TTC）方法和交叉参照（Read－across）法

毒理学关注阈值（TTC）是一种基于暴露的安全评估方法，是在对大量化学物质的化学结构特征和相关毒理学数据分析的基础上，为不同类别化学物质的人体暴露水平建立的一个相对安全阈值，是基于化学物质低于一定阈值的暴露剂量对人体产生的危害风险极低的基本假设。依据《化妆品安全评估技术导则》的规定，对于化学结构明确，且不包含严重致突变警告结构的原料或风险物质，含量较低且缺乏系统毒理学研究数据时，可参考使用 TTC 方法进行评估。TTC 方法的优势在于其广泛的适用性，特别是在处理那些低添加量且缺乏系统毒性数据的化妆品原料时，显示出了极高的效率和实用性。通过使用国际主流公开的 TTC 评估工具，安全评估人员可以直接查询到原料的 Cramer 分类结果，并依据这些结果进行全身暴露量（SED）的比对和评估，从而快速得出结论。

交叉参照（Read－across）指基于化学结构或生物学活性的相似性，通过利用一种或多种类似化学物质（类似物）的毒理学终点数据来预测另一种或一类结构相似的特定化学物质（目标化学物质）的相同毒理学终点信息的方法。依据《化妆品安全评估技术导则》的规定，对于缺乏系统毒理学研究数据的非功效成分或风险物质，可参考使用交叉参照方法进行评估。所参照的化学物与该原料或风险物质有相似的化学结构，相同的代谢途径和化学或生物反应性。通过利用交叉参照的方法，企业不仅能够有效降低毒理学试验的成本，还能遵循国际社会的伦理要求，避免进行动物实验。

二、化妆品安全评估报告

化妆品产品的安全评估应以暴露为导向，结合产品的使用方式、使用部位、使用量、残留等暴露水平，对化妆品产品进行安全评估，以确保产品安全性。完整的化妆品安全评估报告通常包括摘要、产品简介、产品配方、配方设计原则（仅针对儿童化妆品）、配方中各成分的安全评估、可能存在的风险物质评估、风险控制措施或建议、安全评估结论、安全评估人员签名及简历、参考文献和附录等内容。其中附录部分还应该包括防腐剂挑战报告、理化特性和稳定性报告、包装材料相容性检测报告等内容。

由于完成化妆品安全评估报告对于化妆品注册人、备案人的要求较高，为了减轻注册人、备案人的负担以及顺利落实化妆品安全评估政策，《化妆品安全评估资料提交指南》结合各种类型化妆品的风险程度以及安全评估资料中的重点关注内容，对化妆品进行细化分类；基于风险管理原则，结合产品和企业质量管理体系运行等情况，对化妆品安全评估资料提交的情形进行分类；并制定化妆品安全评估报告自查要点，为企业准确规范提交安全评估资料提供指引。

（一）化妆品安全评估资料提交要求

《化妆品安全评估资料提交指南》在化妆品的功效宣称、使用人群、产品剂型等不同维度分类的基础上，综合考虑不同类型的风险程度，并结合化妆品安全评估资料中重点关注的内容，将化妆品分为两类，即第一类化妆品和第二类化妆品。第二类化妆品依据是否使用较高风险的原料或者是否必须配合仪器、工具使用细分为两种情形，不同种类和情形的化妆品提交化妆品安全评估资料的要求不同。

化妆品注册人、备案人在申请注册或进行备案前，应当按照《化妆品安全技术导则》及相关技术指导文件的原则和要求自行或委托专业机构开展安全评估，形成化妆品安全评估报告；可按照《化妆品安全评估报告自查要点》相关原则和要求对安全评估报告进行自查，形成化妆品安全评估基本结论，化妆品安全评估资料的具体提交要求见（表 4 –21）。

表 4 –21 不同种类化妆品的安全评估资料要求

种类	具体分类情形	安全评估资料提交方式
第一类化妆品	（1）特殊化妆品 （2）婴幼儿和儿童化妆品 （3）使用安全监测期内新原料的化妆品	在申请注册或进行备案时应提交化妆品安全评估报告
第二类化妆品	情形一： （1）使用纳米原料的化妆品 （2）非防晒类化妆品中使用《化妆品安全技术规范》表 5 未收载的防晒剂作为光稳定剂的化妆品 （3）功效宣称为祛痘、抗皱（物理性抗皱除外）、除臭、去屑、脱毛、去角质（物理方式去角质除外）的化妆品 （4）产品剂型为贴、膜、含基材（贴、膜、基材中含有功效原料或着色剂等）或者气雾剂的化妆品 （5）必须配合仪器或者工具（仅辅助涂擦的毛刷、气垫、烫发工具等除外）使用的化妆品	在申请注册或进行备案时，可选择以下提交方式之一进行提交： 1. 提交化妆品安全评估基本结论外，第（1）至（4）项还应分别提交纳米原料、光稳定剂、功效宣称中的功效原料、所含功效原料/着色剂或者推进剂的安全评估资料，第（5）项还应提交仪器或者工具对化妆品的作用机理以及对其安全影响的评估资料，安全评估报告存档备查 2. 提交化妆品安全评估报告
	情形二：第二类化妆品中除情形一之外的其他普通化妆品	在申请注册或进行备案时，可选择以下提交方式之一进行提交： 1. 提交化妆品安全评估基本结论，安全评估报告存档备查 2. 提交化妆品安全评估报告

（二）安全评估报告自查要点

化妆品安全评估人员应按照相关法规和技术标准要求，同时根据产品的具体特性和实际使用情况，全面、准确、科学、规范地开展化妆品安全评估，形成化妆品安全评估报告。质量安全负责人应按照《化妆品安全评估报告自查要点》对产品安全评估报告开展自查，形成安全评估结论。质量安全负责人也可授权安全评估负责人完成安全评估结论。化妆品安全评估报告的主要内容和自查要点包括产品简介、配方中原料的安全评估、可能存在的风险物质的安全评估、产品稳定性和微生物学评估、明确风险控制措施或建议和明确安全评估结论等。

1. 产品简介 在安全评估报告的产品简介模块应该包括产品名称、产品使用方法、日均使用量以及产品驻留因子等内容。其中产品的使用方法应包括产品使用部位、使用频次等信息；产品日均使用量和驻留因子可参考国际权威机构公布的最新暴露量数据或公开发表的化妆品暴露量相关研究文献中的数据。如无公开发表数据的，可基于对产品实际用量的测试和统计结果，评估产品日均使用量，如可采用企业进行消费者试验和调研统计的有效数据等。

2. 配方中原料的安全评估 在安全评估报告的原料安全评估模块，安全评估人员应当参照《化妆品安全评估技术导则》以及相关配套文件《化妆品原料数据使用指南》《毒理学关注阈值（TTC）方法应用技术指南》《交叉参照（Read－across）方法应用技术指南》等要求采用合适的数据类型或方法对原料开展安全评估，需要对是否满足应用上述数据类型或方法的前提条件进行分析说明。

知识拓展

《化妆品原料数据使用指南》中原料安全评估可采用的数据类型及使用要求

1.《化妆品安全技术规范》中的限用组分、准用防腐剂、准用防晒剂、准用着色剂和准用染发剂。

使用《化妆品安全技术规范》中的限用组分、准用防腐剂、准用防晒剂、准用着色剂和准用染发剂列表中的原料，应满足《化妆品安全技术规范》的要求。

2. 国际权威化妆品安全评估机构公布的评估结论。

欧盟消费者委员会（SCCS）、美国化妆品原料评价委员会（CIR）以及其他国际权威化妆品安全评估机构已公布安全评估结论的原料，需对相关评估资料进行分析，在符合我国化妆品相关法规及使用条件下，可采用相关评估结论，对有限制使用条件的原料，应在满足限制条件的情况下采用其评估结论。不同的权威机构评估结果不一致时，根据数据的可靠性和相关性，科学合理地采用相关评估结论。

3. 世界卫生组织（WHO）、联合国粮农组织（FAO）等权威机构已公布的安全限量或结论。

世界卫生组织（WHO）、联合国粮农组织（FAO）以及其他权威机构已公布的安全限量或结论，如每日允许摄入量（ADI）、每日耐受剂量（TDI）、参考剂量（RfD）、一般认为安全的物质、国际日用香料协会（IFRA）和我国标准管理部门发布的香料标准、我国或其他国家监管部门公布的祛斑美白功效原料安全使用量等，需对相关资料进行分析，在符合我国化妆品相关法规规定的情况下，可采用相关结论。

4. 监管部门公布的已上市产品原料使用信息。

监管部门公布的已上市产品原料使用信息可为评估提供参考。《已上市产品原料使用信息》是对我国批件有效期内特殊化妆品中已使用、未收录在《化妆品安全技术规范》中、且无权威机构评估报告的原料使用量的客观收录。未组织对所列原料的安全性进行系统评价，化妆品注册人、备案人在使用相关原料信息时，应当符合国家有关法律法规、标准、规范的相关要求，开展化妆品安全评估并承担产品质量安全责任。其载明的原料使用量，可为化妆品安全评估提供参考，化妆品注册人、备案人应当结合产品使用方法和作用部位，正确使用原料使用量。

5. 原料3年使用历史。

对国内外已有3年（含3年）以上使用历史的原料，使用的原料与拟评估的原料为同一原料，使用该原料的已上市产品引起的不良反应经分析不涉及该原料的使用安全。具有相同的使用部位和使用方法，配方中浓度不超过历史使用浓度。原料历史使用浓度可相互参考，暴露量高和接触时间长的产品，可用于暴露量低和接触时间短的产品评估，但需要从目标人群、使用部位和使用方式等方面充分分析说明其合理性，必要时评估其局部毒性。产品注册或备案时应提供本企业或经授权的非本企业同一原料的3年使用历史证明材料。

6. 安全食用历史。

有安全食用历史类原料，应对其食用历史、生产工艺等进行全面充分研究，确保原料或制备该原料的原材料有可安全食用的特性。此类原料在安全评估时可豁免系统毒性，结合产品使用部位和使用方式等，对局部毒性进行评估。

安全食用历史的证明材料，应来源于食品、农业、卫生等相关领域的省级（含省级）以上监督管理部门，或具有食品安全风险评估相关职能的技术机构，应是公开发布的数据信息，且具有一定权威性，如相关部门发布的公告、通知、技术标准等。国外监督管理部门应是国家级，技术机构应是国际公认的权威机构或组织。

7. 结构和性质稳定的高分子聚合物（具有较高生物活性的原料除外）。

化学合成的由一种或一种以上结构单元，通过共价键连接，平均相对分子质量大于1000道尔顿，且相对分子质量小于1000道尔顿的低聚体含量少于10%，结构和性质稳定的聚合物（具有较高生物活性的原料除外），安全评估时可不考虑透皮吸收，结合产品使用部位和使用方式等，对局部毒性进行评估。

作为祛斑美白剂和防脱发剂使用的原料，不能使用监管部门公布的已上市产品原料使用信息作为评估证据。祛斑美白剂不能使用原料3年使用历史作为评估证据；使用目的相同的情况下，防脱发剂可以使用原料3年使用历史作为评估证据。

对于无法使用上述任一数据类型或方法进行评估的原料，应当按照《化妆品安全评估技术导则》的风险评估程序对原料开展危害识别、剂量反应关系评估、暴露评估和风险特征描述，以确保原料的使用安全。

在对原料进行充分研究的基础上，如无法采用《化妆品原料使用数据指南》中任一数据类型进行安全评估，仅因缺少部分毒理学终点评估数据而不能够完成安全评估的，不超过配方成分总个数10%且含量较低的非特殊功效原料，可以参照《化妆品注册和备案检验工作规范》设置的毒理学试验项目或人体试验项目（在满足伦理的前提下）开展产品的安全性测试，对终产品的安全性进行综合评价分析。

3. 可能存在的风险物质的安全评估 在安全评估报告的风险物质安全评估模块，安全评估人员应按照《化妆品安全技术规范》《化妆安全评估技术导则》及《化妆品风险物质识别与评估技术指导原则》要求开展化妆品中风险物质的评估。根据《化妆品安全技术规范》规定、参考国内外权威机构风险评估结论、应用毒理学关注阈值或交叉参照等方法对化妆品中可能存在的所有风险物质进行识别与评估，如无法应用上述证据类型，应按风险评估程序对风险物质进行完整的安全评估。

知识拓展

二噁烷

二噁烷是一种被国际癌症研究机构评估为对人类有致癌风险的物质，但由于其是含乙氧基类化妆品常用原料制备过程中的副产物，故是技术上不可避免的杂质。

早在2010年，某品牌洗发水就因为被报道含有二噁烷，而遭遇重创，该事件曝光后，原国家食品药品监督管理局立即成立了安全风险评估小组对市面上可能含有的二噁烷相关产品进行了安全风险评估，2012年2月16日，原国家食品药品监督管理局针对化妆品中二噁烷残留限量的问题，发布《关于化妆品中二噁烷限量值的公告》，公告指出二噁烷为化妆品禁用组分，但由于技术上不可避免的原因，该物质有可能随原料带入化妆品中，因此将化妆品中二噁烷限量值暂定为不超过30mg/kg。在2015版《化妆品安全技术规范》中，二噁烷作为化妆品有害物质，规定在化妆品中限量值不得超过30mg/kg。

4. 产品稳定性和微生物学评估　安全评估人员应结合产品的具体情况评价相关理化指标以确定产品的稳定性，保障每批次上市化妆品的质量稳定。其次，确认原料之间是否存在化学或生物学相互作用，并考虑相互作用产生的潜在安全风险。如存在潜在安全风险的，应当结合相关文献研究资料或理化实验数据进行评估。最后，对与内容物直接接触的容器或载体的理化稳定性及其与产品的相容性进行评估。

化妆品微生物污染通常来源于原料带入，产品配制和灌装过程，以及消费者使用环节。安全评估人员应当对产品中微生物进行评估。对处于研发阶段的化妆品，可参考国际通用的标准或方法对其防腐体系的有效性进行评价。

5. 明确风险控制措施或建议　安全评估人员应基于产品特点和对化妆品原料和风险物质的评估结果，制定产品使用的风险控制措施和建议，比如明确产品的使用方法、使用频次、使用人群、警示用语和注意事项等。

6. 明确安全评估结论　安全评估人员通过对化妆品中各原料和可能存在的风险物质的安全评估，以及结合化妆品微生物和有害物质的检测结果、稳定性评估结果，制定的风险控制措施和建议等，获得明确的产品安全评估结论，从而确认产品在正常及合理、可预见的使用条件下，不会对人体健康产生危害。

知识拓展

化妆品安全评估常用的数据库举例

1. 美国化妆品原料评价委员会（CIR）建立的化妆品成分安全评估数据库。
2. 欧盟委员会关于化妆品成分的数据库。
3. 欧洲化学品管理局数据库。
4. 世界卫生组织下属食品添加剂相关数据库。
5. 欧盟食品安全局（EFSA）评估的食品相关物质的健康与环境毒理学数据库。
6. 美国食品药品监督管理局建立的一般认为安全物质（GRAS）数据库。

任务四　原料管理

实例分析

实例　根据某市市场监督管理局于2023年6月发布的行政处罚决定书显示，2019年9月某生物科技有限公司从家化工科技有限公司采购面膜液原料后，用该面膜液原料生产面膜产品。2021年4月市场监管部门对产品进行抽检，检测得出该面膜产品含有化妆品禁用原料萘甲唑啉和未经批准的化妆品新原料十一烷烯酸氯己定。最终，监管部门对该公司做出行政处罚。

问题　1. 该公司为何会被处罚，违反《化妆品监督管理条例》的哪些规定？

2. 如何判断哪些为化妆品禁用原料？

3. 应该如何合规使用化妆品新原料？

一、原料概述

（一）原料管理

化妆品原料是指化妆品配方中使用的成分。化妆品产品一般可认为是各种原料的组合，几乎不涉及化学反应，因而化妆品的质量安全在很大程度上取决于原料的自身品质和使用方式。化妆品原料来源主要包括化学原料、植物原料、矿物原料、生物技术原料等。

知识拓展

化妆品原料的组成

化妆品种类繁多，各种化妆品都有其特定的原料配方，根据化妆品原料的用途与功能，可以将组成化妆品的原料分为基质原料、辅助原料和功能性原料三大类。

1. 基质原料 是构成各种化妆品的主体，在化妆品配方中占有较大比重，决定了化妆品的功能和性质。基质原料一般包含油性原料、粉质原料及溶剂类原料。

（1）油性原料 是化妆品的主要基质原料。主要包括油脂、蜡类原料、烃类、脂肪酸、脂肪醇和酯类等。其中，油脂是油和脂的总称，油脂包括植物性油脂和动物性油脂。在护肤产品中起保护、润湿和柔软皮肤作用，在发用产品中起定型、美发作用。

（2）粉质原料 包括无机粉质原料、有机粉质原料和其他粉质原料，是粉底类、爽身粉、眼影等产品的重要基质原料，在化妆品中起遮盖、吸收、延展、调色、填充等作用，常用粉质原料包括滑石粉、高岭土、云母、钛白粉、硬脂酸锌、硬脂酸镁、碳酸钙等。

（3）溶剂类原料 主要包括水、醇类、酮类和醚类等。在化妆品中起到溶解作用，使得化妆品具有一定的物理性能和剂型。

2. 辅助原料 是指为化妆品提供某些特定功能的辅助性原料，在化妆品中添加量相对较小，但作用不可忽视。化妆品中的辅助原料主要包括香精和香料、颜料和色素、防腐剂与抗氧剂、表面活性剂、水溶性高分子等。需要说明一点，辅助原料和基质原料之间并没有严格的界限。

3. 功效性原料 是赋予化妆品特殊功能或强化化妆品对皮肤生理作用的原料，如保湿剂、美白剂、防晒剂、营养添加剂、染发剂、脱毛剂等。这类原料在化妆品中的用量虽小，但却是化妆品发挥功能性作用的关键原料。

化妆品原料、直接接触化妆品的包装材料应当符合强制性国家标准、技术规范。不得使用超过使用期限、废弃、回收的化妆品或者化妆品原料生产化妆品。我国对化妆品原料主要实行目录管理，制订了禁用组分、限用组分、准用组分目录和已使用化妆品原料目录。

《已使用化妆品原料目录》是对在我国境内生产、销售的化妆品已使用原料的客观收录，国内上市的化妆品都应该使用《已使用化妆品原料目录》内的原料，如果要使用未被收录进目录的原料，应该进行新原料的备案与注册。由于国家药品监督管理局未组织对目录中原料安全性进行系统评价，化妆品注册人、备案人在选用目录所列原料时，应当符合国家有关法律法规、强制性国家标准、技术规范的相关要求，承担产品质量安全责任。《已使用化妆品原料目录》采用动态调整的管理模式，2021 版的目录一共包含 8972 个原料序号，实际收录 8965 种已使用的化妆品原料，并添加了淋洗类和驻留类产品的最高历史使用量。

《化妆品安全技术规范》对化妆品原料又作出进一步分类与相应要求，包括禁用组分目录、限用组分目录和准用组分目录（表4－22）。

表4－22　《化妆品安全技术规范》原料分类

组分类型		具体含义
禁用组分目录		不得作为化妆品原料使用的物质。这些物质包括可能具有三致（致癌、致突变、指畸）和发育毒性、强光毒或光敏性以及腐蚀性、对皮肤或黏膜刺激性强，可能给人体带来极大风险的物质。分为禁用组分和禁用植（动）物组分
限用组分目录		在限定条件下可作为化妆品原料使用的物质，限定条件包括使用范围、最大允许使用浓度、其他限制和要求以及标签上必标注的使用条件和注意事项
准用组分目录	防腐剂	以抑制微生物在化妆品中的生长为目的而在化妆品中加入的物质
	防晒剂	利用光的吸收、反射或散射作用，以保护皮肤免受特定紫外线所带来的伤害或保护产品本身而在化妆品中加入的物质
	着色剂	吸收或反射可见光的原理，为使化妆品或其施用部位呈现颜色而在化妆品中加入的物质
	染发剂	为改变头发颜色而在化妆品中加入的物质

（二）原料名称

原料名称一般包括原料标准中文名称、INCI名称及其ID号、化学名称、动植物原料名称（拉丁学名）、《中华人民共和国药典》名称、常见别名或缩写及CAS号等。

1. INCI名称　INCI（International Nomenclature of Cosmetic Ingredients）名称即国际化妆品原料标准名称，它是国际公认的识别化妆品成分的统一、系统的名称。INCI名称由美国个人护理产品委员会（PCPC）设立的国际化妆品成分命名委员会（INC）指定，并由PCPC发布在《国际化妆品原料字典和手册》中。截至2023年，《国际化妆品原料字典和手册》共收录两万多种拥有INCI名称的化妆品原料。

国际上化妆品原料的名称采用统一的命名法有很多好处，可以避免由于各个国家原料名称的不一致导致的使用混乱问题。便于消费者了解所用化妆品中含有的原料，便于在全球范围内追踪原料的安全性以及对原料进行有效的管理。

世界上许多国家的法规规定化妆品的成分标签使用INCI名称。在我国化妆品注册备案时，要求产品配方应当提供全部原料的名称，原料名称包括标准中文名称、INCI名称或者英文名称。化妆品新原料备案注册时，要求提供原料INCI名称及其ID号。

知识拓展

在《国际化妆品原料字典和手册（第16版）》中，收录化妆品原料数量就已经多达两万余种。但在国内发布的《已使用化妆品原料目录（2021年版）》中，收录化妆品原料数量却只有8965种，国内外数量相差巨大。这就意味着，有大量在国外已经在化妆品中使用的原料可以引入国内，进行新原料的备案。其中最受欢迎的是那些在国外备受欢迎，却未能进入国内原料目录的原料。

比如β－烟酰胺单核苷酸（即NMN），在国外被证实有较好的延缓衰老作用，《国际化妆品原料字典和手册》中的INCI名称为"Nicotinamide Mononucleotide"，但并没有进入国内的《已使用化妆品原料目录》。于是，2022～2023年，已经有5款NMN新原料进行了备案，分别由4家企业完成。其中浙江宁波的一家企业，就备案了两款不同的NMN新原料。

2. 原料标准中文名称　我国定期对《国际化妆品原料字典和手册》进行翻译，形成《国际化妆品原料标准中文名称目录》，用于化妆品原料的标准中文命名。目录中已经收录的原料，化妆品注册人、备案人应根据目录予以明确所用化妆品原料的标准中文名称，未收录的原料可参照《中华人民共和国药典》等其他权威目录中收录的中文名称，并结合通行的命名原则制定原料标准中文名称。

3. CAS号 指化学品登记号，并非专用于化妆品。美国化学会的下设组织化学文摘社（Chemical Abstracts Service，CAS）负责为每一种出现在文献中的物质分配一个CAS编号（CAS NUMBER），这是为了避免化学物质有多种名称的麻烦，使数据库的检索更为方便。其缩写CAS在生物化学上便成为物质唯一识别码的代称，相当于每一种化学物质都拥有了自己的独特编号。如今的化学数据库普遍都可以用CAS编号检索。

在我国化妆品注册备案中，使用来源于石油、煤焦油的碳氢化合物（单一组分除外）的，应当在产品配方表备注栏中标明相关原料的CAS号。

4. 其他名称 包括化学名称、动植物原料名称（拉丁学名）、矿物名称、广泛使用的别名、俗称、商品名、缩写等。

二、新原料管理

（一）新原料概述

化妆品新原料是指在我国境内首次使用于化妆品的天然或者人工原料。未收录在《已使用化妆品原料目录》中的原料为化妆品新原料，化妆品新原料未经注册备案，不可直接使用于在我国销售上市的化妆品产品中。调整已使用的化妆品原料的使用目的、安全使用量等的，应当按照新原料注册、备案要求申请注册、进行备案。

具有防腐、防晒、着色、染发、祛斑美白功能的化妆品新原料，经国务院药品监督管理部门注册后方可使用。其他化妆品新原料应当在使用前向国务院药品监督管理部门备案。国务院药品监督管理部门可以根据科学研究的发展，调整实行注册管理的化妆品新原料的范围（图4－12）。

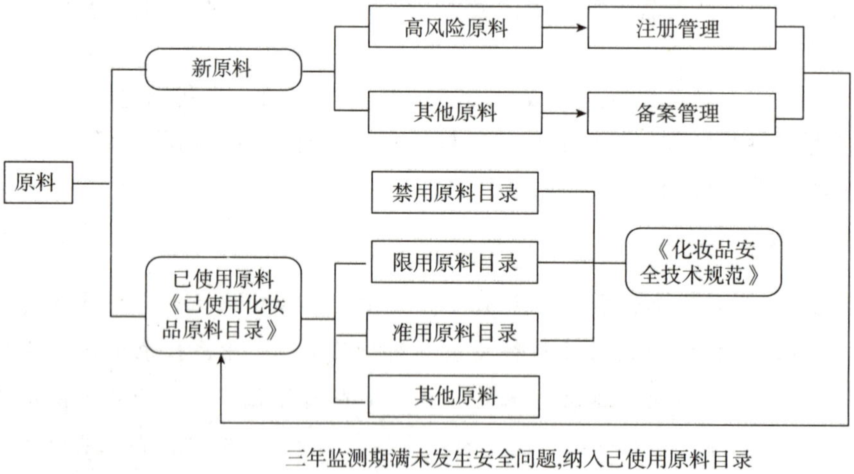

图4－12 化妆品原料管理示意图

知识拓展

新原料上市呈现的新变化

原《化妆品卫生监督条例》中规定所有化妆品新原料均需采用注册管理制，未基于原料特点作分类管理，再加之原化妆品新原料申报的审评尺度较严，致使《化妆品监督管理条例》发布前，我国的化妆品新原料屈指可数，一定程度上限制了行业创新发展。为了鼓励化妆品原料技术创新，《化妆品监督管理条例》基于风险管理的原则，对新原料实行分类管理，除了防腐、防晒、着色、染发、祛斑美白功能的新原料实施注册管理外，其他新原料实施备案管理。这一举措极大激发化妆品原料创新，化妆品新原料备案数量大幅增加。

截至2024年2月底，共有132款（不含已注销的阿西曲普）新原料成功申报，已转入监测期的有103款。政府扶持，企业认可，市场青睐，2024年新原料申请呈现以下趋势。

1. 中国特色植物原料 2023年备案的植物来源原料共有17种，企业不论是想要迎头赶上还是要弯道超车，中国本土丰富的植物原料都是一个不容忽视的宝库。这些植物不仅具有丰富的药用和保健价值，还在美容和个人护理产品中展现出独特的功效。随着消费者对自然和安全的重视，以及对天然成分的偏好，开发以中国特色植物为基础的化妆品原料将会成为趋势。

2. 生物技术原料 目前已备案的新原料中，通过生物技术开发的新原料数量仅次于化学合成原料。通过利用生物技术，如发酵技术和基因工程，可以生产出高效、特定功能的生物活性成分。这些技术使得从微生物、植物细胞或动物细胞中提取或合成新化妆品原料成为可能。

3. 跨界企业加入角逐 2023年东阿阿胶、燕之屋、云南白药等企业纷纷投身于化妆品新原料开发。跨界品牌借助自身在传统行业中的中高端品牌形象，通常会加大在研发和技术创新上的投资，力图开发出既符合自身品牌形象，又能满足市场需求的新型化妆品原料。通过科学研究验证其产品在护肤、美容等方面的功效，以提升产品的市场竞争力。这种趋势不仅反映了化妆品市场的巨大潜力和消费者对特色原料的青睐，也显示了这些企业利用自身品牌、资源和技术优势，拓展新业务领域的战略视野。

4. 国际巨头竞相入场 当前国际上已使用的原料数量远远大于我国准许使用的化妆品原料数，国内原料研发仍有巨大的发展空间。海外原料企业，如国际香料集团、陶氏、巴斯夫等，凭借深厚的技术积累和丰富的市场开发经验竞相布局国内原料市场。预计将会有更多的海外企业投身于国内化妆品新原料的申报。

5. “妆食同源”原料崛起 “妆食同源”的化妆品成分通常来源于天然食材，如植物、水果、蔬菜等，相比于合成成分更加安全。由于这些成分常见于日常生活中的食品和饮料中，消费者对于其功效和安全性有较高的认知度，因此更容易接受和信任。此外，这些成分不仅可以提供基本的保湿滋润功能，还具有多种特殊功能，如抗氧化、抗衰老等，满足了消费者对于个性化化妆品的追求。以备案了三次的N－乙酰神经氨酸为例，它也叫唾液酸、燕窝酸，广泛存在于食用燕窝中，最早是从唾液腺粘蛋白中提取分离而得，应用到化妆品中可以充当抗皱剂，保湿剂，抗氧化剂，皮肤保护剂等。随着“妆食同源”概念的兴起，新食品原料、食品添加剂、保健食品原料、营养增强剂等都是“妆食同源”新原料的挖掘宝库。

（二）新原料注册备案管理

1. 新原料备案 化妆品新原料备案人通过国务院药品监督管理部门在线政务服务平台提交规定的备案资料后即完成备案。

2. 新原料注册 国务院药品监督管理部门应当自受理化妆品新原料注册申请之日起3个工作日内将申请资料转交技术审评机构。技术审评机构应当自收到申请资料之日起90个工作日内完成技术审评，向国务院药品监督管理部门提交审评意见。国务院药品监督管理部门应当自收到审评意见之日起20个工作日内作出决定。对符合要求的，准予注册并发给化妆品新原料注册证；对不符合要求的，不予注册并书面说明理由。

国务院药品监督管理部门应当自化妆品新原料准予注册之日起、备案人提交备案资料之日起5个工作日内向社会公布注册、备案有关信息。

3. 新原料安全监测 已经取得注册、完成备案的化妆品新原料实行安全监测制度。安全监测的期限为3年，自首次使用化妆品新原料的化妆品取得注册或者完成备案之日起算。

经注册、备案的化妆品新原料投入使用后3年内，新原料注册人、备案人应当每年向国家药品监管部门提交有关新原料使用和安全情况的年度报告。对存在安全问题的化妆品新原料，由国家药品监管部门撤销注册或者取消备案。3年期满未发生安全问题的化妆品新原料，纳入国务院药品监督管理部门制定的《已使用的化妆品原料目录》（图4－13）。同时化妆品新原料注册人、备案人或境内责任人还应当留存新原料的样品备查。

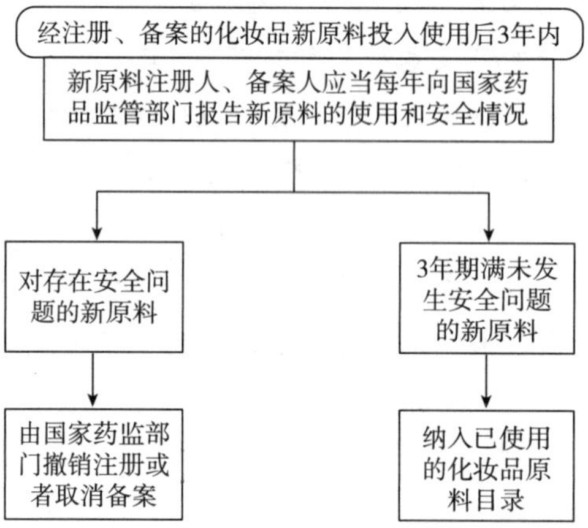

图4－13 化妆品新原料安全监测流程

在安全监测期内，化妆品新原料注册人、备案人可以使用该化妆品新原料生产化妆品。化妆品注册人、备案人使用化妆品新原料生产化妆品的，需经新原料注册人、备案人授权同意，在化妆品申请注册、办理备案时通过注册备案信息服务平台经化妆品新原料注册人、备案人关联确认。

新原料注册人、备案人发现需要向技术审评机构报告的情况，应立即收集信息，开展分析和采取处置措施，并通过信息服务平台提交新原料风险控制报告至技术审评机构。

（三）新原料注册备案资料

依据《化妆品新原料注册备案资料管理规定》，化妆品新原料注册人、备案人申请化妆品新原料注册或办理新原料备案的，应当提交以下资料：①注册申请人、备案人的名称、地址、联系方式；②新原料研制报告；③新原料的制备工艺、稳定性及其质量控制标准等研究资料；④新原料安全评估资料。

1. 用户信息 化妆品新原料注册人、备案人应通过化妆品新原料注册备案信息服务平台，开通注册人、备案人权限。新原料注册人、备案人为境外企业的，需指定境内责任人，并由境内责任人填报用户信息。

用户信息的填报内容包括以下内容：①化妆品新原料注册人、备案人信息。②化妆品新原料注册人、备案人安全风险监测和评价体系概述，新原料注册人备案人应建立安全风险监测和评价相关岗位，并提交安全风险监测的整体构成和运行模式，简述安全风险评价完成方式、评价标准、评价后相应处置措施等制度。③化妆品新原料注册人、备案人为境外的，应当由境内责任人填报信息，同时提交境内责任人授权书及其公证书的原件。授权书应至少载明双方企业名称、授权和被授权关系、授权范围和授权期限。同一化妆品新原料不得授权多个境内责任人，但可申请境内责任人变更。境内责任人授权书所载明的授权期限到期后，应当在授权期限届满前30日内重新提交延长授权期限的授权书或按要求办理境内责任人变更。

2. 研制报告　研制报告综合阐述了原料研发的必要性和原料的基本性质，一般应当包括以下内容。

（1）原料研发背景，包括研发背景、研发目的、研发过程及研发结果等。

（2）原料基本信息，包括原料名称、来源、组成、相对分子质量、分子式、化学结构、理化性质等信息。

（3）原料使用信息，包括原料在化妆品中的使用规格、使用目的、适用或使用范围、安全使用量、使用期限、注意事项、警示用语等；原料在境外使用于化妆品的状况以及批准状况。

（4）功能依据资料，化妆品新原料功能依据是指能够证明原料具有与使用目的相一致的相关资料，一般包括科学文献、法规资料、实验室研究数据、人体功效性评价试验资料等。

（5）新原料研制相关的其他资料。

3. 制备工艺、稳定性及其质量控制标准等研究资料　原料工艺与质量安全密不可分，化妆品新原料应提供其制备工艺，清楚描述原料生产的主要工艺步骤和工艺参数。不同来源的新原料制备工艺简述编制要求如下。

（1）化学合成原料应当列出具体起始物、反应条件、使用的助剂、反应过程的中间产物及副产物、终产物中残留的杂质或助剂等。

（2）天然原料应当说明原料来源、加工工艺、提取方法等，包括前处理方法、提取条件、除杂或分离/纯化方法、使用的溶剂、可能残留的杂质或溶剂等。

（3）生物技术来源原料应当说明培养、提取、分离、纯化等原料制备过程。包括工艺过程中可能产生的杂质、原料中可能含有的杂质和可能存在的有害微生物。

（4）其他来源原料，根据原料特性和具体制备过程提交相关资料。

注册人、备案人还应关注生产过程中是否可能引入安全性风险物质，需逐一评估制备工艺中涉及到的起始物、溶剂、反应中间产物等物质。如果涉及带入安全性风险物质的，则应提供其控制措施与控制指标列明于质量控制标准内。除此以外，质量控制标准中还应列明原料的稳定性试验数据及原料自身的质量规格指标与相应检验方法，例如质谱、红外谱图等定性定量鉴定指标。

4. 新原料安全评估资料　安全性评估资料一般分为毒理学安全性评价资料和安全风险评估资料两部分。

（1）毒理学安全性评价资料　在进行毒理学安全性评价前，注册人、备案人应先根据新原料特征，判定新原料所属分类情形后（表4－23），结合资料项目要求表（表4－24）提供相应的毒理学试验项目资料。毒理学安全性评价资料可以是企业自行或委托开展的试验报告，也可是科学文献资料、国内外政府官方网站或国际组织网站发布的权威内容。

（2）安全风险评估资料　新原料注册人、备案人依据国家药监局制定的化妆品安全评估原则和程序等相关要求，对新原料自身以及可能同时存在的安全性风险物质进行评估。风险物质可能来源于生产过程中的反应物、催化剂、副产物等。

表 4-23 毒理学安全性评价不同情形分类

情形分类	具体内容
情形 1	国内外首次使用的具有防腐、防晒、着色、染发、祛斑美白、防脱发、祛痘、抗皱（物理性抗皱除外）、去屑、除臭功能以及其他国内外首次使用的具有较高生物活性的化妆品新原料；纳米新原料参照情形 1 提供毒理学试验资料，还应提供各项毒理学试验方法适用于纳米原料检测的适用性说明等
情形 2	国内外首次使用的，不具有防腐、防晒、着色、染发、祛斑美白、防脱发、祛痘、抗皱（物理性抗皱除外）、去屑、除臭功能的新原料
情形 3	不具有防腐、防晒、着色、染发、祛斑美白、防脱发、祛痘、抗皱（物理性抗皱除外）、去屑、除臭功能的新原料，且能够提供充分的证据材料证明该原料在境外上市化妆品中已有三年以上安全使用历史的
情形 4	具有防腐、防晒、着色、染发、祛斑美白、防脱发、祛痘、抗皱（物理性抗皱除外）、去屑、除臭功能，且能够提供充分的证据材料证明该原料在境外上市化妆品中已有三年以上安全使用历史的新原料
情形 5	具有安全食用历史的化妆品新原料（原料所使用的部位应与食用部位一致）
情形 6	化学合成的由一种或一种以上结构单元，通过共价键连接，平均相对分子质量大于 1000 道尔顿，且相对分子质量小于 1000 道尔顿的低聚体含量少于 10%，结构和性质稳定的聚合物（具有较高生物活性的原料除外）

表 4-24 化妆品新原料情形分类和资料项目要求

资料要求		情形分类					
		情形 1	情形 2	情形 3	情形 4	情形 5	情形 6
一、基本信息	1. 注册或备案原料信息表	○	○	○	○	○	○
二、研制报告	2. 研发背景	○	○	○	○	○	○
	3. 原料基本信息	○	○	○	○	○	○
	4. 原料使用信息①	○	○	○	○	○	○
	5. 功能依据资料	○	○	○	○	○	○
	6. 研制相关的其他资料	○	○	○	○	○	○
三、制备工艺及质量控制标准	7. 制备工艺简述	○	○	○	○	○	○
	8. 稳定性试验数据	○	○	○	○	○	○
	9. 质量规格指标及其检验方法	○	○	○	○	○	○
	10. 可能存在的安全性风险物质及其控制等资料②						
四、安全性评价	11. 毒理学安全性评价综述	○	○	○	○	○	○
	12. 急性经口或急性经皮毒性试验③	○	○	○	○		
	13. 皮肤和眼刺激性/腐蚀性试验	○	○	○	○	○	○
	14. 皮肤变态反应试验	○	○	○	○	○	
	15. 皮肤光毒性试验④						
	16. 皮肤光变态反应试验⑤						
	17. 致突变试验	○	○	○	○		
	18. 亚慢性经口或经皮毒性试验	○	○		○		
	19. 致畸试验	○					
	20. 慢性毒性/致癌性结合试验	○					
	21. 吸入毒性试验⑥						
	22. 长期人体试用安全试验	○					
	23. 其他毒理学试验⑦						
	24. 安全性评估报告	○	○	○	○	○	○

续表

资料要求		情形分类					
		情形 1	情形 2	情形 3	情形 4	情形 5	情形 6
五、其他资料	25. 新原料技术要求	○	○	○	○	○	
	26. 可能有助于化妆品新原料注册和备案的其他资料⑦						

注：上表中画“○”的，表示必须提交该项资料。资料项目要求的上角标注含义解释如下：
①对于境外有使用历史的新原料，应说明原料在境外使用于化妆品的情况。
②可能存在的安全性风险物质的新原料应当提交该项资料。
③在情形 3 中，能够同时提供国际权威安全评价机构评价结论认为在化妆品中使用是安全的安全评估报告或符合伦理学条件下的人体安全性检验报告的，可不提交该项资料。
④原料具有紫外吸收特性时需提交该项试验资料。
⑤除情形 6 外，原料具有紫外吸收特性时需提交该项试验资料。
⑥原料有可能吸入暴露时须提交该项资料。
⑦根据每个新原料的实际情况提交的其他资料。

任务五　化妆品功效宣称管理

实例分析

实例　某品牌洋甘菊痘肌沐浴露的“排浊”功能在行业内引起热议。该款沐浴露在包装瓶以及产品详情页面宣传可以“排浊”。对此，有业内人士认为，“排浊”事实上与清洁无异，品牌以“排浊”为宣称，更多是想吸引消费者注意。

问题　1. 你觉得化妆品可以宣称“排浊”的功效吗？为什么？

2. 你觉得目前化妆品功效宣传存在哪些问题？

随着人民生活水平的提高以及对美丽的追求，消费者在关注化妆品安全性的同时，对化妆品的功效性也有了更高的要求。合规、真实的功效宣称是保障消费者知情权的关键，也是防止虚假宣传的客观要求。产品在上市销售前，注册人、备案人应当依照《化妆品功效宣称评价规范》的要求，对产品的功效宣称进行评价。

化妆品功效宣称评价，是指通过文献资料调研、研究数据分析或者化妆品功效宣称评价试验等手段，对化妆品在正常使用条件下的功效宣称内容进行科学测试和合理评价，并作出相应评价结论的过程。

化妆品注册人、备案人在申请注册或进行备案的同时，应当按照规定要求，在国家药品监督管理局指定的专门网站上传产品功效宣称依据的摘要。化妆品注册人、备案人对提交的功效宣称依据的摘要的科学性、真实性、可靠性和可追溯性负责。通过公开功效评价资料的摘要，一方面让消费者在选购产品时更加了解产品的特点，另一方面将会鼓励企业重视研发，在证实功效的基础上进行合理宣传。

一、化妆品功效宣称评价项目要求

化妆品功效宣称的分类主要依据为《化妆品分类规则和分类目录》，其对包括新功效在内的 26 种功效类别进行释义说明和宣称指引。《化妆品功效宣称评价规范》对应将《化妆品分类规则和分类目录》中的 26 个功效类别分为不同情形，分别提出了不同的评价项目要求（表 4－25）。

功效宣称依据包括文献资料、研究数据或者化妆品功效宣称评价试验结果等。其中化妆品功效宣称评价试验包括人体功效评价试验、消费者使用测试和实验室试验。

关键术语

文献资料：是指通过检索等手段获得的公开发表的科学研究、调查、评估报告和著作等，包括国内外现行有效的法律法规、技术文献等。文献资料应当标明出处，确保有效溯源，相关结论应当充分支持产品的功效宣称。

研究数据：是指通过科学研究等手段获得的尚未公开发表的与产品功效宣称相关的研究结果。研究数据应当准确、可靠，相关研究结果能够充分支持产品的功效宣称。

人体功效评价试验：是指在实验室条件下，按照规定的方法和程序，通过人体试验结果的主观评估、客观测量和统计分析等方式，对产品功效宣称作出客观评价结论的过程。

消费者使用测试：是指在客观和科学方法基础上，对消费者的产品使用情况和功效宣称评价信息进行有效收集、整理和分析的过程。

实验室试验：是指在特定环境条件下，按照规定方法和程序进行的试验，包括但不限于动物实验、体外实验（包括离体器官、组织、细胞、微生物、理化试验）等。

表 4－25 化妆品功效宣称评价项目要求

序号	功效宣称	人体功效评价试验	消费者使用测试	实验室试验	文献资料或研究数据
1	祛斑美白①	√			
2	防晒	√			
3	防脱发	√			
4	祛痘	√			
5	滋养②	√			
6	修护②	√			
7	抗皱	*	*	*	△
8	紧致	*	*	*	△
9	舒缓	*	*	*	△
10	控油	*	*	*	△
11	去角质	*	*	*	△
12	防断发	*	*	*	△
13	去屑	*	*	*	△
14	保湿	*	*	*	*
15	护发	*	*	*	*
16	特定宣称（宣称适用敏感皮肤、无泪配方）	*	*		
17	特定宣称（原料功效）	*	*	*	*
18	宣称温和（无刺激）	*	*	*	△
19	宣称量化指标的（时间、统计数据等）	*	*	*	△
20	宣称新功效	根据具体功效宣称选择合适的评价依据。			

说明：1. 选项栏中画√的，为必做项目；选项栏中画＊的，为可选项目，但必须从中选择至少一项；选项栏中画△的，为可搭配项目，但必须配合人体功效评价试验、消费者使用测试或者实验室实验一起使用。

注释：①仅通过物理遮盖作用发挥祛斑美白功效，且在标签中明示为物理作用的，可免予提交产品功效宣称评价资料

②如功效宣称作用部位仅为头发的，可选择体外真发进行评价

能够通过视觉、嗅觉等感官直接识别的（如清洁、卸妆、美容修饰、芳香、爽身、染发、烫发、发

色护理、脱毛、除臭和辅助剃须剃毛等），或者通过简单物理遮盖、附着、摩擦等方式发生效果（如物理遮盖祛斑美白、物理方式去角质和物理方式去黑头等）且在标签上明确标识仅具物理作用的功效宣称，可免予公布产品功效宣称依据的摘要。

仅具有保湿和护发功效的化妆品，可以通过文献资料调研、研究数据分析或者化妆品功效宣称评价试验等方式进行功效宣称评价。

具有抗皱、紧致、舒缓、控油、去角质、防断发和去屑功效，以及宣称温和（如无刺激）或量化指标（如功效宣称保持时间、功效宣称相关统计数据等）的化妆品，应当通过化妆品功效宣称评价试验方式，可以同时结合文献资料或研究数据分析结果，进行功效宣称评价。

具有祛斑美白、防晒、防脱发、祛痘、滋养和修护功效的化妆品，应当通过人体功效评价试验方式进行功效宣称评价。具有祛斑美白、防晒和防脱发功效的化妆品，应当由化妆品注册和备案检验机构按照强制性国家标准、技术规范的要求开展人体功效评价试验，并出具报告。同一化妆品注册人、备案人申请注册或进行备案的同系列彩妆产品，在满足等效评价的条件和要求时，可以共用功效宣称评价实验数据作为功效宣称评价的依据。

进行特定宣称的化妆品（如宣称适用敏感皮肤、宣称无泪配方），应当通过人体功效评价试验或消费者使用测试的方式进行功效宣称评价。通过宣称原料的功效进行产品功效宣称的，应当开展文献资料调研、研究数据分析或者功效宣称评价试验证实原料具有宣称的功效，且原料的功效宣称应当与产品的功效宣称具有充分的关联性。宣称新功效的化妆品，应当根据产品功效宣称的具体情况，进行科学合理的分析。

知识拓展

普通化妆品不得添加和宣称“377”成分

“377”是化妆品原料“苯乙基间苯二酚”的俗称。据了解，苯乙基间苯二酚是一种有机化合物，外观为白色到淡棕色粉末，被广泛用于各种美白、祛斑和抗衰老的产品中。例如“××377莹亮舒润面膜”“××377烟酰胺多维焕亮精华液”等。广州市市场监督管理局针对普通化妆品是否可以使用“377”作出回应，根据《国家食品药品监督管理局关于批准4-(1-苯乙基)-1,3-苯二酚作为化妆品原料使用的公告》的内容，批准“377”的使用目的只有美白肌肤，通过抑制酪氨酸酶的活性抑制黑色素的形成。这意味着“377”只能添加在宣称能够美白的特殊化妆品中。普通化妆品配方中若以其他使用目的添加“377”，应当按照新原料注册、备案，注册备案完成之前是不能使用以及宣称的。

二、功效评价试验机构与方法

（一）功效试验机构

化妆品注册人、备案人可以自行或者委托具备相应能力的评价机构，按照化妆品功效宣称评价项目要求，开展化妆品功效宣称评价。根据评价结论编制并公布产品功效宣称依据的摘要。承担化妆品功效宣称评价的机构应当建立良好的实验室规范，完成功效宣称评价工作和出具报告，并对出具报告的真实性、可靠性负责。

（二）功效评价试验方法

化妆品功效宣称评价试验应当有合理的试验方案，方案设计应当符合统计学原则，试验数据符合统计学要求，并按照规定的要求开展。

人体功效评价试验和消费者使用测试应当遵守伦理学原则要求，进行试验之前应当完成必要的产品安全性评价，确保在正常、可预见的情况下不得对受试者（或消费者）的人体健康产生危害，所有受试者（或消费者）应当签署知情同意书后方可开展试验。

除有特殊规定的情形外，化妆品功效宣称评价试验应当优先选择下列1、2项试验方法，1、2项未作规定的，可以任意选择下列3、4项试验方法。

1. 我国化妆品强制性国家标准、技术规范规定的方法。比如《化妆品安全技术规范》中关于防晒化妆品防晒指数（SPF值）测定方法、防晒化妆品防水性能测定方法、防晒化妆品长波紫外线防护指数（PFA）测定方法。2021年国家药品监督管理局发布第17号通告，将《化妆品祛斑美白功效测试方法》和《化妆品防脱发功效测试方法》纳入《化妆品安全技术规范》，进一步完善特殊化妆品功效评价体系。

2. 我国其他相关法规、国家标准、行业标准载明的方法。比如轻工业标准QB/T 4256—2011《化妆品保湿功效评价指南》作为行业标准推荐使用。

3. 国外相关法规或技术标准规定的方法。比如韩国食品药品管理局（MFDS）发布的《功能性化妆品检验规定》。

4. 国内外权威组织、技术机构以及行业协会技术指南发布的方法、专业学术杂志、期刊公开发表的方法或自行拟定建立的方法。比如欧洲化妆品及其他外用产品功效评价协会（EEMCO）发布的一系列化妆品功效评价指南。

典型案例

功效宣称检验方法不科学导致构成虚假广告被罚

为推广特润修护肌透精华露产品，某商贸有限公司通过多个渠道对外发布主要内容为“年轻指数+77%”和“柔润+17%、平滑+20%、透亮+15%”等宣传产品功效的视频或者平面广告。后查明，上述广告内容系基于当事人委托第三方测试实验室出具的临床报告。经核实临床报告，上述广告中所宣传的功效，系针对不同年龄阶段的样本、在一定限制条件下、配合使用防晒产品而取得的研究数据，且当事人以“皮肤代谢产物种类数恢复”的片面指标指代“年轻”的整体概念。市场监管局组织专家论证并走访专业机构和专业人士查明，皮肤代谢产物种类数的恢复并不等同于皮肤年轻程度的提升，且受试样本的年龄对皮肤代谢产物、柔润程度、平滑程度、光彩透亮程度等有较大影响，年龄越大，皮肤状态改善效果越明显。同时，消费者调查结果表明，涉案广告中的小字标注不足以使消费者充分知悉相关产品功效的真实含义及前提条件，且广告内容对消费者的购买行为有实质性影响，因此构成发布虚假广告的违法行为。

处罚结果：根据《中华人民共和国广告法》第五十五条第一款，责令当事人停止发布违法广告、在相应范围内消除影响，处广告费用一倍罚款，计238.1671万元。

三、功效评价报告与摘要

化妆品功效宣称评价试验完成后，应当由承担功效评价的机构出具化妆品功效宣称评价报告。功效宣称评价报告应当信息完整、格式规范、结论明确，并由评价机构签章确认。化妆品注册人、备案人应当及时对化妆品功效宣称依据和摘要进行归档并妥善保存备查。报告一般应当包括以下内容：①化妆品注册人、备案人或境内责任人名称、地址等相关信息；②功效宣称评价机构名称、地址等相关信息；③产品名称、数量及规格、生产日期或批号、颜色和物态等相关信息；④试验项目和依据、试验的开始与完成日期、材料和方法、试验结果、试验结论等相关信息。

化妆品注册人、备案人在申请注册或进行备案的同时，应当在国家药品监督管理局指定的专门网站上传产品功效宣称依据的摘要。化妆品功效宣称依据的摘要应当简明扼要地列出产品功效宣称依据的内容，至少包括以下信息：①产品基本信息；②功效宣称评价项目及评价机构；③评价方法与结果简述；④功效宣称评价结论，应当阐明产品的功效宣称与评价方法与结果之间的关联性（表4－26）。

表4－26 化妆品功效宣称依据的摘要（式样）

<table>
<tr><th>产品中文名称</th><th colspan="2">与注册/备案产品名称一致</th><th>产品分类编码</th><th>按照化妆品分类规则填写</th></tr>
<tr><td>注册人/备案人基本信息</td><td colspan="4">化妆品注册人/备案人的名称、地址和联系方式；
注册人/备案人为境外的，还应当同时提供境内责任人基本信息。</td></tr>
<tr><td>是否专为中国消费者设计</td><td colspan="2">□是 □否</td><td>使用方式</td><td>□淋洗 □驻留</td></tr>
<tr><td>产品性状</td><td colspan="2">与分类编码中的剂型相符</td><td>使用部位</td><td>根据产品使用说明填写</td></tr>
<tr><td>产品功效宣称</td><td colspan="4">与分类编码中的功效类别相符，如有多项，应当全部列出。</td></tr>
<tr><td>功效宣称评价项目</td><td colspan="4">□文献资料 □研究数据 □人体功效评价试验
□消费者使用测试 □实验室实验
（可以选择多个项目，并根据选择的项目提供相应的信息）</td></tr>
<tr><td>评价机构名称和地址</td><td colspan="4">化妆品注册人/备案人自行开展功效宣称评价的，填写注册人/备案人的信息；
委托具备相应能力的评价机构开展功效宣称评价的，填写被委托机构的信息。
（可以选择多个项目，并根据选择的项目提供相应的信息）</td></tr>
<tr><td rowspan="5">人体功效评价试验简述</td><td>方法名称</td><td colspan="3"></td></tr>
<tr><td>方法来源</td><td colspan="3"></td></tr>
<tr><td>功效判定指标</td><td colspan="3"></td></tr>
<tr><td>试验起止日期</td><td colspan="3">自 年 月 日至 年 月 日，共计 日。</td></tr>
<tr><td colspan="4">试验结果简述：包括有效人数和有效率、结果及结论，说明受试者肤质类型（如东亚人皮肤、Fitzpatrick 类型等），需说明检测项目判定为有效的依据，简述功效判定指标与功效宣称之间的关联性，如有必要可另附图表。</td></tr>
<tr><td rowspan="5">消费者使用测试简述</td><td>方法名称</td><td colspan="3"></td></tr>
<tr><td>方法来源</td><td colspan="3"></td></tr>
<tr><td>测试方式</td><td>□调查 □面谈
□其他（应具体说明）</td><td>数据收集形式</td><td>□问卷 □视频
□其他（应具体说明）</td></tr>
<tr><td>测试起止日期</td><td colspan="3">自 年 月 日至 年 月 日，共计 日。</td></tr>
<tr><td colspan="4">测试结果简述：包括完成测试人数、结果及结论，说明消费者肤质类型（如东亚人皮肤、Fitzpatrick 类型等），需说明测试方法判定为有效的依据，简述测试问题与功效宣称之间的关联性，如有必要可另附图表。</td></tr>
<tr><td rowspan="5">实验室试验简述</td><td>方法名称</td><td colspan="3"></td></tr>
<tr><td>方法来源</td><td colspan="3"></td></tr>
<tr><td>检测项目</td><td colspan="3"></td></tr>
<tr><td>试验起止日期</td><td colspan="3">自 年 月 日至 年 月 日，共计 日。</td></tr>
<tr><td colspan="4">试验结果简述：包括实验体系、样本量、结果及结论、方法适用性及局限性等相关信息，需说明检测项目判定为有效的依据，简述检测项目与功效宣称之间的关联性，如有必要可另附图表。</td></tr>
<tr><td>文献资料及研究数据简述</td><td colspan="4">文献资料应当列明文献名称及可溯源的来源信息；
法规资料应当载明法规名称、依据来源、法律效力等，技术法规还应包含适用范围、版本号（如有）、相关技术指标等；
说明引用的文献资料或获得的研究数据与产品功效宣称的关联性，如有必要可另附图表。</td></tr>
</table>

功效评价结论：

化妆品注册人/备案人（签章）

年 月 日

目标检测

一、单选题

1. 以下产品通过备案即可上市的是（ ）

A. 滋养发膜　　B. 防晒霜　　C. 烫发水　　D. 染发膏

2. 以下部位不是化妆品施用部位的是（ ）

A. 眼部　　B. 口腔　　C. 毛发　　D. 指甲

3. 依据《化妆品注册备案资料管理规定》，注册人申请注册或者备案人办理备案时，应当提交的资料不包括（ ）

A. 产品名称信息　　B. 产品配方

C. 产品功效评估报告　　D. 产品安全评估资料

4. 下列说法正确的是（ ）

A. 进口化妆品是指化妆品的所有生产工序都在国外完成的化妆品

B. 所有进口化妆品的注册人或备案人都应该设置境内责任人

C. 化妆品注册人和备案人可以是自然人

D. 已备案化妆品，如果备案人主体发生变更，应该重新备案

5. 下列新原料经过备案即可上市的是（ ）

A. 防腐　　B. 防晒　　C. 祛斑　　D. 祛痘

6. 特殊化妆品注册过程中，技术审评部门应当在收到申报资料之日起（ ）日内，按照技术审评要点组织对申报资料开展技术审评，并作出技术审评结论

A. 20　　B. 30　　C. 90　　D. 120

7. 普通化妆品的备案人应当（ ）向承担备案管理工作的药品监督管理部门报告生产、进口情况，以及符合法律法规、强制性国家标准、技术规范的情况。

A. 每6个月　　B. 每1年　　C. 每2年　　D. 每5年

8. 国产特殊化妆品注册编号格式（ ）

A. 国妆特进字+四位年份数+本年度注册产品顺序数

B. 卫妆特字+四位年份数+本年度注册产品顺序数

C. 国妆特字+四位年份数+本年度注册产品顺序数

D. 卫妆特制字+四位年份数+本年度注册产品顺序数

二、多选题

1. 化妆品新原料根据风险程度分为低风险和高风险原料，下列原料被归为高风险原料有（ ）

A. 防晒　　B. 染发　　C. 防腐　　D. 着色

2. 以下产品功效宣称，需要做人体功效评价试验的有（ ）

A. 抗皱　　B. 修护　　C. 祛痘　　D. 滋养

3. 下列化妆品的注册备案，必须向药监部门提交化妆品安全评估报告的有（　）

A. 防脱洗发水　　B. 儿童面霜　　C. 祛痘面霜　　D. 保湿面膜

4. 普通化妆品在满足一定条件后可免于提交该产品的毒理学试验报告，但下列哪些情形的除外（　）

A. 产品宣称婴幼儿和儿童使用的

B. 产品使用尚在安全监测中化妆品新原料的

C. 产品使用部位在眼部及敏感部位

D. 根据量化分级评分结果，备案人、境内责任人、生产企业被列为重点监管对象的

5. 从事化妆品人体安全性与功效评价检验的检验检测机构应具备（　）

A. 具备处置化妆品不良反应的能力

B. 应当取得化妆品领域的检验检测机构资质认定

C. 配备两名以上（含两名）具有皮肤病相关专业执业医师资格证书且有五年以上化妆品人 体安全性与功效评价相关工作经验的全职人员

D. 建立受试者知情管理制度和志愿者管理体系

6. 特殊化妆品注册申请过程提供虚假资料，可以对其采取（　）

A. 不予注册

B. 已经取得注册许可的，由作出行政许可决定的部门撤销行政许可，10 年内不受理其提出的化妆品相关许可申请

C. 货值金额 1 万元以上的，并处货值金额 15 倍以上 30 倍以下罚款

D. 对违法单位的法定代表人终身禁止其从事化妆品生产经营活动

三、案例分析题

1. 上海 A 公司想要代理法国 B 公司所拥有的某品牌保湿类化妆品。该化妆品由日本 C 公司生产内料之后，运到法国 B 公司进行灌装。请问：

（1）备案人、境内责任人、生产企业分别对应 A，B，C 哪个公司？

（2）哪个公司应该对化妆品的质量安全和功效宣称负责？

2. 广州市白云区市场监督管理局执法人员于广州市某化妆品有限公司进行检查。在留样室发现一款洁面乳，其产品名称、外包装标签与已持有国产特殊化妆品注册证批件上的产品名称等内容不一致。认定当事人生产的该产品为未经注册的特殊化妆品。请问：

（1）依据《化妆品监督管理条例》，该案件应当如何定性及处罚？

（2）在购买特殊化妆品时，如何判断特殊化妆品与其注册证批件上的内容是否一致？

四、实训项目

1. 化妆品企业 A 正在研发一款薰衣草香水以及一款抗皱保湿修护眼霜，并打算对这两款产品自行备案。请问：

（1）如果该款薰衣草香水的乙醇含量为 75%，注册备案检验项目有哪些？

（2）在备案过程中，请分析该款眼霜的安全评估资料提交要求。

（3）依据产品名称宣称的功效种类，该眼霜的功效宣称评价项目各为哪些？

2. 原料企业 B 生产合欢果提取物、圆叶当归籽提取物两种化妆品原料作为润肤剂供给在我国上市的化妆品产品。

（1）上述哪个原料需要进行化妆品新原料备案？

（2）如若需要进行新原料备案，企业需提供哪些毒理学试验项目？

书网融合……

本章小结　　习题

项目五　化妆品生产管理

PPT

学习目标

【知识要求】

1. 掌握化妆品生产企业开办的条件；化妆品生产质量管理规范的主要内容。
2. 熟悉化妆品生产许可证的申报流程；化妆品委托生产的基本要求。
3. 了解化妆品生产检查要点的评判原则。

【技能要求】

初步具备申请化妆品生产许可证的能力；具备依据GMP判断生产活动是否合规的能力。

【素质要求】

培养“一切行动有标准、一切行为有记录”的生产质量管理能力与意识。

任务一　化妆品生产许可

实例分析

实例　A拟定在某省建立化妆品生产企业，自行研制和生产化妆品，目前已初步选定了生产场地，并取得了营业执照。

问题　1. A还需要具备哪些最基本的条件？

2. 如果办理化妆品生产许可证，需要哪些流程？

化妆品生产是指将原辅料以及包装材料通过一定的工艺流程加工制备成可使用的化妆品的过程。在化妆品的研制、生产、流通和使用的全过程中，生产过程是形成化妆品特性的关键阶段，会涉及人员操作、产品物料控制等多个复杂环节，任何环节的疏漏或者管理不当都可能带来质量安全风险，对产品质量造成重大影响。目前出现的多数化妆品不良事件的根源来自于生产环节。为严格化妆品的生产管理，确保其持续稳定地生产出符合质量安全要求的产品，依据《化妆品监督管理条例》和《化妆品生产经营监督管理办法》，国家对化妆品生产实行许可管理，要求取得化妆品生产许可证才可以从事化妆品生产活动，生产活动应该符合《化妆品生产质量管理规范》的要求。

依据国家药品监督管理局发布的《药品监督管理统计年度数据（2023年）》显示，截至2023年底，我国化妆品生产企业的数量已经达到5722家，牙膏生产企业254家。其中，广东省化妆品生产企业数量占总量的一半以上，达到3178家；其次为浙江省，有630家。

一、化妆品生产许可条件与流程

（一）生产许可条件

开办化妆品生产企业，需要向所在地省、自治区、直辖市药品监督管理部门申报化妆品生产许可证，并满足如下条件。

1. 是依法设立的企业。

2. 有与生产的化妆品品种、数量和生产许可项目等相适应的生产场地，且与有毒、有害场所以及其他污染源保持规定的距离。

3. 有与生产的化妆品品种、数量和生产许可项目等相适应的生产设施设备且布局合理，空气净化、水处理等设施设备符合规定要求。

4. 有与生产的化妆品品种、数量和生产许可项目等相适应的技术人员。

5. 有与生产的化妆品品种、数量相适应，能对生产的化妆品进行检验的检验人员和检验设备。

6. 有保证化妆品质量安全的管理制度。

（二）审批程序

化妆品生产许可申请人应当向所在地省、自治区、直辖市药品监督管理部门提出申请，并提交符合开办条件的证明资料，并对资料的真实性负责。省、自治区、直辖市人民政府药品监督管理部门应当对申请资料进行审核，对申请人的生产场所进行现场核查，并自受理化妆品生产许可申请之日起 30 个工作日内作出决定。

知识拓展

化妆品生产许可发展历程

化妆品生产管理经历了《化妆品生产企业卫生许可证》和《全国工业产品生产许可证》并存到合并为《化妆品生产许可证》统一管理的过程（图 5 –1）。自 1984 年颁布《工业产品生产许可证试行条例》，工业产品生产许可证管理制度开始执行，按照其规定进行管理的化妆品，从 1990 年开始陆续完成了生产企业的发证工作。1990 年实施的《化妆品卫生监督条例》规定对化妆品生产企业实施卫生监督，要求从事化妆品生产需要获得《化妆品生产企业卫生许可证》。两轨并存的情况一直持续到 2013 年《国务院办公厅关于印发国家食品药品监督管理总局主要职责内设机构和人员编制规定的通知》）发布，将化妆品生产行政许可与化妆品卫生行政许可两项行政许可整合为一项行政许可。2015 年原国家食品药品监督管理总局发布《关于化妆品生产许可有关事项的公告》规定从事化妆品生产应当取得食品药品监管部门核发的《化妆品生产许可证》，并从 2017 年 1 月 1 日开始统一启用，正式开启单一化妆品生产许可阶段。

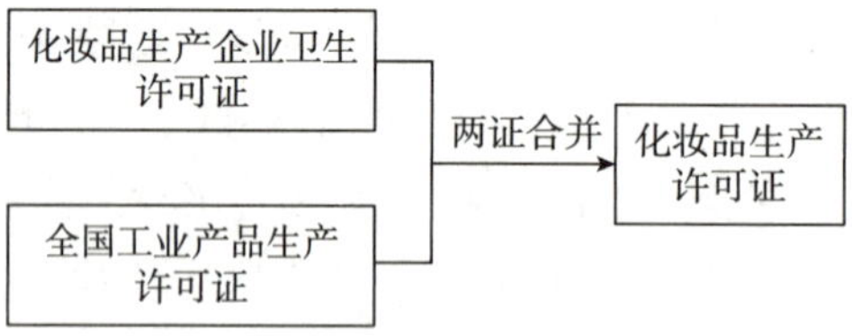

图 5 –1 化妆品生产许可两证合一示意图

省、自治区、直辖市药品监督管理部门应当根据申请资料审核和现场核查等情况，对符合规定条件的，作出准予许可的决定，并自作出决定之日起 5 个工作日内向申请人颁发化妆品生产许可证；对不符合规定条件的，及时作出不予许可的书面决定并说明理由，同时告知申请人依法享有申请行政复议或者提起行政诉讼的权利。化妆品生产许可证发证日期为许可决定作出的日期（图 5 –2）。

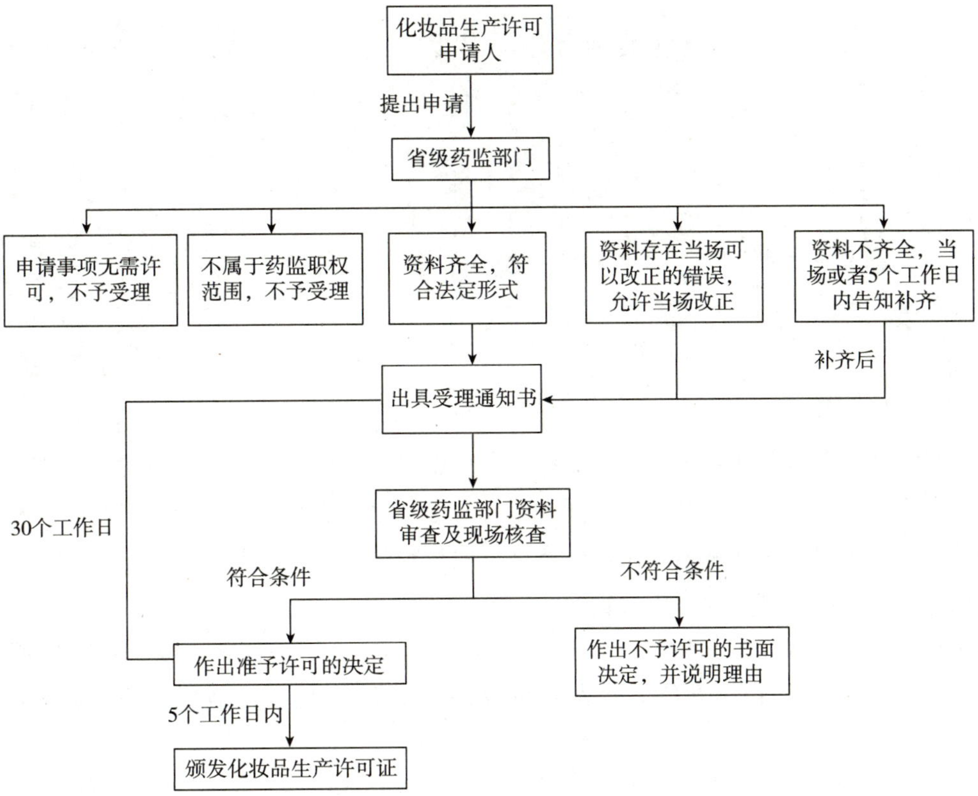

图 5－2　化妆品生产许可证申请流程图

二、化妆品生产许可证管理

化妆品生产许可证的有效期为 5 年。化妆品生产许可证分为正本、副本。正本、副本具有同等法律效力。国家药品监督管理局负责制定化妆品生产许可证式样。省、自治区、直辖市药品监督管理部门负责化妆品生产许可证的印制、发放等管理工作。药品监督管理部门制作的化妆品生产许可电子证书与印制的化妆品生产许可证书具有同等法律效力。

（一）生产许可证的载明事项

化妆品生产许可证应当载明许可证编号、生产企业名称、住所、生产地址、统一社会信用代码、法定代表人或者负责人、生产许可项目、有效期、发证机关、发证日期等（图 5－3）。化妆品生产许可证副本还应当载明化妆品生产许可变更情况（图 5－4）。

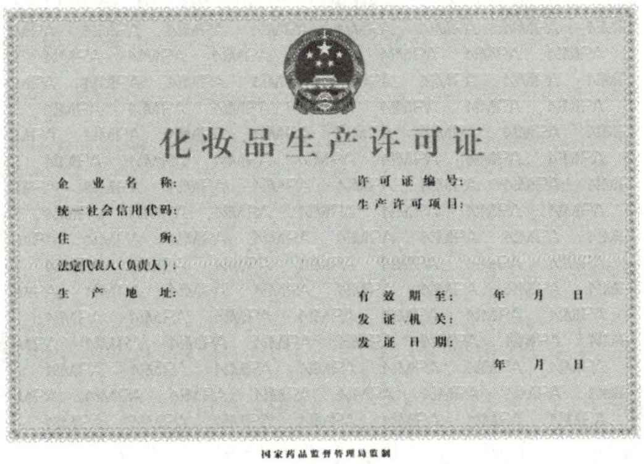

图 5－3　化妆品生产许可证正本

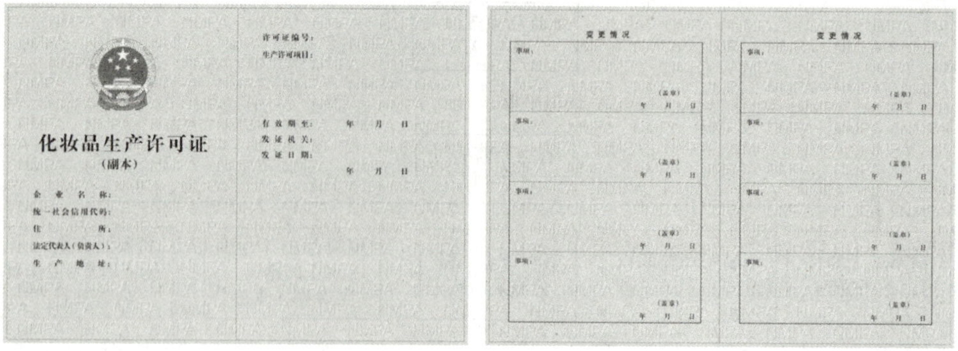

图 5－4 化妆品生产许可证副本

生产许可项目按照化妆品生产工艺、成品状态和用途等，划分为一般液态单元、膏霜乳液单元、粉单元、气雾剂及有机溶剂单元、蜡基单元、牙膏单元、皂基单元、其他单元。国家药品监督管理局可以根据化妆品质量安全监督管理实际需要调整生产许可项目划分单元。具备儿童护肤类、眼部护肤类化妆品生产条件的，应当在生产许可项目中特别标注。

化妆品生产许可证编号为：×妆××××××××，其中，第一位×代表许可部门所在省、自治区、直辖市的简称，第二位到第五位×代表 4 位数许可年份，第六位到第九位×代表 4 位数许可流水号。

（二）许可证变更

化妆品生产许可证在有效期内，申请人的许可条件发生变化，或者需要变更许可证载明事项的，需要向原发证机构申请变更（表 5－1）。

表 5－1 化妆品生产许可证变更事项及要求

变更事项	申报时限与要求	受理流程	备注
生产许可项目发生变化	在投入生产前向原发证的药监部门提交变更资料	药监部门自受理变更申请之日起 30 个工作日内作出是否准予变更的决定，并在化妆品生产许可证副本上予以记录。必要时进行现场核查	因生产许可项目等的变更需要进行全面现场核查，经省级药监部门现场核查并符合要求的，颁发新的化妆品生产许可证，许可证编号不变，有效期自发证之日起重新计算
可能影响产品质量安全的生产设施设备发生变化			
在化妆品生产场地原址新建、改建、扩建车间的			
同一个化妆品生产企业在同一个省、自治区、直辖市申请增加化妆品生产地址的			
生产企业名称、住所、法定代表人或者负责人等发生变化的	发生变化之日起 30 个工作日内向原发证的药监部门提交变更资料	药监部门自受理申请之日起 3 个工作日内办理变更手续	/
质量安全负责人、预留的联系方式等发生变化的	变化后 10 个工作日内向原发证的药监部门报告	/	/

（三）许可证延续与注销

1. 延续 化妆品生产许可证有效期届满需要延续的，申请人应当在生产许可证有效期届满前 90 个工作日至 30 个工作日期间向所在地省、自治区、直辖市药品监督管理部门提出延续许可申请，并承诺其符合规定的化妆品生产许可条件。申请人应当对提交资料和作出承诺的真实性、合法性负责。逾期未提出延续许可申请的，不再受理其延续许可申请。

省、自治区、直辖市药品监督管理部门应当自收到延续许可申请后5个工作日内对申请资料进行形式审查，符合要求的予以受理，并自受理之日起10个工作日内向申请人换发新的化妆品生产许可证。许可证有效期自原许可证有效期届满之日的次日起重新计算。

省、自治区、直辖市药品监督管理部门应当在其向化妆品生产许可延续申请人换发新化妆品生产许可证之日起6个月内，对申请人延续许可的申报资料和承诺进行监督，发现不符合规定的化妆品生产许可条件的，应当依法撤销化妆品生产许可（图5-5）。

化妆品生产许可证的延续程序创新性地实行告知承诺制度，只要申请人作出合规承诺，监管部门便可以据此作出许可，进而通过程序创造与监管创新，将事前许可的风险过滤与筛查功能交由后续监督检查、验收、信用监管等事中事后监管工具。

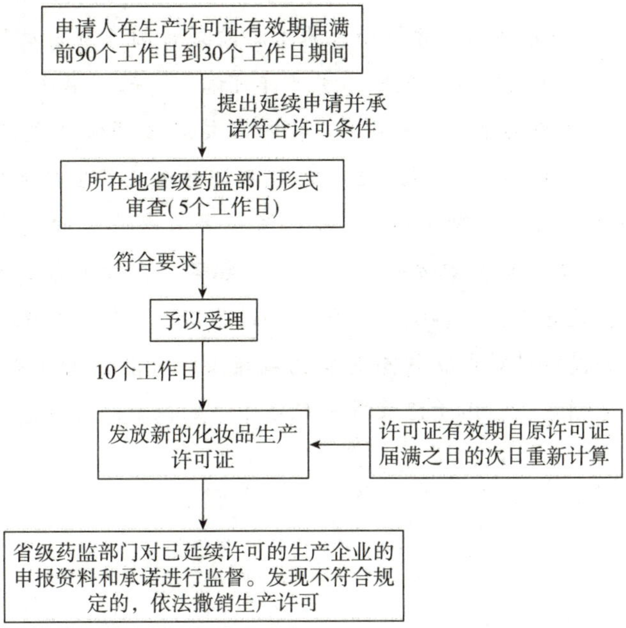

图5-5　化妆品生产许可证延续申请流程图

2. 注销　化妆品生产企业有下列情形之一的，原发证的药品监督管理部门应当依法注销其化妆品生产许可证，并在政府网站上予以公布。

（1）企业主动申请注销的。

（2）企业主体资格被依法终止的。

（3）化妆品生产许可证有效期届满未申请延续的。

（4）化妆品生产许可依法被撤回、撤销或者化妆品生产许可证依法被吊销的。

（5）法律法规规定应当注销化妆品生产许可的其他情形。

化妆品生产企业申请注销生产许可时，原发证的药品监督管理部门发现注销可能影响案件查处的，可以暂停办理注销手续。

三、其他规定

配制、填充、灌装化妆品内容物，应当取得化妆品生产许可证。在直接接触内容物的包装材料上标注标签的生产工序，应当在完成最后一道接触化妆品内容物生产工序的化妆品生产企业内完成。

化妆品注册人、备案人、受托生产企业应当采取措施避免产品性状、外观形态等与食品、药品等产品相混淆，防止误食、误用。生产、销售用于未成年人的玩具、用具等，应当依法标明注意事项，并采取施防止产品被误用为儿童化妆品。

知识拓展

化妆品个性化服务许可证

为了满足消费者的个性化要求，很多品牌开始推出化妆品个性化定制服务。化妆品个性化服务是指在经营场所里，通过测试消费者的皮肤特性、气味、喜好、包装等各方面的偏好，现场通过一些数字化的、精密的制造设备，生产调配适合消费者的个性化定制化妆品。化妆品个性化服务过程在商场等消费环境中开展，涉及化妆品的分装、配制等活动，需参照生产活动管理，但又与传统规模化化妆品生产活动存在差异。

2023 年 4 月 26 日，上海市药品监管局局长为上海欧莱雅国际贸易有限公司位于上海国金中心的销售门店颁发“现场个性化服务”化妆品生产许可证。这张“诞生”在上海的“首证”，在生产许可项目上多了一行“现场个性化服务”。化妆品传统生产方式是在生产车间里大规模生产，现场个性化服务许可项目的诞生意味着企业在销售门店也有了生产资质。

此次欧莱雅推出的“个性化定制服务”，针对消费者需求较大的几个方面，比如淡纹、紧致，研发了“十个配方”，并对这些配方的成品进行了备案。在欧莱雅国金中心销售门店，店员根据需求进行方案推荐、放置原料、调配、包装，通过将实验室配方调配和工厂生产模式结合在一台配方仪中，为消费者提供针对皮肤状态定制的精华液，并在瓶身上贴上打印的配方和姓名。另外，调配仪还有一套追溯系统，用于记录每一瓶精华液的调配服务信息。

四、法律责任

（一）未经许可从事化妆品生产活动

依据《化妆品监督管理条例》第五十九条第（一）项，未经许可从事化妆品生产活动，或者化妆品注册人、备案人委托未取得相应化妆品生产许可的企业生产化妆品的，由负责药品监督管理的部门没收违法所得、违法生产经营的化妆品和专门用于违法生产经营的原料、包装材料、工具、设备等物品；违法生产经营的化妆品货值金额不足 1 万元的，并处 5 万元以上 15 万元以下罚款；货值金额 1 万元以上的，并处货值金额 15 倍以上 30 倍以下罚款；情节严重的，责令停产停业、由备案部门取消备案或者由原发证部门吊销化妆品许可证件，10 年内不予办理其提出的化妆品备案或者受理其提出的化妆品行政许可申请，对违法单位的法定代表人或者主要负责人、直接负责的主管人员和其他直接责任人员处以其上一年度从本单位取得收入的 3 倍以上 5 倍以下罚款，终身禁止其从事化妆品生产经营活动；构成犯罪的，依法追究刑事责任。

化妆品生产企业生产的化妆品不属于化妆品生产许可证上载明的许可项目划分单元，未经许可擅自迁址，或者化妆品生产许可有效期届满且未获得延续许可的，视为未经许可从事化妆品生产活动。

典型案例

擅自搬迁厂址涉嫌未经许可生产化妆品案

某市药监部门根据相关线索，依法对当事人某化妆品有限公司涉嫌未经许可从事化妆品生产活动的行为立案调查。当事人为一家化妆品生产企业，经许可的生产地址位于某市区。由于生产的产品较多，当事人又租赁了某工业区的厂房作为另外的生产场地，但未进行增加新生产地址的许可变更申请。后来陆续将半成品及包装材料从工厂转移至工业区的厂房内。当事人擅自在工业区的厂房内从事化妆品灌装及包装活动，共计灌装保湿乳1593瓶、高保湿水凝霜2445瓶、防晒乳1400支。其中防晒乳已完成包装并装箱，并标有厂名厂址。上述化妆品均未完成出厂检验、未销售，共计货值金额42300元。

当事人未经许可擅自迁址视为未经许可从事化妆品生产活动。依据《化妆品监督管理条例》第五十九条，处罚结果为：①没收所有违法产品；②没收灌装机1台；③处罚606555.15元。

（二）未按规定申请变更

依据《化妆品生产经营监督管理办法》第五十八条，化妆品生产企业许可条件发生变化，或者需要变更许可证载明的事项，未按规定申请变更的，由原发证的药品监督管理部门责令改正，给予警告，并处1万元以上3万元以下罚款。

质量安全负责人、预留的联系方式发生变化，未按规定报告的，由原发证的药品监督管理部门责令改正；拒不改正的，给予警告，并处5000元以下罚款。

（三）违规使用化妆品生产许可证

依据《化妆品监督管理条例》第六十四条第二款，伪造、变造、出租、出借或者转让化妆品许可证件的，由负责药品监督管理的部门或者原发证部门予以收缴或者吊销，没收违法所得；违法所得不足1万元的，并处5万元以上10万元以下罚款；违法所得1万元以上的，并处违法所得10倍以上20倍以下罚款；构成违反治安管理行为的，由公安机关依法给予治安管理处罚；构成犯罪的，依法追究刑事责任。

（四）不予行政处罚的情形

依据《化妆品生产经营监督管理办法》第六十二条，化妆品生产经营者违反法律、法规、规章、强制性国家标准、技术规范，属于初次违法且危害后果轻微并及时改正的，可以不予行政处罚。当事人有证据足以证明没有主观过错的，不予行政处罚。法律、行政法规另有规定的，从其规定。

任务二　化妆品生产质量管理规范

实例分析

实例　国家药品监督管理局于2023年3月公开了对广东省某化妆品生产企业的飞行检查结果。

1. 检查单位　国家药监局食品药品审核查验中心。

2. 检查依据　《化妆品监督管理条例》《化妆品生产质量管理规范》《化妆品生产质量管理规范检查要点及判定原则》等。

3. 检查发现缺陷和问题　该企业在质量保证与控制方面存在未按规定执行质量管理体系自查制度等问题；在厂房设施与设备管理方面存在擅自改变生产车间功能区域划分，生产对化妆品质量安全有不利影响的物料、产品等问题；在生产过程管理方面存在未明确生产工艺参数及工艺过程的关键控制点，主要生产工艺未经过验证。供应商档案管理不完善，未对供应商进行相应的评估等问题。

4. 处理措施

（1）国家药监局要求广东省药品监督管理局对该企业涉嫌违法的行为依法立案调查，并评估相关产品安全风险，按照《化妆品监督管理条例》的规定责令该企业实施召回，必要时依法采取紧急控制措施。有关查处结果及时报告国家药监局。

（2）对检查中发现的不符合规定项目和问题，广东省药品监督管理局已责令该企业暂停生产、经营，并进行整改。该企业完成全面整改并经广东省药品监督管理局检查确认、发布复产通告前不得恢复生产。有关整改和复产情况及时报告国家药监局。

问题 1. 国家药监局检查发现的缺陷和问题中，分别违反了《化妆品生产质量管理规范》的哪些条款的规定？

2. 这些违规行为会对产品质量造成什么样的潜在影响？

一、总则

《化妆品生产质量管理规范》（Good Manufacturing Practice，GMP）是在化妆品生产全过程实施质量管理，确保持续稳定地生产出符合质量安全要求的化妆品的一整套系统的、科学的管理规范。它是化妆品生产和质量管理的基本准则，严格按照 GMP 建立并有效运行生产质量管理体系可以大幅降低产品生产过程中污染、交叉污染以及混淆、差错等风险。国际上许多国家与地区已经发布与化妆品相关的 GMP，包括美国、欧盟、日本、韩国等。国际标准化组织（ISO）在 2007 年就已发布 ISO22716：2007《化妆品生产质量管理规范指导原则》，并被许多国家所采纳。

国家药品监督管理局根据我国化妆品的生产实际，并参照国际 GMP 的管理经验，于 2022 年 7 月 1 日发布《化妆品生产质量管理规范》，要求化妆品的注册人、备案人和受托生产企业按照该规范的要求组织生产化妆品，并要求化妆品企业在人、机、料、法、环、测等六大方面进行全面的管理，实现对化妆品物料采购、生产、检验、贮存、销售和召回等全过程的控制和追溯。

《化妆品生产质量管理规范》共九章六十七条，包括总则、机构与人员、质量保证与控制、厂房设施与设备管理、物料与产品管理、生产过程管理、委托生产管理、产品销售管理和附则，章节整体设置合理，体现了经典质量管理理论对质量管理体系的基本要求（表 5－2）。在总则部分，主要规定《化妆品生产质量管理规范》制定的目的、适用范围和总体要求。

表 5－2 化妆品生产质量管理规范框架

章节	内容
第一章	总则（共 3 条）
第二章	机构与人员（共 8 条）
第三章	质量保证与控制（共 7 条）
第四章	厂房设施与设备管理（共 9 条）
第五章	物料与产品管理（共 7 条）
第六章	生产过程管理（共 11 条）
第七章	委托生产管理（共 12 条）
第八章	产品销售管理（共 6 条）
第九章	附则（共 4 条）

二、具体内容

（一）机构与人员

1. 组织机构 从事化妆品生产活动的化妆品注册人、备案人、受托生产企业（以下统称“企业”）应当建立与生产的化妆品品种、数量和生产许可项目等相适应的组织机构，明确质量管理、生产等部门的职责和权限，配备与生产的化妆品品种、数量和生产许可项目等相适应的技术人员和检验人员。企业的质量管理部门应当独立设置，履行质量保证和质量控制职责，参与所有与质量管理有关的活动（图 5－6）。

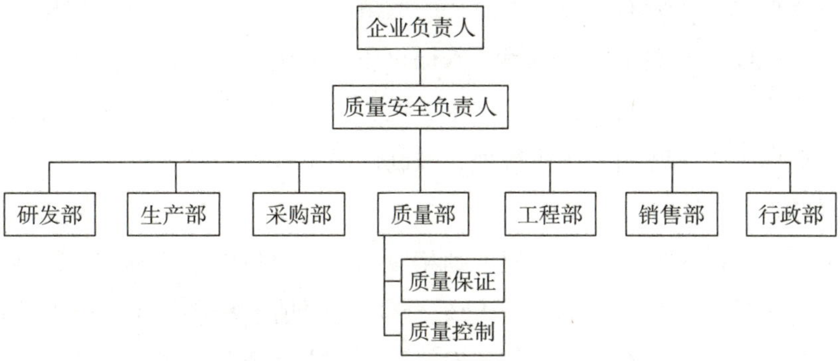

图 5－6　化妆品生产企业组织机构图示例

关键术语

质量管理（Quality Management，QM）：是指确定质量方针、目标和职责，并通过质量体系中的质量策划、质量控制、质量保证和质量改进来使其实现的所有管理职能的全部活动。

质量保证（Quality Assurance，QA）：是指企业以提高和保证产品质量为目标，运用系统方法，依靠必要的组织机构，把组织内各部门、各环节的质量管理活动严密组织起来，将产品研制、设计制造、销售服务和情报反馈的整个过程中影响产品质量的一切因素均控制起来，形成的一个有明确任务、职责、权限，相互协调、相互促进的质量管理的有机整体。

质量控制（Quality Control，QC）：也称品质控制，是质量管理的一部分，用于满足质量要求的操作技术和活动。企业应当对从物料采购一直到成品出厂，特别是对影响产品质量的生产过程或工序进行重点控制，确保这些过程处于受控状态。GMP 涉及的质量控制内容主要是指原料、半成品和产品的抽样检验的相关活动。

质量方针：是指由企业的最高管理者正式发布的企业总的质量意图和质量方向。

质量目标：是指建立在质量方针基础上可量化、可实现、可测量的总体质量目的。

2. 关键人员的职责　企业应当建立化妆品质量安全责任制，明确企业法定代表人（或者主要负责人）、质量安全负责人、质量管理部门负责人、生产部门负责人以及其他化妆品质量安全相关岗位的职责，各岗位人员应当按照岗位职责的要求，逐级履行相应的化妆品质量安全责任。

（1）法定代表人　法定代表人（或者主要负责人）对化妆品质量安全工作全面负责，应当负责提供必要的资源，合理制定并组织实施质量方针，确保实现质量目标。

企业法定代表人在委托本企业其他人员对企业进行全面管理的情况下，法定代表人可以委托上述被委托人代为履行化妆品质量安全全面管理工作，但必须签订授权委托书。企业法定代表人或者其委托的代为履行化妆品质量安全全面管理工作的被委托人，应当加强化妆品质量安全管理和相关法律法规知识学习，具备对化妆品质量安全重大问题正确决策的能力。

（2）质量安全负责人　企业应当设质量安全负责人，质量安全负责人（Principal for Quality and Safety，PQS）是企业法定代表人或者主要负责人在质量管理方面的助手、责任授权人，全面负责处理企业质量管理体系的具体事务。在《化妆品监督管理条例》出台之前，企业的质量负责人并不能完全对产品的质量安全进行管控，各部门分别“负责”各环节的安全事项。例如研发部门负责原料采购、配方开发的安全评估，生产部门负责生产环境的安全控制，质量部门负责产品质量检验。《化妆品监督管理条例》创新性地提出质量安全负责人的概念，要求企业有意识、有方向地强化产品全生命周期的安全管理，质量安全负责人要对企业所有与质量安全相关的事项负责，包括化妆品的配方、注册备案资料审核、生产控制、原辅料验收、产品出厂放行等，确保化妆品质量安全责任的落实。

质量安全负责人应当具备化妆品、化学、化工、生物、医学、药学、食品、公共卫生或者法学等化妆品质量安全相关专业知识，熟悉相关法律法规、强制性国家标准、技术规范，并具有5年以上化妆品生产或者质量管理经验。

质量安全负责人应当协助法定代表人承担下列相应的产品质量安全管理和产品放行职责：①建立并组织实施本企业质量管理体系，落实质量安全管理责任，定期向法定代表人报告质量管理体系运行情况；②产品质量安全问题的决策及有关文件的签发；③产品安全评估报告、配方、生产工艺、物料供应商、产品标签等的审核管理，以及化妆品注册、备案资料的审核（受托生产企业除外）；④物料放行管理和产品放行；⑤化妆品不良反应监测管理。

质量安全负责人应当独立履行职责，不受企业其他人员的干扰。根据企业质量管理体系运行需要，经法定代表人书面同意，质量安全负责人可以指定本企业的其他人员协助履行上述职责中除①②外的其他职责。被指定人员应当具备相应资质和履职能力，且其协助履行上述职责的时间、具体事项等应当如实记录，确保协助履行职责行为可追溯。质量安全负责人应当对协助履行职责情况进行监督，且其应当承担的法律责任并不转移给被指定人员。

在《企业落实化妆品质量安全主体责任监督管理规定》中对于质量安全负责人所应具备的履职能力作了进一步阐述说明，提出五项能力，包括专业知识应用能力、法律知识应用能力、组织协调能力、风险研判能力和其他化妆品质量安全管埋能力。同时，企业应当建立对质量安全负责人的考核制度，定期对质量安全负责人的履职能力和履行职责情况开展考核评估。企业应当为质量安全负责人学习培训提供必要条件，确保质量安全负责人持续更新质量安全管理的专业知识和法律知识，提高履职能力。质量安全负责人每年相关学习培训不少于40学时。

知识拓展

“一证一人”原则

依据国家药品监督管理局《化妆品生产经营常见问题解答（一）》，为保障化妆品质量安全，确保质量安全负责人依法落实产品质量安全管理和产品放行职责，按照“一证一人”的原则，申请两个以上（含两个）的化妆品生产许可，不得由同一个自然人担任上述企业的质量安全负责人；不同的化妆品注册人、备案人，不得由同一个自然人担任质量安全负责人。化妆品注册人、备案人与受托生产企业属于同一集团公司，执行同一质量管理体系，受托生产企业接受该注册人、备案人的委托生产化妆品时，该注册人、备案人与受托生产企业可以聘用同一个自然人担任质量安全负责人。质量安全负责人、质量管理部门负责人不得兼任生产部门负责人。应当制定规程确保质量安全负责人独立履行职责，不受其他人员的干扰。

（3）质量管理部门负责人　质量管理部门负责人应当具备化妆品、化学、化工、生物、医学、药学、食品、公共卫生或者法学等化妆品质量安全相关专业知识，熟悉相关法律法规、强制性国家标准、技术规范，并具有化妆品生产或者质量管理经验。

（4）生产部门负责人 生产部门负责人应当具备化妆品、化学、化工、生物、医学、药学、食品、公共卫生或者法学等化妆品质量安全相关专业知识，熟悉相关法律法规、强制性国家标准、技术规范，并具有化妆品生产或者质量管理经验。

生产部门负责人应当承担下列职责：①保证产品按照化妆品注册、备案资料载明的技术要求以及企业制定的生产工艺规程和岗位操作规程生产；②保证生产记录真实、完整、准确、可追溯；③保证生产环境、设施设备满足生产质量需要；④保证直接从事生产活动的员工经过培训，具备与其岗位要求相适应的知识和技能；⑤负责其他与产品生产有关的活动。

3. 人员培训 企业应当制定并实施从业人员入职培训和年度培训计划。一般培训包括入职培训、岗前培训和年度培训。确保员工熟悉岗位职责，具备履行岗位职责的法律知识、专业知识以及操作技能，考核合格后方可上岗。企业应当建立员工培训档案，包括培训人员、时间、内容、方式及考核情况等。

4. 人员卫生 对于从业人员的卫生和健康管理，企业应当建立并执行从业人员健康管理制度、生产车间卫生管理制度、外来人员管理制度。对于直接从事化妆品生产活动的人员应当建立岗前、上岗后每年的健康检查。患有国务院卫生主管部门规定的有碍化妆品质量安全疾病的人员不得直接从事化妆品生产活动。企业应当建立从业人员健康档案，至少保存3年。

知识拓展

有碍化妆品质量安全的疾病

依据国家药品监督管理局《化妆品生产经营常见问题解答（一）》，有碍化妆品质量安全疾病的范围：在国务院卫生主管部门出台有碍化妆品质量安全疾病的范围规定之前，目前仍执行《化妆品卫生监督条例》的规定。具体包括痢疾、伤寒、病毒性肝炎、活动性肺结核、手部皮肤病（手癣、指甲癣、手部湿疹、发生于手部的银屑病或者鳞屑）和渗出性皮肤病等。

企业应当建立并执行进入生产车间卫生管理制度，内容一般包括：进入人员的卫生要求、着装（含鞋帽）要求、不得带入与生产无关物质及禁止在生产区及仓储区吸烟、饮食或者进行其他有碍化妆品生产质量的活动。

企业应当建立并执行外来人员管理制度，不得在生产车间、实验室内开展对产品质量安全有不利影响的活动。外来人员进入生产或者仓储区域必须经过批准登记，并进行清洁、消毒、更衣，由企业相关人员陪同进入。

（二）质量管理

1. 质量体系文件 企业应当建立健全化妆品生产质量管理体系文件，包括质量方针、质量目标、质量管理制度、质量标准、产品配方、生产工艺规程、操作规程，以及法律法规要求的其他文件（图5－7，表5－3）。

生产质量管理体系文件是企业生产与质量管理全过程需要遵守的最基本的文件，从最高层的质量方针和目标，到公司级和部门级别的质量管理制度，再到具体产品的质量技术文件、标准操作规程和记录，全方位规范与化妆品质量相关的活动，最大限度地降低风险，达到质量管理的目的。

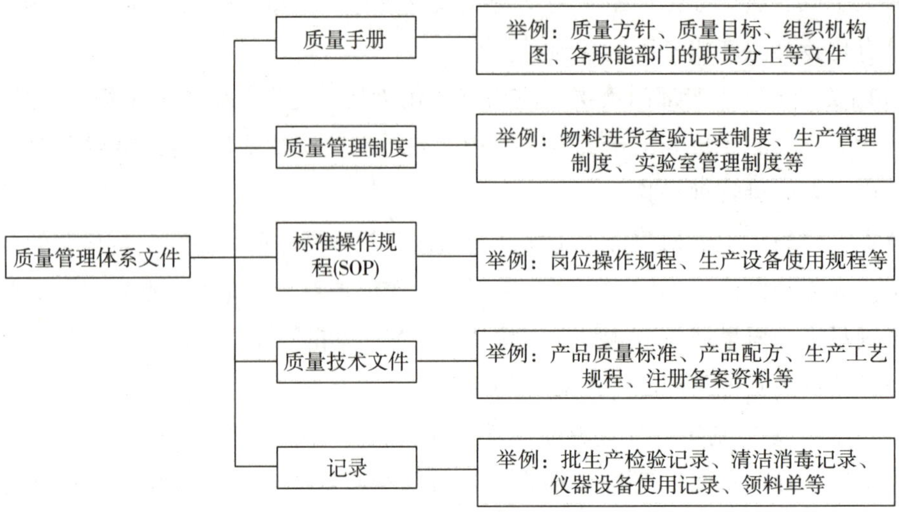

图 5－7　质量管理体系文件种类

表 5－3　质量管理制度文件举例

1. 文件管理制度	18. 结存物料退仓管理制度
2. 记录管理制度	19. 半成品使用期限管理制度
3. 体系自查管理制度	20. 物料平衡管理制度
4. 人员健康管理制度	21. 产品放行管理制度
5. 外来人员管理制度	22. 不合格品管理制度
6. 物料供应商遴选制度	23. 实验室管理制度
7. 物料审查制度	24. 检验管理制度
8. 物料进货查验记录制度	25. 留样管理制度
9. 物料放行管理制度	26. 产品贮存管理制度
10. 标签管理制度	27. 产品运输管理制度
11. 生产设备管理制度	28. 产品销售管理制度
12. 车间卫生管理制度	29. 投诉管理制度
13. 水处理系统管理制度	30. 退货管理制度
14. 空气净化系统管理制度	31. 召回管理制度
15. 生产管理制度	32. 不良反应管理制度
16. 追溯管理制度	33. 受托生产监督制度
17. 清场管理制度	34. 其他法规要求的文件

企业应当建立并执行文件管理制度，保证化妆品生产质量管理体系文件的制定、审核、批准、发放、销毁等得到有效控制。

企业应该规定文件管理控制的措施，确保制订的文件得到有效落实和控制。例如做好文件编号，制订和修订、受控标识等工作，相关岗位人员应当经过培训，熟悉相关文件内容，在使用现场为最新的有效版本，避免误用作废的文件等。质量管理部门应当及时回收由于修订、版本变更、废除等作废的文件。对作废文件，企业应当至少保存一份，以满足追溯的需要，其他作废文件应当予以销毁并保存销毁记录。

2. 记录管理　记录是一种特殊的文件，是阐明所取得的结果或提供所完成活动的证据的文件，是各个环节、岗位、行为、操作有效实施的证据和追溯管理的基础，在发生质量问题时方便分析查找原因，并向监督管理部门、第三方或内审人员提供其合规的证明。

企业应当建立并执行记录管理制度。与 GMP 有关的活动均应形成记录。企业的记录应该涵盖生产和质量控制活动的全过程。记录应当真实、完整、准确、清晰易辨、相互关联可追溯，不得随意更改，更改应当留痕并签注更正人姓名及日期。采用计算机（电子化）系统生成、保存记录或者数据的，应当采取相应的管理措施与技术手段，制定操作规程，确保生成和保存的数据或者信息真实、完整、准确、可追溯。并符合《化妆品生产质量管理规范》的相关要求。

记录应当标示清晰，存放有序，便于查阅。与产品追溯相关的记录，包括批生产记录、批检验记录、物料进货查验记录、不合格品处理记录、销售记录等，其保存期限不得少于产品使用期限届满后 1 年。产品使用期限不足 1 年的，记录保存期限不得少于 2 年。与产品追溯不相关的记录，其保存期限不得少于 2 年。记录保存期限另有规定的从其规定。

追溯是产品召回、物料溯源、原因调查和分析改善的必要条件和主要依据，是确保产品质量安全的重要手段。企业应当建立并执行追溯管理制度，保证物料采购、产品生产、质量控制、贮存、销售和召回等全部活动可追溯。企业应当对原料、内包材、半成品、成品制定明确的批号管理规则，通过每一生产批次的批号，与每批产品生产相关的所有记录相互关联，使得无论是正向还是反向追溯，都可以复现原来的生产和质量管理过程。批号的编制规则没有固定的格式要求，企业可以根据自身产品特点制定批号的编制规则，达到可追溯和唯一性的要求。

关键术语

批：是指在同一生产周期、同一工艺过程内生产的，质量具有均一性的一定数量的化妆品。批在化妆品生产中是一个很常见的用语，生产中之所以提及批的概念，其主要目的在于对产品质量的管理，生产中是以批为单位进行产品管理的，那么对批次的定义就会变得非常重要，批定义的核心要点在于“质量均一性”，只有具有质量均一性的产品，才能作为一个批次进行统一管理。

批号：是指用于识别一批产品的唯一识别符号，可以是一组数字或数字和字母的任意组合，用以追溯和审查该批化妆品的生产历史。

正追溯和反追溯：正追溯是通过物料批号追踪到使用该物料的成品及其流向；反追溯是通过成品批号追溯到该成品使用的物料及其来源，以及生产和检验等相关过程数据。

3. 自查　自查是企业自我检查，对质量管理体系自我纠偏的一种非常行之有效的管理方式。企业应当每年对化妆品生产质量管理规范的执行情况进行自查。化妆品抽样检验结果不合格的，应当按规定及时开展自查并进行整改。

企业连续停产 1 年以上，重新生产前，应当进行全面自查，确认符合要求后，方可恢复生产，自查和整改情况应当在恢复生产之日起 10 个工作日内向所在地省、自治区、直辖市药品监督管理部门报告。

企业应当建立并执行质量管理体系自查制度，包括自查时间、自查依据、相关部门和人员职责、自查程序、结果评估等内容。自查实施前应当制定自查方案，自查完成后应当形成自查报告。自查报告应当经质量安全负责人批准，报告法定代表人，并反馈企业相关部门。自查报告应当包括发现的问题、产品质量安全评价、整改措施等，保存期限不得少于 2 年。并对整改情况进行跟踪评价。

经自查发现生产条件发生变化，不再符合化妆品生产质量管理规范要求的，化妆品注册人、备案人、受托生产企业应当立即采取整改措施。针对不符合项，及时进行原因分析，并采取必要的纠正和预防措施，消除不符合要求的因素，举一反三，避免再次发生类似问题。

知识拓展

CAPA

纠正和预防措施（Corrective Actions and Preventive Actions，CAPA）于2006年首次由美国食品药品监督管理局正式引入。其目的是针对出现的偏差，收集信息、分析信息、识别和调查产品和质量问题，并采取适当和有效的措施以防止其再次发生。

CAPA包括纠正措施和预防措施。纠正措施是指为消除已发现的不符合或其他不期望情况的原因所采取的措施。预防措施是指为消除潜在不合格或者趋势发生的原因而采取的措施。

发现可能影响化妆品质量安全的，应当立即停止生产，并向所在地省、自治区、直辖市药品监督管理部门报告。影响质量安全的风险因素消除后，方可恢复生产。省、自治区、直辖市药品监督管理部门可以根据实际情况组织现场检查。

4. 实验室管理 为了控制产品质量，保证检测结果真实、完整、准确，企业应当建立并执行检验管理制度，制定原料、内包材、半成品以及成品的质量控制要求，采用检验方式作为质量控制措施的，检验项目、检验方法和检验频次应当与化妆品注册、备案资料载明的技术要求一致。

企业应当明确检验或者确认方法、取样要求、样品管理要求、检验操作规程、检验过程管理要求以及检验异常结果处理要求等，检验或者确认的结果应当真实、完整、准确。

企业应当建立与生产的化妆品品种、数量和生产许可项目等相适应的实验室，至少具备菌落总数、霉菌和酵母菌总数等微生物检验项目的检验能力，并保证检测环境、检验人员以及检验设施、设备、仪器和试剂、培养基、标准品等满足检验需要。重金属、致病菌和产品执行的标准中规定的其他安全性风险物质，可以委托取得资质认定的检验检测机构进行检验。

5. 留样管理 企业应当建立并执行留样管理制度。每批出厂的产品均应当留样，留样数量至少达到出厂检验需求量的2倍，并应当满足产品质量检验的要求（表5-4）。

表5-4 化妆品企业留样数量参考表

序号	产品类型	留样数量参考量
1	染发类产品	≥3个包装且总量≥90g或mL
2	祛斑/美白类产品	≥3个包装且总量≥50g或mL
3	彩妆类产品	≥3个包装且总量≥60g或mL
4	护肤类产品	≥3个包装且总量≥80g或mL
5	防晒类产品	≥3个包装且总量≥50g或mL
6	宣称祛痘类产品	≥3个包装且总量≥200g或mL
7（1）	面膜类产品（面贴式）	单片独立包装产品：≥7贴且总量≥140g或mL 盒装产品：≥3盒（≥7贴）且总量≥140g或mL
7（2）	面膜类产品（涂抹式）	≥3个包装且总量≥80g或mL
8	洗发护发类产品	≥3个包装且总量≥50g或mL
9	指（趾）甲油类产品	≥6个包装且总量≥30g或mL
10	牙膏	≥3个包装且总量≥80g或mL

出厂的产品为成品的，留样应当保持原始销售包装。销售包装为套盒形式，该销售包装内含有多个化妆品且全部为最小销售单元的，如果已经对包装内的最小销售单元留样，可以不对该销售包装产品整

体留样，但应当留存能够满足质量追溯需求的套盒外包装。出厂的产品为半成品的，留样应当密封且能够保证产品质量稳定，并有符合要求的标签信息，保证可追溯。

企业应当依照相关法律法规的规定和标签标示的要求贮存留样的产品，并保存留样记录。留样保存期限不得少于产品使用期限届满后6个月。发现留样的产品在使用期限内变质的，企业应当及时分析原因，并依法召回已上市销售的该批次化妆品，主动消除安全风险。

（三）厂房设施与设备

1. 总则　厂房设施与设备是化妆品生产的先决条件，是化妆品质量管理体系的物质基础。企业应当具备与生产的化妆品品种、数量和生产许可项目等相适应的生产场地和设施设备。生产场地选址应当不受有毒、有害场所以及其他污染源的影响，建筑结构、生产车间和设施设备应当便于清洁、操作和维护。

2. 生产车间

（1）设置原则　企业应当按照生产工艺流程及环境控制要求设置生产车间，不得擅自改变生产车间的功能区域划分。生产车间不得有污染源，物料、产品和人员流向应当合理，避免产生污染与交叉污染。生产车间更衣室应当配备衣柜、鞋柜，洁净区、准洁净区应当配备非手接触式洗手及消毒设施。企业应当根据生产环境控制需要设置二次更衣室。

生产车间应当配备防止蚊蝇、昆虫、鼠和其他动物进入、孳生的设施，并有效监控。物料、产品等贮存区域应当配备合适的照明、通风、防鼠、防虫、防尘、防潮等设施，并依照物料和产品的特性配备温度、湿度调节及监控设施。生产车间等场所不得贮存、生产对化妆品质量安全有不利影响的物料、产品或者其他物品。

共用生产车间生产非化妆品的，禁止使用化妆品禁用原料及其他对化妆品质量安全有不利影响的原料，并具有防止污染和交叉污染的相应措施，企业应对其进行风险分析报告，确保其不对化妆品质量安全产生不利影响。例如含有农药的驱蚊花露水不得和化妆品共线生产。药品、食品、保健食品、医疗器械、消毒产品等施行生产许可制度的产品不可和化妆品共线生产。

易产生粉尘、不易清洁、易燃易爆等（如散粉类、蜡基类、有机溶剂类等）的生产工序，应当在单独的生产操作区域完成，使用专用的生产设备。易产生粉尘和使用挥发性物质生产工序的操作区域应当配备有效的除尘或者排风设施。

（2）区域划分　企业应当按照产品工艺环境要求，在生产车间内划分洁净区、准洁净区、一般生产区，生产车间环境指标应当符合规定的要求（表5-5）。不同洁净级别的区域应当物理隔离，并根据工艺质量保证要求，保持相应的压差。

生产车间应当保持良好的通风和适宜的温度、湿度。根据生产工艺需要，洁净区应当采取净化和消毒措施，准洁净区应当采取消毒措施。企业应当制定洁净区和准洁净区环境监控计划，定期进行监控，每年按照化妆品生产车间环境要求对生产车间进行检测。

>>> 关键术语

洁净区：需要对环境中尘埃及微生物数量进行控制的区域（房间），其建筑结构、装备及使用应当能够减少该区域内污染物的引入、生产和滞留。

准洁净区：需要对环境中微生物数量进行控制的区域（房间），其建筑结构、装备及使用应当能够减少该区域内污染物的引入、产生和滞留。

一般生产区：生产工序中不接触化妆品内容物、清洁内包材，不对微生物数量进行控制的生产区域。

表 5－5 化妆品生产车间环境要求

区域划分	产品类别	生产工序	控制指标	
			环境参数	其他参数
洁净区	眼部护肤类化妆品④、儿童护肤类化妆品④、牙膏	半成品贮存①、填充、灌装，清洁容器与器具贮存	悬浮粒子②：≥0.5μm 的粒子数≤10500000 个/m^3 ≥5μm 的粒子数≤60000 个/m^3 浮游菌②：≤500cfu/m^3 沉降菌②：≤15cfu/30min	静压差：相对于一般生产区≥10Pa，相对于准洁净区≥5Pa
准洁净区	眼部护肤类化妆品④、儿童护肤类化妆品④、牙膏	称量、配制、缓冲、更衣	空气中细菌菌落总数③：≤1000cfu/m^3	
	其他化妆品	半成品贮存①、填充、灌装，清洁容器与器具贮存、称量、配制、缓冲、更衣		
一般生产区	/	包装、贮存等	保持整洁	

注：①企业配制、半成品贮存、填充、灌装等生产工序采用全封闭管道的，可以不设置半成品贮存间。
②测试方法参照《GB/T 16292 医药工业洁净室（区）悬浮粒子的测试方法》《GB/T 16293 医药工业洁净室（区）浮游菌的测试方法》《GB/T 16294 医药工业洁净室（区）沉降菌的测试方法》的有关规定。
③测试方法参照《GB 15979 一次性使用卫生用品卫生标准》或者《GB/T 16293 医药工业洁净室（区）浮游菌的测试方法》的有关规定。
④生产施用于眼部皮肤表面以及儿童皮肤、口唇表面，以清洁、保护为目的的驻留类化妆品的（粉剂化妆品除外），其半成品贮存、填充、灌装、清洁容器与器具贮存应当符合生产车间洁净区的要求。

3. 设备管理 企业应当配备与生产的化妆品品种、数量、生产许可项目、生产工艺流程相适应的设备，与产品质量安全相关的设备应当设置唯一编号。管道的设计、安装应当避免死角、盲管或者受到污染，固定管道上应当清晰标示内容物的名称或者管道用途，并注明流向。所有与原料、内包材、产品接触的设备、器具、管道等的材质应当满足使用要求，不得影响产品质量安全。

企业应当建立并执行生产设备管理制度，包括生产设备的采购、安装、确认、使用、维护保养、清洁等要求，对关键衡器、量具、仪表和仪器定期进行检定或者校准。设备状态标识、清洁消毒标识应当清晰。设备清洁消毒操作所选用的润滑剂、清洁剂等不得对物料、产品或者设备、器具造成污染或者腐蚀。

4. 工艺用水与空气净化系统 企业制水、水贮存及输送系统的设计、安装、运行、维护应当确保工艺用水达到质量标准要求。企业应当建立并执行工艺用水质量标准、工艺用水管理规程，对工艺用水水质定期监测，确保符合生产质量要求。

企业生产用水的水质和水量应当满足生产要求，水质至少达到生活饮用水卫生标准要求。生产用水为小型集中式供水或者分散式供水的（即自选水源），应当由取得资质认定的检验检测机构对生产用水进行检测，每年至少一次。企业应当建立并执行水处理系统定期清洁、消毒、监测、维护制度。

关键术语

生产用水：指生产活动中所有使用到的水。它既包括工艺用水，也包括生产过程的辅助用水，比如生产设备、容器清洗用水、对设备加热或冷却用的水等。

工艺用水：是指生产中用来制造、加工产品以及制造、加工工艺过程有关的用水。是经水处理系统制得的高于普通生产用水水质标准的水。

企业空气净化系统的设计、安装、运行、维护应当确保生产车间达到环境要求。企业应当建立并执行空气净化系统定期清洁、消毒、监测、维护制度。

（四）物料管理

物料是指化妆品生产中使用的原料和包装材料，外购的半成品应当参照物料管理。物料是化妆品生产的基础，基于化妆品作为原料物理混合物的特性，物料安全很大程度上保证了终产品的质量安全。对物料进行控制，即从供应商管理、物料审查、物料验收及放行等方面加以管理，是保证产品质量的重要环节。

1. 物料供应商遴选 企业应当建立并执行物料供应商遴选制度。在确定物料供应商之前，应当对供应商的生产资质、生产条件与能力、技术水平和质量管理情况进行充分的审核与评估。对供应商书面审核的范围包括：供应商资质证明（营业执照、生产许可证等）；供应商供货资料（出厂检验报告、送货单、发票、进口报关单等）；物料质量安全风险资料（如安全技术说明书、评估报告等）。

根据审核评价的结果建立合格物料供应商名录，明确关键原料供应商，并对关键原料供应商进行重点审核，必要时应当进行现场审核。企业应该及时对合格物料供应商档案信息进行更新，当获知供应商生产条件发生重大变更时应及时进行评价并采取必要的措施，比如对所涉及的物料或产品进行质量安全风险评估和处理。企业应当与物料供应商签订采购合同，并在合同中明确物料验收标准和双方质量责任。

知识拓展

关键原料

关键原料一般是指对化妆品产品安全性、功效和质量存在较大影响的原料，一般包括大宗原料、高频使用原料、复配原料、动植物提取物、直接用于灌装的化妆品半成品，以及对产品安全性存在较大影响的限用物质、对产品功效发挥主要作用的成分（例如防晒剂、祛斑美白成分、抗衰老成分等）。关键原料供应商的管理须重点审核，必要时进行现场审查，企业应当根据自己的实际情况来确立本企业关键原料的管理范围，并建立关键原料目录及关键原料的留样。

2. 物料审查 企业应当建立并执行物料审查制度，建立原料、外购的半成品以及内包材清单，明确原料、外购的半成品成分，留存必要的原料、外购的半成品、内包材质量安全相关信息。质量安全相关信息一般包括原料分析证明、质量规格信息、检测报告、安全技术说明书等，信息资料中应明确复配原料、外购的半成品的成分。同时，原料质量安全信息也是化妆品注册备案时需要填报的资料。

企业应当在物料采购前对原料、外购的半成品、内包材实施审查，不得使用禁用原料、未经注册或者备案的新原料，不得超出使用范围、限制条件使用限用原料，不得使用超过使用期限、废弃、回收的化妆品或者化妆品原料生产化妆品。确保原料、外购的半成品、内包材符合法律法规、强制性国家标准、技术规范的要求。

3. 物料验收 企业应当建立并执行物料进货查验记录制度，建立并执行物料验收规程，明确物料验收标准和验收方法。企业应当按照物料验收规程对到货物料检验或者确认，确保实际交付的物料与采购合同、送货票证一致，并达到物料质量要求。

物料的验收至少应包含核对购进物料包装标签标识信息与采购合同和送货票证的一致性，以及与采购合同中规定的质量要求的符合性。物料的验收一般包括以下几个方面：①核对包装容器的标识信息，主要包括品名、数量、批号、生产企业、生产日期与订单、检验报告、送货票证是否一致。②检查包装容器的外观，主要包括包装容器的完整性、密封性。③查验并留存当批物料的出厂检验报告或者物料合格证明、进口原料报关单和质量安全证明等文件。④必要时对原料进行抽样检验。符合验收要求的物料，在接收后应当及时填写物料接收记录。

企业应当对关键原料留样，并保存留样记录。留样的原料应当有标签，至少包括原料中文名称或者原料代码、生产企业名称、原料规格、贮存条件、使用期限等信息，保证可追溯。留样数量应当满足原料质量检验的要求。

4. 物料储存与放行 物料和产品应当按规定的条件贮存，确保质量稳定。接收的物料在放入存储区域指定位置时应当贴标签或填写货位卡，标签上的内容包括物料名称或者代码、供应商名称或者代码、生产日期或者批号、使用期限、贮存条件等信息。物料名称用代码标示的，应当制定代码对照表，原料代码应当明确对应的原料标准中文名称。

企业还应建立物料与产品库存台帐，帐、卡、物相应信息应保持一致，如实记录物料和产品的库存数量和入库、发放、退仓等变动情况。

企业应当按照物料与产品的质量状态，即待检、合格、不合格进行分区或者采用能达到相同效果的其他措施存放，并采用不同颜色标签清楚标示。物料与产品码放应当与墙壁和地面保持一定距离，不同品种、批号的物料或产品应分批分类存放，并明确标识，以防止混淆、误用和交叉污染。易燃、易爆、腐蚀性等危险化学品应按国家有关规定验收、储存和领用。

知识拓展

贮存条件

依据《化妆品生产质量管理规范实施检查指南》，物料应当按照标签上的温湿度及光照条件贮存，如果没有明确标示的，可参照以下执行：标注常温条件贮存的，温度一般为10～30℃，相对湿度一般为35%～75%；标注阴凉条件贮存的，温度一般为不高于20℃，相对湿度一般为35%～75%，并避免直射光照；标注低温条件贮存的，温度范围一般为2～10℃。

采用计算机化仓储管理系统，其物料信息和质量状态，通常与条形码或射频识别（RFID）等技术相结合，产生物料电子标签。在这种情况下，需要有一个安全的管理系统来确保物料使用时能正确识别物料的信息和质量状态。

企业应当建立并执行物料放行管理制度，确保物料放行后方可用于生产。明确物料批准放行的标准、职责划分。企业应当建立并执行不合格物料处理规程。超过使用期限的物料应当按照不合格品管理。

（五）生产过程管理

生产过程管理是计划、组织、协调、控制生产活动的综合管理活动，是化妆品质量管理的核心内容。企业应当建立并执行与生产的化妆品品种、数量和生产许可项目等相适应的生产管理制度。至少包括工艺和操作管理、生产指令管理、物料领用和查验管理、生产环境管理、生产设备管理、生产过程管理、生产记录管理、物料平衡管理、生产清场管理、退仓物料管理、不合格品管理、产品放行管理以及有关追溯管理等方面的制度。

1. 生产工艺和岗位操作规程 企业应当按照化妆品注册、备案资料载明的技术要求建立并执行产品生产工艺规程和岗位操作规程，确保按照化妆品注册、备案资料载明的技术要求生产产品。企业应当明确生产工艺参数及工艺过程的关键控制点，主要生产工艺应当经过验证，确保能够持续稳定地生产出合格的产品。

关键术语

生产工艺规程：是指产品配方设计、工艺标准和生产、技术、质量管理的汇总，是企业指导生产的主要依据和技术管理工作的规范性文件。

岗位操作规程：是生产企业制订的与具体操作岗位有关的文件，是生产过程的每个岗位的通用要求，用来确保每个员工正确、及时开展质量活动并遵守相关流程。

验证：证明任何操作规程或者方法、生产工艺或者设备系统能够达到预期结果的一系列活动。

2. 生产指令与领料　企业应当根据生产计划下达生产指令。生产指令应当包括产品名称、生产批号（或者与生产批号可关联的唯一标识符号）、产品配方、生产总量、生产时间等内容。生产部门应当根据生产指令进行生产。领料人应当核对所领用物料的包装、标签信息等，填写领料单据。

3. 生产前确认　企业应当在生产开始前对生产车间、设备、器具和物料进行确认，确保其符合生产要求。企业应当在生产前对生产车间环境、人员卫生、生产设备、周转容器状态和清洁（消毒）状态标识等进行确认，确保符合生产要求，生产前应对待使用物料及其标签信息和检验状态标识进行确认，确保名称、数量、批号、有效期等符合生产指令的要求，且已经过质量管理部门批准放行。企业在使用内包材前，应当按照清洁消毒操作规程进行清洁消毒，或者对其卫生符合性进行确认。

4. 生产过程物料标识　企业应当对生产过程使用的物料以及半成品全程清晰标识，标明名称或者代码、生产日期或者批号、数量。生产过程中各工序之间物料交接应当有记录，并可追溯。

5. 批生产记录　企业应当对生产过程按照生产工艺规程和岗位操作规程进行控制，应当真实、完整、准确地填写生产记录。生产记录应当至少包括生产指令、领料、称量、配制、填充或者灌装、包装、产品检验以及放行等内容（表5-6）。

表5-6　批生产记录各项内容具体要求

组成部分	具体要求
领料记录	根据生产指令编制领料单，向仓库限额领取物料。其内容至少应包括领料部门、领料日期、物料名称（物料编码）、物料批号、规格、请领数量、实发数量、领料人签名、仓管员签名、复核人等
称量记录	包括产品名称、批号、批量、规格、配料称料、物料平衡、清场情况、操作人、复核人签名等
配制记录	包括产品名称、批号、批量、规格、配置前检查、配置 记录（标准操作程序、生产工艺参数记录）、物料平衡、检测项目、清场情况、操作人、复核人签名等
填充或者灌装记录	包括产品名称、批号、批量、规格、灌装前检查、首件检查、计量准确性检查、物料平衡、偏差处理、清场情况、操作人、复核人签名等
包装记录	包括产品名称、批号、批量、规格、包装前检查、首件检查、包装数量检查、物料平衡、偏差处理、清场情况、操作人、复核人签名等
检验记录	包括产品名称、批号、批量、规格、取样日期、检验日期、报告日期、检验依据、检验项目、标准规定、检验结果、检验结论、检验人、复核人签名等
放行记录	包括产品名称、批号、批量、规格、批生产记录审核、批检验记录审核、物料包装和仓储管理审核、审核人、质量安全负责人签名等

6. 物料平衡　企业应当在生产后检查物料平衡，确认物料平衡符合生产工艺规程设定的限度范围。超出限度范围时，应当查明原因，确认无潜在质量风险后，方可进入下一工序。

物料平衡与生产管理制度落实及生产成本控制息息相关，企业应建立物料平衡管理制度，每个关键工序都须计算物料平衡限度，即配料、分装、包装等都须在批生产记录内计算并记录本工序的物料平衡限度，以避免或及时发现差错与混料。批生产记录上必须明确规定物料平衡限度的计算方法，以及根据以往验证结果确定的物料平衡限度的合理范围。

知识拓展

物料平衡

物料平衡是指产品或物料的实际产量（实际用量）及收集到的损耗之和与理论产量（理论用量）之间的比较，并适当考虑可允许的正常偏差。物料平衡率的计算公式如下：

$$\text{物料平衡（\%）}=\frac{\text{（实际产量＋检验抽样量＋合理损耗）}}{\text{理论产量}}\times 100\%$$

实际产量是指产品实际产量，理论产量是指在生产中无任何损失或差错的情况下得出的最大数量。在生产过程中，如果计算出的物料平衡率超出生产工艺规程设定的限度范围，应详细核对并记录物料异常过程及数量，及时查明原因。

7. 生产后清场 企业应当在生产后及时清场，对生产车间和生产设备、管道、容器、器具等按照操作规程进行清洁消毒并记录。清洁消毒完成后，应当清晰标识，并按照规定注明有效期限。

8. 物料退仓管理 企业应当将生产结存物料及时退回仓库。退仓物料应当密封并做好标识，必要时重新包装。仓库管理人员应当按照退料单据核对退仓物料的名称或者代码、生产日期或者批号、数量等。

9. 不合格品管理 企业应当建立并执行不合格品管理制度，及时分析不合格原因。企业应当编制返工控制文件，不合格品经评估确认能够返工的，方可返工。不合格品的销毁、返工等处理措施应当经质量管理部门批准并记录。企业应当对半成品的使用期限做出规定，超过使用期限未填充或者灌装的，应当及时按照不合格品处理。

10. 产品放行 产品放行是产品上市前的最终确认和保障，是一系列质量确认活动的集成，对确保产品质量安全至关重要，企业应当建立并执行产品放行管理制度，确保产品经检验合格且相关生产和质量活动记录经审核批准后，方可放行。上市销售的化妆品应当附有出厂检验报告或者合格标记等形式的产品质量检验合格证明。放行的审核一般由质量管理部门进行，放行文件应当由质量安全负责人或其授权人签署。

（六）产品销售管理

1. 产品销售记录 化妆品注册人、备案人、受托生产企业应当建立并执行产品销售记录制度，并确保所销售产品的出货单据、销售记录与货品实物一致。产品销售记录应当至少包括产品名称、特殊化妆品注册证编号或者普通化妆品备案编号、使用期限、净含量、数量、销售日期、价格、购买者名称、地址和联系方式等内容。

产品销售记录应当真实、完整，保证可追溯，保存期限不得少于产品使用期限期满后1年。产品使用期限不足1年的，记录保存期限不得少于2年。

2. 贮存和运输 化妆品注册人、备案人、受托生产企业应当建立并执行产品贮存和运输管理制度。依照有关法律法规的规定和产品标签标示的要求贮存、运输产品，定期检查并且及时处理变质或者超过使用期限等质量异常的产品。

3. 退货与投诉 化妆品注册人、备案人、受托生产企业应当建立并执行退货记录制度。退货记录内容应当包括退货单位、产品名称、净含量、使用期限、数量、退货原因以及处理结果等内容。

化妆品注册人、备案人、受托生产企业应当建立并执行产品质量投诉管理制度，指定人员负责处理产品质量投诉并记录。质量管理部门应当对投诉内容进行分析评估，并提升产品质量。

4. 不良反应监测与召回　化妆品注册人、备案人应当建立并实施化妆品不良反应监测和评价体系。受托生产企业应当建立并执行化妆品不良反应监测制度。化妆品注册人、备案人、受托生产企业应当配备与其生产化妆品品种、数量相适应的机构和人员，按规定开展不良反应监测工作，并形成监测记录。

化妆品注册人、备案人应当建立并执行产品召回管理制度，依法实施召回工作。受托生产企业应当建立并执行产品配合召回制度。

三、GMP 检查要点与评判标准

为规范化妆品生产许可和监督检查工作，指导化妆品注册人、备案人、受托生产企业贯彻执行《化妆品生产质量管理规范》，2022 年 10 月 25 日，国家药品监督管理局发布《化妆品生产质量管理规范检查要点及判定原则》（以下简称《生产检查要点》），对《化妆品生产质量管理规范》的条款及检查要点进行拆分与细化。企业可以根据要点完善自身的生产质量管理体系，监管部门在 GMP 的监督检查过程中可以清晰地根据《生产检查要点》的要求评定企业的合规性，制约自由裁量权偏颇而导致的执法尺度不一的情形，提高检查的可实施性与执法的公平性。

（一）《生产检查要点》的适用范围

《生产检查要点》共有 105 项，分为实际生产版与委托生产版两部分。从事化妆品生产活动的化妆品注册人、备案人、受托生产企业依据实际生产版的检查要点开展检查，实际生产版共 81 项检查要点，其中重点项目 29 项（重点项目包括关键项目 3 项，其他重点项目 26 项），一般项目 52 项。委托生产版专门针对无生产资质的委托方，将委托方纳入到质量监管体系范畴中，委托生产的化妆品注册人、备案人依据委托生产版的检查要点开展检查，委托生产版共有检查项目 24 项，其中重点项目 9 项（重点项目包括关键项目 1 项，其他重点项目 8 项），一般项目 15 项。对既从事实际生产又从事委托生产的主体执行全部 105 项检查要点（表 5 - 7）。

表 5 - 7　生产检查要点的项目及适用范围

<table>
<tr><th>类型</th><th colspan="2">项目</th><th>数量</th><th>适用范围</th></tr>
<tr><td rowspan="3">实际生产版（81 项）</td><td rowspan="2">重点项目</td><td>关键项目</td><td>3 项</td><td rowspan="3">从事化妆品生产的注册人、备案人、受托生产企业，包括仅从事半成品（料体）生产和灌装（分装）业务的生产型企业</td></tr>
<tr><td>其他重点项目</td><td>26 项</td></tr>
<tr><td colspan="2">一般项目</td><td>52 项</td></tr>
<tr><td rowspan="3">委托生产版（24 项）</td><td rowspan="2">重点项目</td><td>关键项目</td><td>1 项</td><td rowspan="3">仅从事委托生产，无自主生产能力或自主生产行为的化妆品注册人、备案人（品牌方）</td></tr>
<tr><td>其他重点项目</td><td>8 项</td></tr>
<tr><td colspan="2">一般项目</td><td>15 项</td></tr>
</table>

（二）检查分类与判定原则

1. 检查分类　《生产检查要点》适用的检查类型包括生产许可现场核查、生产许可延续后现场核查以及日常监督检查。生产许可现场核查与生产许可延续后现场核查对象是化妆品生产企业，而日常监督检查的对象包括化妆品实际生产企业以及无生产资质的委托方（一般指品牌方）。

（1）生产许可现场核查　省、自治区、直辖市药品监督管理部门应当依据实际生产版的检查要点组织对化妆品生产许可申请人开展生产许可现场核查，生产许可现场核查主要针对化妆品生产许可的首次申请、生产许可项目的变更以及原址新建厂房等情形。

（2）生产许可延续后现场核查　省、自治区、直辖市药品监督管理部门应当在其向化妆品生产许可延续申请人换发新化妆品生产许可证之日起6个月内，对申请人延续许可的申报资料和承诺进行监督，依据实际生产版的检查要点组织对该企业开展现场核查。

（3）日常监督检查　负责药品监督管理的部门应当依据检查要点对已取得化妆品生产许可证的企业以及委托生产的化妆品注册人、备案人生产质量管理规范执行情况开展全部或者部分项目监督检查。

2. 判定原则　负责药品监督管理的部门依据《化妆品生产质量管理规范》《生产检查要点》对化妆品注册人、备案人、受托生产企业开展检查，并对企业执行《化妆品生产质量管理规范》的情况进行综合判定。

生产企业与无生产能力的委托方的检查要点的评判依据与原则存在差异，具体判定依据及原则见表5-8与表5-9。

表5-8　生产版检查要点判定依据与原则

<table>
<tr><th>检查分类</th><th>判定原则</th><th>不予通过的情形</th></tr>
<tr><td rowspan="3">生产许可现场核查</td><td>未发现企业存在不符合规定项目的，应当判“现场核查通过”</td><td rowspan="9">①关键项目不符合规定
②关键项目瑕疵数与其他重点项目不符合规定数总和大于6项（含）
③重点项目不符合规定数、重点项目瑕疵数、一般项目不符合规定数总和大于16项（含）
“存在瑕疵”判定标准为：经综合研判，被检查对象基本符合本检查项目的要求，但存在局部不规范、不完善的情形，且上述不规范、不完善的情形能够及时改正或者消除，不构成对产品质量安全的实质性影响</td></tr>
<tr><td>发现企业存在不予通过情形之一的，应当判定为“现场核查不通过”</td></tr>
<tr><td>发现企业存在不符合规定项目，但未存在上述应当判定为“现场核查不通过”情形的，应当判定为“整改后复查”。企业应当在规定时间内完成整改，并向省药监部门提交整改报告。省药监部门复查符合要求，判定为“现场核查通过”。不符合要求，判定为“现场核查不通过”</td></tr>
<tr><td rowspan="3">生产许可延续后现场核查</td><td>未发现企业存在不符合规定项目的，应当判“现场核查通过”</td></tr>
<tr><td>发现企业存在不予通过情形之一的，应当判定为“现场核查不通过”，并依法撤销化妆品生产许可</td></tr>
<tr><td>判定为“整改后复查”，且在规定时限内未提交整改报告或者复查发现整改项目仍不符合规定的，应当依法撤销化妆品生产许可</td></tr>
<tr><td rowspan="3">日常监督检查</td><td>未发现企业存在不符合规定项目的，应当判定为“检查未发现生产质量管理体系存在缺陷”</td></tr>
<tr><td>发现企业存在不予通过情形之一的，应当判定为“生产质量管理体系存在严重缺陷”</td></tr>
<tr><td>企业存在不符合规定项目，但未存在上述，应当判定为“生产质量管理体系存在严重缺陷”情形的，应当判定为“生产质量管理体系存在缺陷”</td></tr>
</table>

表5-9　委托版检查要点判定依据与原则

<table>
<tr><th></th><th>判定原则</th><th>不予通过的情形</th></tr>
<tr><td rowspan="3">日常监督检查</td><td>未发现企业存在不符合规定项目的，应当判定为“检查未发现生产质量管理体系存在缺陷”</td><td rowspan="3">①关键项目不符合规定
②关键项目瑕疵数和其他重点项目不符合规定数总和大于4项（含）
③重点项目不符合规定数、重点项目瑕疵数、一般项目不符合规定数总和大于8项（含）</td></tr>
<tr><td>发现企业存不予通过情形之一的，应当判定为“生产质量管理体系存在严重缺陷”</td></tr>
<tr><td>发现企业存在不符合规定项目，但未存在上述应当判定为“生产质量管理体系存在严重缺陷”情形的，应当判定为“生产质量管理体系存在缺陷”</td></tr>
</table>

对检查判定为"生产质量管理体系存在缺陷"的企业，负责药品监督管理的部门应当督促其在规定时间内完成整改并提交整改报告，必要时可以组织现场复查。企业违法行为轻微，没有造成危害后果，整改后符合《化妆品生产质量管理规范》要求的，依法不予行政处罚。

对检查判定为"生产质量管理体系存在严重缺陷"的企业，负责药品监督管理的部门应当依据《化妆品监督管理条例》第五十四条的规定，采取责令暂停生产、经营等紧急控制措施，及时控制产品风险。企业应当在规定的时间内完成整改，并向负责药品监督管理的部门提交整改报告。负责药品监督管理的部门应当对企业进行现场复查，确认整改符合要求后，方可恢复其生产、经营。

对检查判定为"生产质量管理体系存在严重缺陷"的企业，负责药品监督管理的部门应当根据《化妆品监督管理条例》第六十条第（三）项、《化妆品生产经营监督管理办法》第五十九条等规定立案调查。

四、法律责任

（一）未按照化妆品生产质量管理规范的要求组织生产

依据《化妆品监督管理条例》第六十条第（三）项的规定，未按照化妆品生产质量管理规范的要求组织生产，由负责药品监督管理的部门没收违法所得、违法生产经营的化妆品和专门用于违法生产经营的原料、包装材料、工具、设备等物品；违法生产经营的化妆品货值金额不足 1 万元的，并处 1 万元以上 5 万元以下罚款；货值金额 1 万元以上的，并处货值金额 5 倍以上 20 倍以下罚款；情节严重的，责令停产停业、由备案部门取消备案或者由原发证部门吊销化妆品许可证件，对违法单位的法定代表人或者主要负责人、直接负责的主管人员和其他直接责任人员处以其上一年度从本单位取得收入的 1 倍以上 3 倍以下罚款，10 年内禁止其从事化妆品生产经营活动；构成犯罪的，依法追究刑事责任。

依据《化妆品生产经营监督管理办法》第五十九条，监督检查中发现化妆品注册人、备案人、受托生产企业违反化妆品生产质量管理规范检查要点，未按照化妆品生产质量管理规范的要求组织生产的，由负责药品监督管理的部门依照化妆品监督管理条例第六十条第三项的规定处罚。监督检查中发现化妆品注册人、备案人、受托生产企业违反国家化妆品生产质量管理规范检查要点中一般项目规定，违法行为轻微并及时改正，没有造成危害后果的，不予行政处罚。

（二）其他与化妆品生产质量管理相关的法律责任

表 5-10　其他与化妆品生产质量管理相关的法律责任

违法行为	责任依据
未依照规定设质量安全负责人	按照《化妆品监督管理条例》第六十一条第一款第（二）项、第（三）项和第（四）项的规定处罚
化妆品注册人、备案人未对受托生产企业的生产活动进行监督	
未依照规定建立并执行从业人员健康管理制度	
未依照规定建立并执行进货查验记录制度、产品销售记录制度	按照《化妆品监督管理条例》第六十二条第一款第（二）项、第（三）项和第（四）项的规定处罚
未依照规定对化妆品生产质量管理规范的执行情况进行自查	
未依照规定贮存、运输化妆品	
化妆品生产经营者、检验机构招用、聘用不得从事化妆品生产经营活动的人员或者不得从事化妆品检验工作的人员从事化妆品生产经营或者检验的	按照《化妆品监督管理条例》第七十三条的规定处罚

任务三 化妆品委托生产

实例分析

实例 某化妆品公司备案一款保湿滋润类的护手霜，但尚不具备生产条件，想要委托其他企业帮其生产该护手霜。

问题 1. 该公司应该如何遴选受托生产企业？

2. 在质量管理方面，该公司自身应该符合怎样的要求？

根据《化妆品监督管理条例》规定，化妆品注册人、备案人可以自行生产化妆品，也可以委托其他企业生产化妆品。

化妆品委托生产是指化妆品品牌拥有者委托具有化妆品生产许可证的受托企业加工生产化妆品的方式。委托生产是化妆品生产领域中最为常见的一种生产模式，委托方可以大幅减少因新建厂房或者生产线带来的经济成本，缩短产品生产周期，快速应对市场需求变化和抢占市场。对于受托方来说，委托生产可以促进生产设备资源的充分利用和集约化管理，提高产能利用率，降低成本。许多化妆品品牌方会选择委托一家或者多家化妆品生产企业代其生产化妆品，最后贴上自己的商标进行销售。

委托生产一般可以分为代工生产（Original Equipment Manufacturer，OEM）和代工研发生产（Original Design Manufacturer，ODM）两种类型。OEM 又称或贴牌生产。受托方只负责依照委托方提供的产品工艺配方进行产品加工。委托方是品牌持有者，负责产品设计、研发和销售。在生产过程中，委托方出于对配方保密的考虑，通常提供原料，受托方仅仅负责生产，生产结束后成品交委托方销售。在这种生产方式下，委托方掌握产品核心技术、控制产品定位走向，同时还掌控着产品的销售渠道，是产品的绝对掌控者。

ODM 又称原始设计生产商，在此生产模式下，受托企业对产品具有更大的主导权。受托方不仅是产品的生产者，还要负责产品的研发与设计，委托方仅需向受托方提供对产品功能、包装设计等方面的想法，甚至可直接采用受托方已有的产品，然后贴上自身的品牌进行销售。

委托生产给化妆品行业带来便利的同时也存在委托方与受托方权责不清，化妆品质量安全责任难以落实等问题，《化妆品生产质量管理规范》对化妆品委托方与受托方的职责进行详细划分，以注册人、备案人是质量第一责任人的核心理念压实委托方的主体责任。

一、委托生产的总体要求

化妆品委托生产的，委托方应当是所生产化妆品的注册人或者备案人，是质量安全责任主体，并对受托生产企业的生产活动进行监督，保证其按照法定要求进行生产。受托生产企业应当是持有有效化妆品生产许可证的企业，并在其生产许可范围内接受委托。受托生产企业应当依照法律、法规、强制性国家标准、技术规范以及合同约定进行生产，对生产活动负责，并接受化妆品注册人、备案人的监督。

知识拓展

化妆品注册人、备案人委托未取得相应化妆品生产许可的企业生产化妆品，属于特别严重的违法行为。在具体实践中，委托方应当关注受托生产企业的实际生产场所是否与化妆品生产许可证上载明的地址一致，许可证是否在有效期内，拟委托生产的化妆品是否属于受托生产企业生产许可证上载明的许可项目划分单元。委托生产儿童护肤类、眼部护肤类化妆品的，还应确认生产许可证是否具有相关标注。

二、委托方的职责

委托生产的化妆品注册人、备案人（即委托方）应当按照规定建立相应的质量管理体系，并对受托生产企业的生产活动进行监督。

（一）组织机构

委托方应当建立与所注册或者备案的化妆品和委托生产需要相适应的组织机构，明确注册备案管理、生产质量管理、产品销售管理等关键环节的负责部门和职责，配备相应的管理人员。

（二）质量安全责任制

委托方应当按照规定设质量安全负责人，并建立化妆品质量安全责任制，明确委托方法定代表人、质量安全负责人以及其他化妆品质量安全相关岗位的职责，各岗位人员应当按照岗位职责要求，逐级履行相应的化妆品质量安全责任。

质量安全负责人应当协助委托方法定代表人承担下列相应的产品质量安全管理和产品放行职责：①建立并组织实施本企业质量管理体系，落实质量安全管理责任，定期向法定代表人报告质量管理体系运行情况；②产品质量安全问题的决策及有关文件的签发；③审核化妆品注册、备案资料；④委托方采购、提供物料的，物料供应商、物料放行的审核管理；⑤产品的上市放行；⑥受托生产企业遴选和生产活动的监督管理；⑦化妆品不良反应监测管理。

（三）受托生产企业遴选

委托方应当建立受托生产企业遴选标准，在委托生产前，对受托生产企业资质进行审核，考察评估其生产质量管理体系运行状况和生产能力，确保受托生产企业取得相应的化妆品生产许可且具备相应的产品生产能力。委托方应当建立受托生产企业名录和管理档案。

（四）委托合同与监督制度

委托方应当建立并执行受托生产企业生产活动监督制度，对各环节受托生产企业的生产活动进行监督，确保受托生产企业按照法定要求进行生产。委托方可根据自身情况，采取有效监督措施，确保受托生产企业按照法定要求生产。在具体实践中，有些委托方在受托生产企业派驻质量管理相关人员开展现场实时监督，有些委托方不定期进行飞检抽查，或是定期进行样品抽检等。

典型案例

委托方对受托生产企业的生产活动缺乏监督被罚

A化妆品有限公司委托B化妆品有限公司生产水润面霜，B公司在没有通知A公司的情况下，擅自更改原料供应商，临时使用C生物科技有限公司生产的燕麦仁提取物替换了本来一直由D生物科技有限公司生产的燕麦仁提取物，导致上述产品检出了备案的配方成分以外的成分苯氧乙醇，同时，还导致上述产品中燕麦仁提取物的含量从0.05%变为0.10%，丁二醇的含量从0.52%变为0.20%，未含有备案成分1,2－戊二醇。

药监部门认为A化妆品有限公司未对受托生产企业的生产活动进行监督导致未发现受托生产企业变更了原料，A化妆品有限公司作为涉案产品的备案人，实际上生产经营了不符合备案资料载明的技术要求的化妆品，违反了《化妆品监督管理条例》第六十一条第一款第（三）项，罚款2.3万元，没收违法所得0.25万元。

委托方应当建立并执行受托生产企业更换制度，发现受托生产企业的生产条件、生产能力发生变化，不再满足委托生产需要的，应当及时停止委托，根据生产需要更换受托生产企业。对于分段委托的情形，委托方应当分别对从事半成品配制和灌装工序的企业开展监督。仅从事半成品配制的企业，也应当按照GMP要求组织生产，仅从事填充或者灌装的企业，外购（或使用）的半成品应当参照物料管理要求，建立并执行物料审查、进货查验记录、物料放行管理等相关制度。

典型案例

受托生产企业擅自转委托被罚

A化妆品有限公司为一家化妆品生产企业，从2019年4日起，A公司与B化妆有限公司签订委托加工协议，受B公司委托生产某品牌化妆品。2022年2月，A公司未经委托方B公司同意，擅自委托C化妆品有限公司对本应由A公司生产的某品牌化妆品进行灌装、喷码、打包。至2022年2月被药监局查获时止，C公司共生产了上述化妆品1200瓶。A公司将连同自行生产的312瓶上述化妆品一并交付给B公司并销售完毕。后A公司被药监部门以未具备委托资格擅自委托他人生产化妆品为由罚款102600元。

（五）质量管理制度

委托方应当建立并执行化妆品注册备案管理、从业人员健康管理、从业人员培训、质量管理体系自查、产品放行管理、产品留样管理、产品销售记录、产品贮存和运输管理、产品退货记录、产品质量投诉管理、产品召回管理等质量管理制度，建立并实施化妆品不良反应监测和评价体系。

委托方向受托生产企业提供物料的，委托方应当按照本规范要求建立并执行物料供应商遴选、物料审查、物料进货查验记录和验收以及物料放行管理等相关制度。委托方应当根据委托生产实际，按照规定建立并执行其他相关质量管理制度。

（六）产品放行

委托方应当建立并执行产品放行管理制度，在受托生产企业完成产品出厂放行的基础上，确保产品经检验合格且相关生产和质量活动记录经审核批准后，方可上市放行。

化妆品委托生产实行双放行制度，受托生产企业产品经检验合格且相关生产和质量活动记录经审核批准，完成产品出厂放行。委托方确保产品经检验合格，并且审核批准相关生产和质量活动记录，完成上市放行，产品可上市销售。上市销售的化妆品应当附有出厂检验报告或者合格标记等形式的产品质量检验合格证明。

（七）留样管理

委托方应当建立并执行留样管理制度，在其住所或者主要经营场所留样。也可以在其住所或者主要经营场所所在地的其他经营场所留样。留样应当符合《化妆品生产质量管理规范》第十八条的规定。留样地点不是委托方的住所或者主要经营场所的，委托方应当将留样地点的地址等信息在首次留样之日起 20 个工作日内，按规定向所在地负责药品监督管理的部门报告。

（八）记录

委托方应当建立并执行记录管理制度，保存与 GMP 有关活动的记录。记录应当符合《化妆品生产质量管理规范》第十三条的相关要求。执行 GMP 的相关记录由受托生产企业保存的，委托方应当监督其保存相关记录。

目标检测

一、单选题

1. 开办化妆品生产企业应该向（　）提交申请

A. 国家药品监督管理局　　B. 省级药品监督管理局
C. 市级药品监督管理局　　D. 县级药品监督管理局

2. 化妆品的进货查验记录和产品销售记录不得少于产品使用期限届满后（　）年

A. 1　　B. 2　　C. 3　　D. 5

3. 化妆品生产企业的（　）必须独立设置

A. 生产部门　　B. 质量部门　　C. 销售部门　　D. 财务部门

4. 在内包材上标注标签的生产工序，应当在（　）的化妆品生产企业内完成

A. 完成最后包装工序　　B. 完成主要工序
C. 完成最后一道接触化妆品内容物生产工序　　D. 完成化妆品全部工序

5. 关于物料下列说法正确的是（　）

A. 采购物料应该执行供应商遴选制度，合格供应商一经确定不得修改
B. 应对物料供应商进行资质审核，但不需要现场审核
C. 化妆品生产用水至少达到生活饮用水卫生标准要求
D. 物料标识中物料名称不能用代码表示

6. 化妆品质量安全负责人具备化妆品、化学、化工、生物、医学、药学、公共卫生或者食品等相关专业（　）以上学历

A. 本科　　B. 大专
C. 硕士　　D. 无学历要求

7. 化妆品生产许可证有效期为（　）年

A. 1　　B. 2　　C. 3　　D. 5

8. 原发证部门依法注销其化妆品生产许可证不包括（　）

A. 生产许可有效期届满但企业未按规定提出延续申请的
B. 自化妆品生产许可证有效期届满前连续停产一年以上的
C. 已被依法吊销化妆品生产许可证的
D. 原发证部门作出不予延续生产许可决定的

二、多选题

1. 关于追溯管理，下列说法错误的有（　）
   A. 每批产品均应有相应的批号和生产记录
   B. 确保在使用处获得适用文件的有效版本，作废文件得到控制
   C. 物料和成品的批号和生产日期不得随意更改，确实需要更改的，须经生产管理负责人书面批准
   D. 不可以采用计算机系统生成或者保存记录或者数据
2. 下列说法正确的有（　）
   A. 企业应当制定质量方针和质量目标，并定期评估
   B. 直接从事化妆品生产活动的人员应当在上岗前及每年度至少 1 次接受健康检查
   C. 企业应建立员工培训和考核档案，包括培训计划、培训记录、考核记录等
   D. 不同洁净级别的区域的工作服不得混用
3. 从事化妆品生产活动，应当具备下列哪些条件（　）
   A. 有与生产的化妆品相适应的生产场地、环境条件、生产设施设备
   B. 有与生产的化妆品相适应的技术人员
   C. 有能对生产的化妆品进行检验的检验人员和检验设备
   D. 有保证化妆品质量安全的管理制度
4. 关于委托生产，下列说法正确的有（　）
   A. 委托方必须是持有有效化妆品生产许可证的企业
   B. 受托方必须是持有有效化妆品生产许可证的企业
   C. 委托方应当对受托方的活动进行监督
   D. 无生产能力的委托方可以不设立质量安全负责人
5. 有关化妆品质量安全负责人，下列说法正确的有（　）
   A. 生产企业应当设质量安全负责人
   B. 质量安全负责人可以与生产负责人相互兼任
   C. 质量安全负责人必须有 5 年以上的化妆品生产或者质量管理经验
   D. 质量安全负责人的任何职责都不可以委托

三、案例分析题

某化妆品生产企业检验员第一天做完实验后，第二天编写如下实验原始记录。

二、　实验内容

1.色谱条件：

Agilent 1260 Ⅱ

高效液相色谱仪（型号：[redacted]）编号：H3-CDR-SB-A26

（1）请问该检验员编写检验记录的方式是否符合要求？有哪些不足之处？

（2）GMP 对于记录有哪些管理要求？

四、实训项目

1. 如果你打算在所在地开一家化妆品生产企业，请登录所在地省级药监部门或者省级政务服务的网站，查找所在地开办化妆品生产企业需要提交的实际资料以及流程。

2. 假设你是药监部门GMP检查员，对A化妆品公司开展日常飞行检查，检查发现A公司并未建立人员培训计划，生产质量管理文件有缺失，在生产润肤霜过程中存在生产记录写错批号、记录保存不当等问题，同时在生产美白祛斑精华液过程中无生产工艺规程、产品放行时未按产品放行管理制度执行。

（1）请依据《化妆品生产质量管理规范检查要点及判定原则》对检查发现的不符合项目进行类型评定，同时结合判定原则对A公司实施生产质量管理体系情况作出检查结论，并阐述依据的条款。

（2）针对A公司生产质量管理体系存在的缺陷，请依据《化妆品监督管理条例》《化妆品生产经营监督管理办法》，阐述违反的条款以及处罚依据。

书网融合……

本章小结　　习题

项目六　化妆品流通管理

PPT

学习目标

【知识要求】

1. 掌握化妆品经营者的进货查验义务；化妆品电子商务平台经营者和平台内经营者义务。
2. 熟悉化妆品的进出口贸易流程及法规要求。
3. 了解化妆品的流通方式以及国际贸易分类。

【技能要求】

能够独立开展化妆品的进出口业务操作；能够合法合规开展化妆品的经营活动。

【素质要求】

遵纪守法，并具有创业精神和国际视野。

任务一　化妆品经营管理

实例分析

实例　假设你经营一家化妆品店铺，从事销售各类化妆品的活动。最近你打算采购一款日本进口染发膏在自家店铺销售，在采购进货环节必须符合相关法规的要求。

问题　1. 你应该如何合规经营？

2. 在采购染发膏时应该查验哪些环节来保证产品的合法性？

一、化妆品的流通

（一）定义

化妆品流通是指化妆品从生产厂家经过一系列的周转环节，如批发、零售、运输等，最终到达消费者手中的过程。这个过程中可能涉及多个参与者，如生产厂商、品牌商、批发商、代理商、零售商、广告商、物流公司、仓储公司等。化妆品的流通方式可能因为化妆品品牌、产品种类、销售地区等多种因素的影响而有所不同。

（二）分类

1. 按照销售渠道分类　根据销售渠道是否依赖于互联网技术，化妆品的流通方式主要分为线上流通和线下流通。化妆品的线上流通和线下流通各有优势，许多化妆品品牌会同时采用线上线下双轨制、多平台的销售策略，以尽可能覆盖更多的消费者。

（1）线上流通　指化妆品通过互联网平台进行销售，包括电商平台（如京东、淘宝、拼多多等）、社交媒体销售（如抖音、小红书等）以及品牌自建电商平台等。

线上流通的特点：①覆盖范围广。可以突破地域限制，服务全国甚至全球的消费者；②购物便利。消费者可以随时随地进行购物，且产品比较、价格查询等都非常方便；③成本较低。相比于实体店，线上销售可以节省租金、人员等成本；④商品信息丰富。消费者可以通过网络获取丰富的产品信息，包括成分、使用方法、用户评价等。

（2）线下流通　指通过实体店销售化妆品，包括专卖店、百货商场柜台、超市等。

线下流通的特点：①实物展示。消费者可以亲自试用产品，感受产品质感，有助于增加购买决策的信心；②售前售后服务优。一般会有专业的化妆品顾问提供美容咨询、有良好的退换货政策等；③互动体验好。消费者可以享受到更多的购物体验，如品牌推广活动、试妆服务等；④货源稳定。一般不会出现断货情况。

2. 按照中间商的类型分类　按照流通环节是否借助代理商、经销商等中间商环节，化妆品的流通方式可以分为直销、代理销售、经销商销售、特许经营等不同方式。

（1）直销方式　指化妆品厂商直接将产品销售给消费者，不通过任何经销商或代理商。这种方式的特点是厂商可以直接控制产品的价格和销售策略，同时可以更好地收集消费者反馈。但是，直销方式需要厂商自行承担销售和物流的成本和风险。

（2）代理销售方式　指化妆品厂商授权代理商代表自己销售产品。代理商按照厂商的指导价格和销售策略进行销售，并从中获得一定的代理费。这种方式的特点是可以快速扩大销售网络，同时也可以分散销售和物流的风险。但是，代理商可能会影响品牌形象，因此需要对代理商进行严格的筛选和管理。

（3）经销销售方式　指化妆品厂商将产品批发给经销商，经销商再将产品销售给消费者。经销商可以自行确定零售价格，厂商通常无法控制其销售策略。这种方式的特点是可以进一步扩大销售网络，而且经销商通常会承担一部分库存风险。但是，经销商的销售策略可能会影响品牌形象，因此也需要进行严格的管理。

（4）特许经营方式　指化妆品厂商授权特许经营商使用其品牌名、商标和经营模式进行销售。这种方式的特点是可以快速扩大品牌影响力，同时也可以保持对销售策略的控制。但是，特许经营商的经营能力直接影响品牌形象，因此需要进行严格的筛选和培训。

二、化妆品经营一般要求

从事化妆品销售，企业需要遵循一系列关于化妆品销售的法律法规，以保障经营合规。

（一）化妆品经营准入

从事化妆品经营的主体，需要向企业住所地的县级以上市场监督部门申请营业执照，在营业范围中，需要覆盖化妆品经营，如化妆品的批发、零售（图 6－1）。从事化妆品互联网销售的主体，需要具备互联网销售化妆品经营资质。从事化妆品进出口的主体，需要向属地海关办理进出口经营资质。

（二）化妆品经营者义务

化妆品经营者应当建立并执行进货查验记录制度，查验直接供货者的市场主体登记证明、特殊化妆品注册证或者普通化妆品备案信息、化妆品的产品质量检验合格证明并保存相关凭证，如实记录化妆品名称、特殊化妆品注册证编号或者普通化妆品备案编号、使用期限、净含量、购进数量、供货者名称、地址、联系方式、购进日期等内容。

实行统一配送的化妆品经营者，可以由经营者总部统一建立并执行进货查验记录制度，按照本办法

企业注册号：9[redacted]468
企业名称：浙江[redacted]电子商务有限公司
类　　型：有限责任公司(非自然人投资或控股的法人独资)
住　　所：浙江省杭州市西湖区[redacted]
法定代表人：[redacted]
成立时间：2012-11-16
注册资本：1000万人民币元
营业期限：2012-11-16至2062-11-15
经营范围：一般项目：互联网销售（除销售需要许可的商品）；消毒剂销售（不含危险化学品）；第一类医疗器械销售；日用品销售；化妆品零售；化妆品批发；服装服饰批发；服装服饰零售；信息技术咨询服务；技术服务、技术开发、技术咨询、技术交流、技术转让、技术推广；市场营销策划；企业管理；信息咨询服务（不含许可类信息咨询服务）；美容仪器零售；美容用品零售(除依法须经批准的项目外，凭营业执照依法自主开展经营活动)。许可项目：食品经营（销售预包装食品）(依法须经批准的项目，经相关部门批准后方可开展经营活动，具体经营项目以审批结果为准)。
登记机关：杭州市西湖区市场监督管理局
核准时间：2019-06-17

图 6－1　某化妆品经营企业营业执照公示内容

的规定，统一进行查验记录并保存相关凭证。经营者总部应当保证所属分店能提供所经营化妆品的相关记录和凭证。化妆品经营者不得自行配制化妆品。

（三）特殊主体的经营者义务

1. 集中交易市场开办者与展销会举办者　化妆品集中交易市场开办者、展销会举办者应当建立保证化妆品质量安全的管理制度并有效实施，承担入场化妆品经营者管理责任，督促入场化妆品经营者依法履行义务，每年或者展销会期间至少组织开展一次化妆品质量安全知识培训。

化妆品集中交易市场开办者、展销会举办者应当建立入场化妆品经营者档案，审查入场化妆品经营者的市场主体登记证明，如实记录经营者名称或者姓名、联系方式、住所等信息。入场化妆品经营者档案信息应当及时核验更新，保证真实、准确、完整，保存期限不少于经营者在场内停止经营后 2 年。化妆品展销会举办者应当在展销会举办前向所在地县级负责药品监督管理的部门报告展销会的时间、地点等基本信息。

化妆品集中交易市场开办者、展销会举办者应当建立化妆品检查制度，对经营者的经营条件以及化妆品质量安全状况进行检查。发现入场化妆品经营者有违反相关规定行为的，应当及时制止，依照集中交易市场管理规定或者与经营者签订的协议进行处理，并向所在地县级负责药品监督管理的部门报告。鼓励化妆品集中交易市场开办者、展销会举办者建立化妆品抽样检验、统一销售凭证格式等制度。

2. 美容美发机构、宾馆　美容美发机构、宾馆等在经营服务中使用化妆品或者为消费者提供化妆品的，应当依法履行规定的化妆品经营者义务。美容美发机构经营中使用的化妆品以及宾馆等为消费者提供的化妆品应当符合最小销售单元标签的规定。

美容美发机构应当在其服务场所内显著位置展示其经营使用的化妆品的销售包装，方便消费者查阅化妆品标签的全部信息，并按照化妆品标签或者说明书的要求，正确使用或者引导消费者正确使用化妆品。

三、化妆品网络经营管理

随着信息技术的日新月异以及电商行业的兴起，越来越多的消费者选择通过网络购买化妆品，互联网已经成为化妆品销售的主要渠道之一。传统电商平台、短视频平台以及内容营销平台都是化妆品网络经营的重要渠道，其中以直播带货这种形式较为常见。化妆品作为直播电商中最常见的品类，其自身的性质、营销手段及供应链特点与直播电商的销售模式及生态契合度较高，通过直播电商，化妆品品牌商不仅可以提高产品的销售转化率、曝光率和复购率，同时依托直播的内容营销，可以提高用户黏度，进行品牌建设。这些网络营销渠道为化妆品产业链各方带来巨大经济效益及价值增值的同时，也存在较多的问题，比如质量难以保证、虚假宣传、流量数据造假、售后维权难等。同时，一些化妆品的网络销售的低价策略进一步压缩上游供应商的利润，使一些化妆品供应商不断压低生产成本，不惜以牺牲质量为代价，出现销售非法添加违禁物质、假冒知名品牌的化妆品事件。

典型案例

被告人周某先后租赁某厂房，作为直播场所和仓储场地，从某平台购进假冒的化妆品，并通过另一个平台以直播带货的方式进行销售。公安人员当场抓获三名被告人，并现场查获带有“CHANEL”“GIVENCHY”“Dior”等注册商标的精华液、面霜、香水等化妆品和使用说明标签、防伪标签等，以及其他作案工具。经注册商标权利人确认，上述查扣的化妆品均为假冒注册商标的商品，经核算，共计价值78385.30元。

除周某外，被告人刘某、翁某也因为参与其中被抓。刘某在明知销售的化妆品为假冒的情况下，仍协助周某进行直播销售。而被告人翁某负责客服和售后工作。截至被抓获前，被告人周某、刘某已销售上述假冒品牌化妆品共计345290.30元，被告人翁某参与销售上述假冒品牌化妆品共计91188.20元。

判决结果：法院以销售假冒注册商标的商品罪分别判处被告人周某、刘某等人有期徒刑八个月至三年四个月不等，并处罚金人民币八千元至十万元不等，同时追缴违法所得及没收假冒注册商标的化妆品、作案工具。

为规范化妆品网络经营和化妆品电子商务平台服务行为，2023年4月，国家药品监督管理局发布《化妆品网络经营监督管理办法》，自2023年9月1日起施行。《化妆品网络经营监督管理办法》对化妆品电子商务平台经营者义务、平台内化妆品经营者义务以及相关的监督管理进行详细阐述。

（一）监管对象和监管部门

化妆品电子商务经营者包括化妆品电子商务平台经营者、平台内化妆品经营者以及通过自建网站、其他网络服务经营化妆品的电子商务经营者。通过自建网站以及其他网络服务经营化妆品的企业，应当履行平台内化妆品经营者的义务。

化妆品网络经营的监管部门为各级药品监督管理部门。国家药品监督管理局负责组织指导全国化妆品网络经营、化妆品电子商务平台服务的监督管理工作。县级以上地方人民政府负责药品监督管理的部门依职责负责本行政区域内化妆品网络经营、化妆品电子商务平台服务的监督管理工作。

（二）化妆品电子商务平台经营者义务

化妆品电子商务平台经营者应当依法承担平台内化妆品经营者管理责任，建立实名登记、日常检查、违法行为制止及报告、投诉举报处理等化妆品质量安全管理制度并有效实施，并应当依照《中华人民共和国电子商务法》有关要求制定平台服务协议和交易规则，其中有关进入和退出平台、商品和服务质量保障、消费者权益保护等内容应当包括平台内化妆品经营者主体资质审核、产品信息发布规则、违法行为处置等方面的要求。

1. 建立质量安全管理机构　化妆品电子商务平台经营者应当设置化妆品质量安全管理机构，或者配备专兼职质量安全管理人员。化妆品质量安全管理机构或者质量安全管理人员负责建立并实施化妆品质量安全管理制度，并组织开展平台内化妆品经营者的日常检查。

2. 实名登记　化妆品电子商务平台经营者应当要求申请入驻平台的化妆品经营者提交身份、地址、联系方式等真实信息，进行核验、登记，建立登记档案，并至少每6个月核验更新一次。化妆品电子商务平台经营者对平台内化妆品经营者身份信息的保存时间自其退出平台之日起不少于3年。

3. 日常检查 化妆品电子商务平台经营者应当建立平台内化妆品经营者日常检查制度，日常检查包括入网产品信息发布检查、日常经营行为检查等。日常检查应当制定检查计划，明确检查对象、检查频次、检查内容，并形成检查记录。检查记录应当至少包括检查的平台内化妆品经营者身份信息、检查内容、检查结果、处置措施等信息，记录保存期限不得少于2年。

（1）入网产品信息发布检查 化妆品电子商务平台经营者应当在平台内化妆品经营者入驻平台发布化妆品产品信息时开展检查，核实平台内化妆品经营者发布的产品名称、特殊化妆品注册证编号、产品执行的标准编号等信息与国家药品监督管理局官方网站公布的相应产品信息的一致性。鼓励化妆品电子商务平台经营者利用信息化等技术手段开展入网产品发布信息检查。

（2）日常经营行为检查 化妆品电子商务平台经营者应当根据产品风险情况，定期组织对平台内化妆品经营者开展日常经营行为检查，重点检查以下内容：①检查平台内化妆品经营者经营的化妆品是否存在未经注册或者未备案、冒用他人化妆品注册证编号或者备案编号等情况；②检查平台内化妆品经营者展示的化妆品标签等信息是否与国家药品监督管理局官方网站公布的相应产品信息一致；③检查平台内化妆品经营者展示的化妆品标签信息是否存在明示或者暗示具有医疗作用、虚假或者引人误解、违反社会公序良俗等法律法规禁止标注的内容。鼓励化妆品电子商务平台经营者定期对入网经营的化妆品采取抽样检验等方式进行质量安全监测，排查入网化妆品的产品质量安全风险。

化妆品电子商务平台经营者应当主动收集省级以上药品监督管理部门发布的关于抽样检验、暂停或者停止经营化妆品等涉及产品质量安全的监管公开信息，并及时开展平台内自查。

4. 违法行为制止及报告

（1）及时制止措施 化妆品电子商务平台经营者通过开展日常检查、监管公开信息自查等质量安全管理活动或者收到负责药品监督管理的部门信息通报等方式，发现平台内化妆品经营者存在违法经营化妆品行为的，应当依法或者依据平台服务协议和交易规则采取删除、屏蔽、断开链接等必要措施及时制止。化妆品电子商务平台经营者发现有下列严重违法行为的，应当依法或者依据平台服务协议和交易规则立即停止向平台内化妆品经营者提供电子商务平台服务：①因化妆品质量安全相关犯罪被人民法院判处刑罚的；②因化妆品质量安全违法行为被公安机关拘留或者给予其他治安管理处罚的；③被负责药品监督管理的部门依法作出吊销许可证、责令停产停业等处罚的；④其他严重违法行为。

（2）及时报告义务 化妆品电子商务平台经营者对发现的违法经营化妆品行为采取措施及时制止后，对于涉及产品质量安全重大信息的情形，应当自发现之日起10日内将相关情况及平台内化妆品经营者涉嫌违法经营的线索报告平台内化妆品经营者实际经营地省级药品监督管理部门，内容包括涉及平台内化妆品经营者的主体信息、涉及产品的信息、质量安全重大信息相关情况说明、化妆品电子商务平台经营者已做出的处置措施等信息。涉及产品质量安全重大信息的情形如下：①因使用入网经营的化妆品导致人体全身性损害、危及生命或者造成死亡的；②有证据表明入网经营的化妆品中使用禁用原料或者非法添加可能危害人体健康物质的；③入网经营的化妆品存在其他重大产品质量安全问题。

化妆品电子商务平台经营者应当每季度将本平台发现的平台内化妆品经营者违法经营行为以及处置措施书面报告化妆品电子商务平台经营者住所地省级药品监督管理部门。化妆品电子商务平台经营者住所地省级药品监督管理部门应当审核化妆品电子商务平台经营者的书面报告，发现化妆品电子商务平台经营者未采取必要措施及时制止违法行为或者未按要求向省级药品监督管理部门报告涉嫌违法经营线索的，化妆品电子商务平台经营者住所地省级药品监督管理部门应当依法进行调查处理。

5. 技术支持 化妆品电子商务平台经营者应当为平台内化妆品经营者依法履行化妆品信息披露等

义务提供必要的技术支持和服务。鼓励化妆品电子商务平台经营者与负责药品监督管理的部门建立开放数据接口等形式的自动化信息报送机制。

化妆品电子商务平台经营者应当加强对平台内化妆品经营者相关法规知识的宣传培训，宣传培训内容应当包括化妆品相关法律法规、平台内化妆品经营者法律义务和法律责任、平台服务协议和交易规则、化妆品信息发布要求等。

（三）平台内化妆品经营者的法律义务

1. 进货查验义务 平台内化妆品经营者应当建立并执行进货查验记录制度，查验直接供货者的市场主体登记证明、特殊化妆品注册证或者普通化妆品备案信息、化妆品的产品质量检验合格证明并保存相关凭证，如实记录化妆品名称、特殊化妆品注册证编号或者普通化妆品备案编号、使用期限、净含量、购进数量、供货者名称、地址、联系方式、购进日期等内容。经营儿童化妆品的，还应当查验儿童化妆品标志，并对所经营儿童化妆品标签信息与国家药品监督管理局官方网站上公布的相应产品信息进行核对。

2. 信息披露义务 平台内化妆品经营者应当履行化妆品信息披露的义务，全面、真实、准确、清晰、及时披露与注册或者备案资料一致的化妆品标签等信息。披露的化妆品标签信息应当包含其所经营化妆品标签的全部内容，其中产品名称、产品执行的标准编号应当在其产品展示页面显著位置以文字形式展示；披露的其他有关产品安全、功效宣称的信息应当与其所经营化妆品的注册或者备案资料中标签信息和功效宣称依据摘要的相关内容一致。鼓励平台内化妆品经营者展示其所经营化妆品的特殊化妆品注册证或者普通化妆品备案信息。

3. 风险控制与召回义务 平台内化妆品经营者应当积极配合化妆品电子商务平台经营者开展日常检查、监管公开信息自查等质量安全管理活动，及时、准确地向化妆品电子商务平台经营者提供相关产品信息，并配合化妆品电子商务平台经营者采取必要措施控制风险。

平台内化妆品经营者应当关注所经营化妆品涉及产品质量安全的监管公开信息，对于经监管部门抽样检验认定为不符合规定的特定批次化妆品，平台内化妆品经营者应当立即停止经营。抽样检验涉及检出禁用原料或者可能危害人体健康物质、儿童化妆品不符合规定等情形的，平台内化妆品经营者应当立即停止经营不符合规定的特定批次产品；对于同一品种的其他批次产品，平台内化妆品经营者仍继续经营的，应当以显著方式对该化妆品抽样检验不符合规定的监管公开信息或者化妆品注册人、备案人针对产品抽样检验不符合规定开展自查的情况报告予以公示，相关信息应当持续公示一年，供消费者选购时参考。

平台内化妆品经营者发现所销售化妆品存在质量缺陷或者其他问题，可能危害人体健康的，应当立即停止经营，并通知相关化妆品注册人、备案人。化妆品注册人、备案人应当依法实施召回。化妆品注册人、备案人、平台内化妆品经营者未依法实施召回或者停止经营的，负责药品监督管理的部门责令其实施召回或者停止经营。平台内化妆品经营者应当依照有关法律法规的规定和化妆品标签标示的要求贮存、运输化妆品，定期检查并及时处理变质或者超过使用期限的化妆品。

（四）化妆品网络经营的监管要求

国家药品监督管理局组织各级负责药品监督管理的部门利用技术手段加强对化妆品网络经营和化妆品电子商务平台服务等活动的网络监测。监管部门应当加强与化妆品电子商务平台经营者信息共享，鼓励其对本平台内化妆品经营者的经营行为开展网络监测。

1. 管辖权限 化妆品电子商务平台经营者和通过自建网站、其他网络服务经营化妆品的化妆品电子商务经营者的违法行为由其住所地县级以上负责药品监督管理的部门管辖，其中化妆品电子商务平台经营者未依照化妆品监督管理条例规定履行实名登记、制止、报告、停止提供电子商务平台服务等管理义务的违法行为，由其住所地省级药品监督管理部门管辖。

平台内化妆品经营者的违法行为由其实际经营地县级以上负责药品监督管理的部门管辖。化妆品电子商务平台经营者住所地县级以上负责药品监督管理的部门先行发现违法线索或者收到投诉、举报的，也可以进行管辖。

不具备管辖权的负责药品监督管理的部门先行发现平台内化妆品经营者涉嫌违法经营线索的，应当初步收集和固定证据，并将涉嫌违法的平台内化妆品经营者实际经营地址、产品页面图片、网址链接等移交至平台内化妆品经营者实际经营地县级以上负责药品监督管理的部门。

2. 监管配合 平台内化妆品经营者实际经营地负责药品监督管理的部门经调查认为平台内化妆品经营者的违法经营行为涉及化妆品质量安全的，应当及时向化妆品标签标示的化妆品注册人、备案人、境内责任人住所地同级负责药品监督管理的部门通报相关信息。化妆品注册人、备案人、境内责任人住所地负责药品监督管理的部门收到通报信息后，应当及时组织开展监督检查，依法查处违法行为。

负责药品监督管理的部门发现平台内化妆品经营者所经营化妆品造成人体伤害或者有证据证明可能危害人体健康，依法要求化妆品电子商务平台经营者采取必要处置措施控制风险的，化妆品电子商务平台经营者应当予以配合。

任务二 化妆品进出口管理

实例分析

实例 我国多个品牌的化妆品成功出口到海外，展现了中国化妆品行业在国际市场的竞争力和影响力，如丸美、美加净、珀莱雅、完美日记、花西子等品牌产品，在美国亚马逊网站及东南亚LAZADA网站等的销售页面均可见我国化妆品在售。

问题 1. 如何看待化妆品出口国外这一现象？

2. 化妆品出口到国外，需要哪些出口手续，以及遵守哪些规定？

一、化妆品国际贸易

（一）化妆品国际贸易概述

化妆品的国际贸易是指各国（各地区）的化妆品实物及相关服务的交换，包括化妆品的进出口、国际运输、国际分销、设计、支付等各个环节，并且要遵循相关的国际法规和商业惯例。

化妆品国际贸易具有极其重要的意义。首先，开展国际贸易可以拓展全球市场，增加销售渠道，提高企业的知名度和影响力；其次，通过国际贸易，可以提升企业和品牌的国际形象，提高品牌的全球影响力；最后，通过与国外企业的贸易交流，可以学习国外先进的化妆品技术和管理经验，提升自身的竞争力，推动全球化妆品行业的发展。

（二）化妆品国际贸易的分类

根据不同的分类标准，化妆品国际贸易可以分为以下几种类型。

1. 按照贸易流向的分类 根据化妆品贸易的流向，可以分为出口贸易、进口贸易和过境贸易。出口贸易是指化妆品生产国将产品销售到其他国家；进口贸易是指购买其他国家的化妆品；过境贸易是化妆品由生产国运往消费国途中，途经其他国家，对途经国家来说，即为过境贸易。

2. 按照贸易途径的分类 按照贸易途径，可以分为直接贸易、间接贸易和转口贸易。直接贸易是指商品不通过第三国，直接从生产国输入到消费国的贸易，就生产国而言是直接出口，就消费国而言是直接进口；间接贸易是指商品生产国通过第三国同商品消费国进行商品买卖的行为，生产国是间接出口，消费国是间接进口；转口贸易是指化妆品生产国与消费国通过第三国进行的贸易，对第三国来说，则是转口贸易。

3. 按照贸易手段的分类　按照化妆品是否借助信息化手段通过互联网平台进行国际贸易，可以分为一般贸易和跨境电商。一般贸易是指通过传统的进出口贸易方式进行化妆品境内外交易，即通过海关边境口岸进行物流、支付和报关等程序。而跨境电商贸易是指通过互联网和电子商务平台进行跨境交易，消费者可以在线直接购买化妆品并付款，然后产品直接从境外发货。

二、化妆品一般贸易

（一）化妆品一般贸易出口

通过一般贸易出口是我国化妆品企业走出国门，抢占国际市场的重要方式。随着文化自信回归，民族品牌崛起，营销方式多元化，中国化妆品国际竞争力不断增强。

1. 化妆品一般贸易出口流程

（1）订单确认　卖方应通过邮件、电话、信函、在线通信工具等沟通方式与买方确认化妆品国际贸易订单的相关内容，包括但不限于确认商品名称、规格、数量、价格、交易币种、付款方式、交货期、贸易术语、单据要求、装箱要求等。通常而言，买卖双方一般通过签订销售合同、出口合同或销售确认书等书面形式来确认订单细节。

（2）商品准备　买卖双方确认订单后，卖方应按照双方交易约定及时做好备货工作。化妆品的备货通常包括化妆品原料及包材的采购、生产、包装、质量检验及留样等环节。卖方应确保从可靠的供应商采购符合合同约定质量的原料和包材。生产过程应遵循 GMP 和质量控制标准，确保产品质量和安全。出口化妆品的包装设计一般以买方要求为主，还需要符合目的国有关包装质量和标签标识的法规要求。

（3）运输安排　当化妆品完成生产且质检合格，买卖双方需要根据订单确认时约定的贸易术语安排国际运输。依据国际商会（International Chamber of Commerce，ICC）公布的《国际贸易术语解释通则 2020》，如果买卖双方约定的贸易术语是 EXW、FCA、FAS 及 FOB，通常由买方负责国际运输；如果买卖双方约定的贸易术语是 CPT、CIP、DAP、DPU、DDP、CFR 及 CIF，则通常由卖方负责国际运输（表 6－1）。

表 6－1　贸易术语与运输安排

贸易术语	适合的运输方式	运输安排
EXW：工厂交货（指定地点）	适合任何运输方式	由买方指定相关承运人前往卖方指定地点提货并安排后续的国际运输
FCA：货交承运人（指定地点）		卖方将货物运送至指定的地点交给买方指定的承运人，由买方负责安排后续的国际运输
CPT：运费付至（指定目的地）		卖方负责将货物运至买方指定目的地
CIP：运费保险费付至（指定目的地）		卖方负责将货物运至买方指定目的地
DAP：目的地交货（指定目的地）		卖方负责将货物运至买方指定目的地
DPU：卸货地交货（指定目的地）		卖方负责将货物运至买方指定目的地
DDP：完税后交货（指定目的地）		卖方负责将货物运至买方指定目的地

续表

贸易术语	适合的运输方式	运输安排
FAS：船边交货（指定装运港）	适合海洋运输及内河运输	卖方将货物运至买方指定装运港的船边或驳船内交货，买方负责自装运港船边或驳船起的运输
FOB：装运港船上交货（指定装运港）		卖方负责将货物运到合同约定的装运港口并装到买方指定的船上，买方负责租船订舱工作
CFR：成本加运费（指定目的港）		卖方负责在合同规定的时间内将货物装上船，运往指定目的港
CIF：成本加保险费加运费（指定目的港）		卖方负责在合同规定的时间内将货物装上船，运往指定目的港

在安排化妆品国际运输时，还需要确认是否属于危险化学品。部分化妆品可能含有易燃易爆化学物质，如香水、指甲油、摩丝等一般都属于危险化学品。有些化妆品装在气雾剂容器中，如补水喷雾、防晒喷雾等，因为其内含压力气体，并可能有易燃性，且在运输过程中，气雾剂也有爆炸、易燃等危险性，因此气雾剂类化妆品一般也被认定为危险化学品。如果物流承运机构鉴定结果确认为危险品，出口企业必须如实提供对应化妆品的物质安全数据表（Material Safety Data Sheet，MSDS）所示的危险品类别、危规编号、详细的货物数量以及内外包装图片，才能订舱安排后续的运输。

（4）报关报检　报关报检是办理进出口通关过程中的两个不同环节。企业在出口化妆品时，需要完成报关报检。报关，指出口化妆品离开关境前，向海关申报的手续，涉及向海关申报、交验单据证件，并接受海关的监管和检查。每一票出口货物，都需要向海关如实报关。报关的基本程序包括申报、查验、征税、放行，报关包含清关，且清关是报关的重要组成部分。报检，指化妆品出口前的生产、经营部门，按照相关法律法规和条例的规定，向海关申请办理检验、鉴定手续。与报关相比，报检重在检验货物的品质和数量。报关报检的申报界面如图6-2所示。

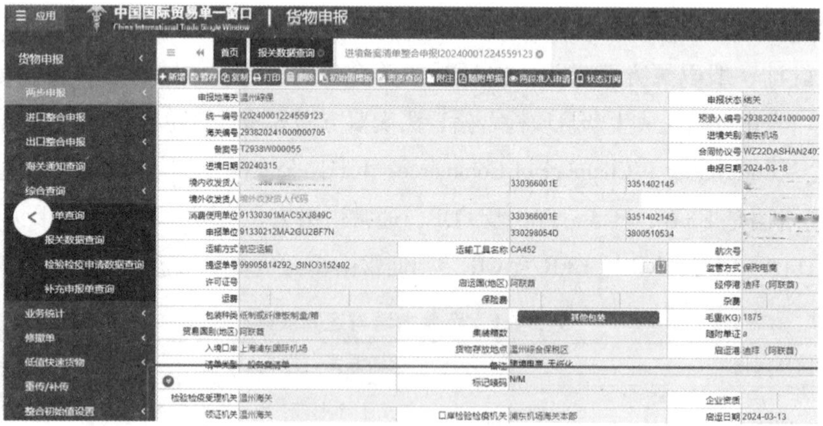

图6-2　中国国际贸易单一窗口报关报检界面

在化妆品国际贸易实务中，通常由卖方负责出口报关报检，由买方负责进口报关报检。但是，当买卖双方约定的贸易术语为EXW和FCA时，出口报关报检亦由买方负责；而当贸易术语为DDP时，则进口报关报检亦由卖方负责（表6-2）。

表6-2　贸易术语与进出口报关企业

贸易术语	出口报关	进口报关
EXW：工厂交货（指定地点）	买方	买方
FCA：货交承运人（指定地点）	买方	买方

续表

贸易术语	出口报关	进口报关
CPT：运费付至（指定目的地）	卖方	买方
CIP：运费保险费付至（指定目的地）	卖方	买方
DAP：目的地交货（指定目的地）	卖方	买方
DPU：卸货地交货（指定目的地）	卖方	买方
DDP：完税后交货（指定目的地）	卖方	卖方
FAS：船边交货（指定装运港）	卖方	买方
FOB：装运港船上交货（指定装运港）	卖方	买方
CFR：成本加运费（指定目的港）	卖方	买方
CIF：成本加保险费加运费（指定目的港）	卖方	买方

（5）货款结算 在化妆品国际贸易货款支付时，主要涉及以下三类国际结算工具。①汇付（Remittance）：指付款人通过银行或其他支付机构将款项直接汇给收款人的国际结算方式，分为电汇（T/T）、信汇（M/T）和票汇（D/T），其中电汇（T/T）因操作快捷、费用实惠成为当今最常用的汇付工具。在汇付中，涉及四个当事人，即汇款人（买方）、收款人（卖方）、汇出行（委托汇款的银行）和汇入行（收款人所在地的银行）。汇付这是最高效的支付方式之一，通常在货物交付之前或过程中进行。汇付的优点是简单快捷、手续费低，但风险较高，因为一旦款项汇出，就无法撤回。②托收（Collection）：指卖方将其出口货物的单据和付款要求交给自己的银行，然后由银行代表卖方向买方的银行提出付款要求。根据交单条件的不同，托收分为付款交单（D/P）和承兑交单（D/A）。付款交单（D/P）是买方收到银行付款通知后在规定时间内向银行支付货款，再领取相关出运单据，并提取货物；承兑交单（D/A）是指买方只要在银行办理承兑即可领取出运单据，并提取货物。承兑并不涉及货款的实际支付，货款的支付是在汇票到期日进行。托收相对于汇付而言，涉及到更多的文件和环节，但在风险分担和信任建立方面更具可行性。托收属于商业信用，银行只是作为出口人的受托人行事，没有承担付款的责任。③信用证（Letter of Credit，L/C）：是一种由开证行代表进口商向出口商提供的书面保证，承诺在符合信用证条款的条件下，凭信用证规定单据向出口商或其指定方进行付款。信用证是一种银行信用，开证行承担第一付款责任。信用证支付方式的优点是货款支付以取得符合信用证规定的货运单据为条件，对进口商而言，避免了预付货款的风险。但信用证支付方式的程序较为复杂，费用也较高，通常适用于大额交易和买卖双方还未建立互信的情况。

由于汇付、托收和信用证的支付方式、单据要求、风险分担、银行角色、费用及时效等方面均有较大的差异，在国际贸易实务环节，具体选择哪种支付方式，需要根据实际情况进行判断，包括但不限于交易双方的信誉、交易金额、交货期限、产品特性等因素都需要考虑。通常而言，如果双方的合作历史较长，卖方一般要求买方通过汇付先收取一定的预付款，尾款可能通过汇付或托收等方式进行。

2. 出口报关报检所需资料

（1）出口货物报关单 简称报关单，主要记载出口人信息（名称、地址、联系电话、税务登记证号码、海关注册登记号码等基本信息，这些信息是海关核实出口货物来源和出口企业资质的重要依据）、收货人信息（名称、地址、联系电话等信息，有助于海关追踪货物的最终流向）、货物描述（出口货物的名称、规格、型号、品牌等信息，是报关单的核心内容之一，方便海关了解货物性质、分类以及进行监管）、数量及单位、毛重与净重、货物价值（通常以货币形式表示，是海关计算关税、进行贸易统计的重要依据）、出口日期（货物实际离境的日期）、运输方式（海运、空运、陆运等）。出口报关单在确保出口货物的合法性和合规性、促进贸易活动的顺利进行、为政府提供决策支持以及维护国家经济安全等方面都具有重要意义，所有进出口企业都需要如实填写出口报关单（图6－3）。

中华人民共和国海关出口货物报关单

预录入编号　海关编号　（栎社海关）　仅供核对用　页码/页数:1/1

境内发货人	出境关别 (3115) 栎社海关	出口日期	申报日期 20221117	备案号 B531021A0014
境外收货人	运输方式 (W) 物流中心	运输工具名称及航次号	提运单号	
生产销售单位	监管方式 (0214) 来料加工	征免性质 (502) 来料加工	许可证号	
合同协议号	贸易国（地区） (HKG) 中国香港	运抵国（地区） (ESP) 西班牙	指运港 (CHN000) 中国境内	离境口岸 (380001) 宁波

包装种类 (22) 纸制或纤维板制盒/箱	件数 150	毛重(千克) 560	净重(千克) 500	成交方式 (3) FOB	运费	保费	杂费

随附单证及编号
随附单证1:保税核注清单QD531022E000054948 随附单证2:代理报关委托协议（电子）;装箱单;合同;发票

标记唛码及备注

项号	商品编号	商品名称及规格型号	数量及单位	单价/总价/币制	原产国(地区)	最终目的国(地区)	境内货源地	征免
1 (21)	3304990039	玫瑰水 4|3|护肤用|100ML/瓶|OLIVIA BRAND|无其他			中国 (CHN)	西班牙 (ESP)	(44139)惠州其他	全免 (3)

特殊关系确认:否　价格影响确认:否　支付特许权使用费确认:否　公式定价确认:否　暂定价格确认:否　自报自缴:否

报关人员 申报单位	报关人员证号	电话	兹申明对以上内容承担如实申报、依法纳税之法律责任 申报单位（签章）	海关批注及签章

图6－3　出口化妆品报关单示例

（2）合同或销售确认书、发票、装箱单　在出口化妆品时，需要向海关提供买卖双方签订的合同或销售确认书、发票、装箱单等单据。①合同或销售确认书（Contract/Sales Confirmation）：是买卖双方将交易磋商环节敲定的交易调节通过书面来约定的一种文件形式，主要包含买卖双方的企业信息）、货物描述、交货时间及交货地点、运输方式、付款方式、质量条款、违约条款、仲裁与索赔条款等；②发票（Invoice）：通常发票上需要记载买卖双方全称和联系方式、详细的货物描述、出票日期、发票号码、付款方式等；③装箱单（Packing List）：需要记载买卖双方全称和联系方式、详细的货物描述、装箱日期、装箱单号码。

（3）商品检验证明　出口化妆品由产地海关实施检验，口岸海关根据监管需要对出口化妆品实施现场检查和监督抽检。出口化妆品经产地海关检验合格，进口国家对证书有要求的，应当按照要求同时出具有关检验检疫证书。出口化妆品经检验不合格的，可以在海关的监督下进行技术处理，经重新检验检疫合格的，方准出口。不能进行技术处理或者技术处理后重新检验仍不合格的，不准出口。

（4）原产地证书（Certificate of Origin，CO）　是出口国的特定机构出具的证明其出口货物为该国家原产的一种证明文件，主要记载买卖双方的企业信息、运输工具、目的国、原产国、货物描述、数量、海关编码、发票号码和出票日期等信息。原产地证书是贸易关系人交接货物、结算货款、索赔理赔、进口国通关验收、征收关税的有效凭证，是出口国享受配额待遇、进口国对不同出口国实行不同贸易政策的凭证。中国国际贸易促进委员会及其地方分会依据《中华人民共和国进出口货物原产地条例》签发原产地证书。近年来，随着世界经济一体化的加快，区域间自由贸易快速增长，我国加快实施自由贸易区战略。截至2024年1月底，我国已与全球29个国家和地区签署了22项自由贸易协定（Free Trade Agreement，FTA）。自由贸易协定项下出具的原产地证书即为区域性优惠原产地证书，是我国的原产货物出口到缔约方进口国海关通关时，国外客户享受关税减免待遇的必要凭证。

（5）其他相关文件　根据买方在目的国进口清关或上市要求，可能还要求卖方提供其他文件，如产品注册备案证书、销售授权书、商标注册证明等。

（二）化妆品一般贸易进口

1. 化妆品一般贸易进口流程

（1）选择产品　选择合适的进口化妆品，是进口化妆品企业的首要考虑因素。在选择进口化妆品时，进口企业需要综合考虑市场需求、消费习惯、质量管理、品牌声誉、价格定位等因素。进口企业首先需要借助市场调研深度了解目标市场的需求，包括消费者的年龄、性别、肤质、消费习惯，挖掘最适合目标市场的目标化妆品。再综合考查境外化妆品生产企业的质量管理制度、品牌美誉度、交易条件、国际供应链水平等综合因素筛选出合适的境外化妆品生产企业。

（2）注册备案　特殊化妆品需要在进口前由化妆品注册申请人按照我国药品监督管理部门的要求提交申请资料完成注册。需要注意的是，进口特殊化妆品注册证有效期5年，注册证有效期届满需要延续的，注册人应当在产品注册证有效期届满前90个工作日至30个工作日期间提出延续注册申请，否则将导致无法继续进口相关特殊化妆品。普通化妆品进口前，化妆品备案人须按照我国药品监督管理部门的要求通过信息服务平台提交备案资料完成备案。已经备案的进口普通化妆品拟在境内责任人所在省、自治区、直辖市行政区域以外的口岸进口的，应当通过信息服务平台补充填报进口口岸以及办理通关手续的联系人信息。

（3）订单确认　买方应通过邮件、电话、信函、在线通信工具等沟通方式与卖方确认化妆品进口采购订单的相关内容，包括但不限于确认商品名称、规格、数量、价格、交易币种、付款方式、交货期、贸易术语、单据要求、装箱要求、装船口岸、运输工具等。买方一般通过签订采购合同、进口合同或采购订单等书面形式来确认交易细节。

（4）运输安排　当化妆品完成生产且质检合格，买卖双方需要根据订单确认时约定的装箱时间和地点以及运输方式安排国际运输。与化妆品出口环节类似，具体由买方还是卖方来安排国际运输，需要由买卖双方约定的贸易术语来确定，另外选择运输工具时还需要判断进口化妆品是否为危险品，确保运输安全。

（5）报关报检　与出口化妆品在出口时需要报关报检一样，化妆品进口时也需要在中国国际贸易单一窗口进行报关报检。进口化妆品由收货人申报的目的地海关实施检验，海关总署根据便利贸易和进口检验工作的需要，可以指定在其他地点检验。进口化妆品经检验合格的，海关出具《入境货物检验检疫证明》，并列明货物的名称、品牌、原产国家（地区）、规格、数/重量、生产批号/生产日期等。进口化妆品取得《入境货物检验检疫证明》后，方可销售、使用。

（6）支付税费　进口化妆品需要根据商品税则编号，支付相应的关税、增值税和消费税。化妆品的关税税率和征税规定可能会因商品种类、原产地、贸易协议等因素而有所不同。如图6－4所示，唇用化妆品的最惠国关税为5%，烫发剂的最惠国关税为3%，而与我国有自贸协定的东盟化妆品，则享受零关税。为引导合理消费，国家对进口完税价格在10元/毫升（克）或15元/片（张）及以上的部分高档美容修饰类和高档护肤类化妆品征收15%的消费税，具体征收类目详见表6－3。目前，化妆品的增值税税率统一为13%，由进口企业先行缴纳。上述税费都是进口化妆品必须缴纳的重要部分，具体的税率和规定可能会随政策更新而变化，因此在实际操作中，需要及时关注官方通知。

序号	税则号列	货品名称	最惠国税率（%）	协定税率（%）	特惠税率（%）	普通税率（%）
2790	3304.1000	-唇用化妆品	5	0　东盟AS，智CL，新西兰NZ，新加坡SG，秘PE，哥CR，瑞CH，冰IS，澳AU，格GE，毛MU，柬KH，尼NI，港HK，澳门MO 2.5　巴PK 5　东盟[R]AS[R]，澳[R]AU[R]，新西兰[R]NZ[R]	0　受惠国LD	150
2791	3304.2000	-眼用化妆品	5	0　东盟AS，智CL，新西兰NZ，新加坡SG，秘PE，哥CR，瑞CH，冰IS，澳AU，格GE，毛MU，柬KH，尼NI，港HK，澳门MO 2.5　巴PK 5　东盟[R]AS[R]，澳[R]AU[R]，新西兰[R]NZ[R]	0　受惠国LD	150
	33.05	护发品：				
2795	3305.1000	-洗发剂（香波）	3△2	0　东盟AS，智CL，巴PK，新西兰NZ，新加坡SG，秘PE，哥CR，瑞CH，澳AU，格GE，毛MU，柬KH，尼NI，港HK，澳门MO 2　亚太AP 3　东盟[R]AS[R]，澳[R]AU[R]，新西兰[R]NZ[R] 4.2　韩KR	0　受惠国LD	150
2796	3305.2000	-烫发剂	3	0　东盟AS，智CL，新西兰NZ，新加坡SG，秘PE，哥CR，瑞CH，冰IS，澳AU，格GE，毛MU，柬KH，尼NI，港HK，澳门MO 3　东盟[R]AS[R]，澳[R]AU[R]，新西兰[R]NZ[R] 12　巴PK	0　受惠国LD	150

图6－4　进口化妆品关税目录（节选）

表 6-3 化妆品进口环节消费税税目税率表

序号	ex	税则号列	商品名称	税率
1	ex	33030000	香水及花露水	15%
2	ex	33041000	唇用化妆品	15%
3	ex	33042000	眼用化妆品	15%
4	ex	33043000	指（趾）甲化妆品	15%
5	ex	33049100	粉，不论是否压紧	15%
6	ex	33049900	其他美容化妆品	15%

备注：
1. “ex”标识表示非全税目商品。
2. 仅对上表进口完税价格在10元/毫升（克）或15元/片（张）及以上的商品征收消费税。

（7）提取货物　在缴纳完税费之后，化妆品进口商就可以按照海关的指示从指定的海关监管仓提取货物。需要注意的是，具体的提货流程和规定可能因地区和海关的不同而有所差异，因此进口商在实际操作中需要了解并遵守当地的海关规定和流程。

2. 化妆品进口报关所需资料　化妆品进口报关时需要的资料要求与化妆品出口报关时的资料要求类似，包括报关单（图6-5）、买卖双方签订的合同、发票、装箱单、商品质量检验证书、原产地证书、标签标识等。需要注意的是，通过一般贸易方式进口的所有化妆品，都应在国家药品监督管理局完成注册备案。进口化妆品经检验检疫合格，取得海关出具《入境货物检验检疫证明》（图6-6），方可销售、使用。

中华人民共和国海关进口货物报关单

预录入编号：　海关编号：　（郑机场关）　仅供核对用　页码/页数：

境内收货人 浙江药科贸易有限公司 | 进境关别(4604) 郑机场关 | 进口日期 20230427 | 申报日期 20230506 | 备案号
境外发货人 Healthy Oils Ltd. | 运输方式(5) 航空运输 | 运输工具名称及航次号 @ | 提运单号 17254944341_DE00100001 | 货物存放地点 宁波国际会议中心
消费使用单位 浙江药科贸易有限公司 | 监管方式(2700) 展览品 | 征免性质(299) 其他法定 | 许可证号 | 启运港(BGR000) 保加利亚
合同协议号 CEEC20DJLY004-6B | 贸易国(地区)(BGR) 保加利亚 | 启运国(地区)(BGR) 保加利亚 | 经停港(LUX000) 卢森堡 | 入境口岸(410003) 郑州新郑国际机场
包装种类(99/99) 其他包装/其他包装 | 件数 | 毛重(千克) 3.5 | 净重(千克) 1.946 | 成交方式(1) CIF | 运费 | 保费 | 杂费
随附单证及编号
标记唛码及备注
备注：暂时进境货物类别：暂进一/20231105日前复运出境.2023年第三届中国-中东欧国家博览会暨国际消费品博览会备案申请受理通知书对应：CEEC23BJLY004-5B。

项号	商品编号	商品名称及规格型号	数量及单位	单价/总价/币制	原产国(地区)	最终目的国(地区)	境内目的地	征免
1	3301299999	桃仁化妆精油 4|3|用于芳香疗法，晒后沐浴修复|压榨|20ML/瓶 HEALTHY OILS,无中文品牌			保加利亚 (BGR)	中国 (CHN)	(33029/330212)宁波其他/宁波市鄞州区	保证金 (6)
2	3301299999	桃仁化妆精油 4|3|用于芳香疗法，晒后沐浴修复|压榨|5ML/瓶 HEALTHY OILS,无中文品牌			保加利亚 (BGR)	中国 (CHN)	(33029/330212)宁波其他/宁波市鄞州区	保证金 (6)

特殊关系确认：否　价格影响确认：否　支付特许权使用费确认：否　公式定价确认：否　暂定价格确认：否　自报自缴：否

报关人员　报关人员证号　电话　兹申明对以上内容承担如实申报、依法纳税之法律责任　海关批注及签章
申报单位　申报单位(签章)

图6-5　进口化妆品报关单

三、化妆品跨境电商贸易

跨境电商贸易是指分属不同关境的交易主体，通过电子商务的手段将传统进出口贸易中的展示、洽谈、成交等环节电子化，并通过跨境物流送达商品、完成交易的一种国际商业活动。与传统的化妆品一般贸易相比，跨境电商贸易流程更趋简化，但仍需遵循相关法规。

得益于互联网技术的发展和国际贸易供应链的不断完善，我国化妆品跨境进口电商迎来了快速发展期，涌现出如天猫国际、京东全球购等知名跨境进口电商平台。这些平台通过与国际品牌合作、建立海外仓库、优化国内外物流体系等方式，极大地丰富产品种类，提高交易效率，降低消费者购买成本。同时，随着移动支付和物流技术的进步，消费者的购物体验也得到了极大的提升。

中华人民共和国出入境检验检疫

入境货物检验检疫证明

编号 900920211000026554001

收货人	[illegible]		
发货人	[illegible]		
品名	见货物清单	申请数量/重量	见货物清单
包装种类及数量	**24天然木托	输出国家或地区	波兰
合同号	YC2021081001	标记及号码 N/M	
提/运单号	00231282		
入境口岸	阿拉山口铁路		
入境日期	2021年09月10日		

证明

清单:

序号	品名	产地	规格	数/重量	生产日期
1	DUCLE菲碧清牌洗手液(菠萝香型)(500mL/瓶)	波兰	500毫升*12瓶/箱	**17196瓶/**	2021-08-12
2	DUCLE菲碧清牌洗手液(花香型)(500mL/瓶)	波兰	500毫升*12瓶/箱	**17364瓶/**	2021-08-06

上述货物经检验检疫合格评定，予以通关放行。

****

签字: 日期: 2022 年 05 月 23 日

备注

***

图 6－6 进口化妆品入境货物检验检疫证明

化妆品跨境电商零售进口一般包括“直购进口”和“网购保税进口”。①直购进口模式：又称“直邮模式”或“集货模式”，其交易方式是“先下单，再发货”，具体是指国内消费者在跨境电商零售网站上订购境外货物，跨境电商平台将电子订单、支付凭证、电子运单等实时传送至海关，然后通过海运、空运等方式将境外货物直接运输到国内海关，跨境电商企业或其代理人向海关申报进境，并按税率缴纳关税，再通过境内物流配送至消费者手中。直购进口模式是我国跨境电商零售进口的最初发展模式。②网购保税进口模式：又称“备货模式”或“保税仓发货模式”。其交易方式是“先备货，再接单”，具体是指跨境电商企业根据市场预测和消费者需求，在国外集中采购后，将整批商品运入国内，进入海关特殊监管区域或保税物流中心（B 型）专用仓库仓储备货，并向海关报关。当境内消费者在跨境电商平台下单后，跨境电商企业或代理人向海关提交清单办理申报和纳税手续，海关查验出区后，再通过境内物流公司，以个人物品方式将商品运送至消费者手中。在这一进口模式下，消费者的跨境购物体验接近于国内网络购物。

四、进出口化妆品检验法规要求

海关总署主管全国进出口化妆品检验监督管理工作，各级海关负责所辖区域进出口化妆品检验监督管理工作。

（一）进口化妆品的检验要求

海关根据我国国家技术规范的强制性要求对进口化妆品实施检验。我国尚未制定国家技术规范强制性要求的，可以参照海关总署指定的国外有关标准进行检验。进口化妆品由收货人申报的目的地海关实施检验。海关总署根据便利贸易和进口检验工作的需要，可以指定在其他地点检验。

进口化妆品收货人应当按照《化妆品监督管理条例》第四十五条第二款的规定对拟进口的化妆品进行审核。进口化妆品收货人应当建立化妆品进口和销售记录，并保存相关凭证，对所记录信息的真实性、完整性负责，保证可追溯。

1. 进口化妆品检验流程 进口化妆品的收货人或者其代理人应当按照海关相关规定报检，其中首次进口的化妆品应当符合下列要求。

（1）国家实施注册的化妆品，应当取得国家相关主管部门批准的进口化妆品注册批件。

（2）国家实施备案的化妆品，应当获得相关备案凭证。

（3）国家没有实施注册或者备案的化妆品，应提供产品安全性承诺，提供生产国或者地区允许生产、销售的证明性文件或者原产地证明。

（4）销售包装化妆品成品除前三项外，还应当提交中文标签样张和外文标签及翻译件。

（5）非销售包装的化妆品成品还应当提供包括产品的名称、数/重量、规格、产地、生产批号和限期使用日期（生产日期和保质期）、加施包装的目的地名称、加施包装的工厂名称、地址、联系方式。

进口化妆品在取得检验合格证明之前，应当存放在海关指定或者认可的场所，未经海关许可，任何单位和个人不得擅自调离、销售、使用。

海关受理报检后，对进口化妆品进行检验，包括现场查验、抽样留样、实验室检验、出证等。现场查验内容包括货证相符情况、产品包装、标签标注、产品感官性状、运输工具、集装箱或者存放场所的卫生状况。进口化妆品成品的标签标注应当符合我国相关的法律、行政法规及国家技术规范的强制性要求。

海关总署制定进口化妆品安全监督抽检计划，并组织实施。抽样应当按照国家有关规定执行，样品数量应当满足检验、备查等需要。抽样时，海关应当出具货物取样凭证，抽样人与收货人或者其代理人应当双方签字。需要进行实验室检验的，海关应当将样品送至具有相关资质的检验机构。检验机构应当按照要求实施实验室检验并出具检验报告。

进口化妆品经海关合格评定合格，取得《入境货物检验检疫证明》后，方可销售、使用。进口化妆品经海关合格评定不合格的，海关通知收货人进行处置。涉及安全、健康、环境保护项目不合格的，由海关责令销毁或者退运。其他项目不合格的，经技术处理后重新检验合格的，方可销售、使用；不能在规定时间内完成技术处理或者经技术处理仍不合格的，由海关责令销毁或者退运。

2. 免税化妆品的特别规定 免税化妆品应当实施进口检验，可免于加贴中文标签，免于标签的符合性检验。其中，首次进口的免税化妆品，应当提供供货人出具的产品质量安全符合我国相关规定的声明、国外官方或者有关机构颁发的自由销售证明或者原产地证明等。

3. 非贸易性化妆品的进口检验

（1）化妆品注册或者备案用样品、企业研发和宣传用的非试用样品，进口申报时应当由收货人或者其代理人提供样品的使用和处置情况说明及非销售使用承诺书，海关进行审核备案，数量在合理使用范围的，可免于检验。收货人应当如实记录化妆品流向，记录保存期限不得少于2年。

（2）进口非试用或者非销售用的展品，申报时应当提供展会主办（主管）单位出具的参展证明，可以免予检验。展览结束后，在海关监督下作退回或者销毁处理。

（3）携带、寄递进境的个人自用化妆品（包括礼品），需要在入境口岸实施检疫的，应当实施检疫。

（4）外国及国际组织驻华官方机构进口自用化妆品，进境口岸所在地海关实施查验。符合相关规定的，免于检验。

4. 风险管理 进口化妆品存在安全问题，可能或者已经对人体健康和生命安全造成损害的，收货人应当主动召回并立即向所在地海关报告。收货人应当向社会公布有关信息，通知销售者停止销售，告知消费者停止使用，做好召回记录。收货人不主动召回的，主管海关可以责令召回。必要时，由海关总署责令其召回。

（二）出口化妆品检验要求

出口化妆品生产企业应当保证其出口化妆品符合进口国家（地区）标准或者合同要求。进口国家（地区）无相关标准且合同未有要求的，出口化妆品生产企业应当保证其出口化妆品符合国家技术规范的强制性要求。出口化妆品由产地海关实施检验，海关总署可以根据便利对外贸易和出口化妆品检验工作需要，指定其他地点实施检验。

1. 出口化妆品生产企业管理 出口化妆品生产企业应当取得化妆品生产许可证，建立化妆品生产质量管理体系并持续有效运行。出口化妆品生产企业应当建立并执行供应商遴选、原料验收、生产过程及质量控制、设备管理、产品检验及留样、出口化妆品追溯、不合格化妆品处置、进货查验记录以及销售记录等管理制度。

2. 出口化妆品检验流程 出口化妆品的发货人或者其代理人应当按照海关总署相关规定报检。其中首次出口的化妆品应当向海关提供以下文件。

（1）自我声明。声明企业已经取得化妆品生产许可证，且化妆品符合进口国家相关法规和标准的要求，正常使用不会对人体健康产生危害等内容。

（2）销售包装化妆品成品应当提交外文标签样张和中文翻译件。

海关受理报检后，对出口化妆品进行检验，包括现场查验、抽样留样、实验室检验、出证等。现场查验内容包括货证相符情况、产品感官性状、产品包装、标签版面格式、运输工具、集装箱或者存放场所的卫生状况。海关制定出口化妆品安全监督抽检计划，并组织实施。抽样时，海关应当出具货物取样凭证，抽样人与发货人或者其代理人应当双方签字。

出口化妆品经海关合格评定符合要求的，准予出口。进口国家（地区）对证书有要求的，可出具证书。出口化妆品经海关合格评定不符合要求的，由海关书面通知发货人或者其代理人。相关出口化妆品可以进行技术处理的，经技术处理合格后方准出口；不能进行技术处理或者经技术处理仍不合格的，不准出口。

口岸海关对出口化妆品实施口岸检查，检查发现不合格且依法不能进行技术处理或经技术处理仍不合格的，不准出口。出口化妆品存在安全问题，可能或者已经对人体健康和生命安全造成损害的，出口化妆品生产企业应当采取有效措施并立即向所在地海关报告。

（三）监督管理

海关对进出口化妆品的生产经营者实施分类管理制度。海关对进出口化妆品的收货人、出口化妆品的生产企业和发货人实施诚信管理。对有不良记录的，应当加强检验和监督管理。海关总署对进出口化妆品安全实施风险监测制度，组织制定和实施年度进出口化妆品安全风险监控计划。主管海关根据海关总署进出口化妆品安全风险监测计划，组织对本辖区进出口化妆品实施监测并上报结果。主管海关应当根据进出口化妆品风险监测结果，在风险分类的基础上调整对进出口化妆品的检验和监管措施。

海关总署对进出口化妆品建立风险预警与快速反应机制。进出口化妆品发生质量安全问题，或者国内外发生化妆品质量安全问题可能影响到进出口化妆品安全时，海关总署和主管海关应当及时启动风险预警机制，采取快速反应措施。

目标检测

一、单选题

1. 从事化妆品零售的企业，需要向（ ）申请营业执照

A. 县级市场监督管理局　B. 地市级市场监督管理局

C. 省级市场监督管理局　D. 国家市场监督管理总局

2. 化妆品电子商务平台经营者对平台内化妆品经营者身份信息的保存时间自其退出平台之日起不少于（ ）年

A. 1　B. 3　C. 5　D. 10

3. 化妆品展销会举办者发现入场化妆品经营者有违反相关规定行为的，应当向（ ）报告

A. 所在地县级负责药品监督管理的部门

B. 所在地市级负责药品监督管理的部门

C. 所在地省级药品监督管理部门

D. 国家药品监督管理部门

4. 下列说法正确的是（ ）

A. 美发机构是化妆品的使用者，不需履行化妆品经营者义务

B. 宾馆在经营服务中为消费者提供洗发水的行为属于化妆品经营行为

C. 美容美发机构应当在服务场所显著位置展示经营使用的化妆品实物

D. 化妆品展销会举办者必须建立化妆品抽样检验制度

5. 出口化妆品由（ ）实施检验

A. 口岸海关　B. 产地海关

C. 进口企业所在地海关　D. 海关总署

二、多选题

1. 根据化妆品的流向，可以分为（ ）

A. 出口贸易　B. 进口贸易　C. 过境贸易　D. 跨境贸易

2. 化妆品电子商务平台经营者义务包括（ ）

A. 设置化妆品质量安全管理机构或人员　B. 对入住平台的经营者实名登记

C. 进货查验义务　D. 日常经营行为检查

3. 下列属于化妆品一般贸易出口流程的有（ ）

A. 订单确认　B. 运输安排　C. 报关报检　D. 货款结算

4. 下列说法正确的有（ ）

A. 免税化妆品可免于加贴中文标签

B. 进口化妆品应当经过口岸药监局的检验后方可进口和销售

C. 进口非销售用的展品，申报时提供参展证明后，可免于检验

D. 海关总署主管全国进出口化妆品检验工作

5. 下列哪些环节属于化妆品流通环节（ ）

A. 代理商将化妆品销售给经销商
B. 企业生产化妆品
C. 超市销售化妆品
D. 化妆品新技术转让

三、简答题

1. 请简述化妆品电子商务平台经营者日常检查义务。
2. 请简述化妆品一般贸易进口的流程。
3. 请简述进口化妆品检验流程。

四、实训项目

1. 某品牌化妆品来自希腊，以化妆品中富含天然蜂蜜和橄榄油而知名。假设你是一家进口化妆品公司的采购员，公司计划通过一般贸易方式从希腊公司进口该品牌的面膜至国内销售，请问该如何操作？

2. 假设你是一家进驻淘宝平台的化妆品网络店铺经营者，现打算采购一款化妆品在自家网络店铺销售（自行任意选择一款市场上销售的化妆品），请依据《化妆品网络经营监督管理办法》中对电子商务平台内化妆品经营者的义务与要求，模拟进货采购与网络销售（从进货查验的具体步骤、记录、标签合规、网页宣传及披露内容合规等角度进行详细阐述）。

书网融合……

本章小结　　习题

PPT

项目七 化妆品风险管理

学习目标

【知识要求】

1. 掌握化妆品不良反应定义及报告主体职责与报告流程；化妆品召回管理。
2. 熟悉化妆品不良反应监管机构；化妆品不良反应评估及调查程序。
3. 了解国家安全风险监测与评价制度。

【技能要求】

具备化妆品不良反应报告及评估的能力。

【素质要求】

培养合理用妆以及合规上报不良反应的意识及素养。

任务一 化妆品不良反应监测

实例分析

实例 美国某公司面临3万起有关其爽身粉产品的成分里含石棉的诉讼，部分消费者认为长期使用该公司的爽身粉会致癌。在2011年，一名连续使用了几十年婴儿爽身粉及沐浴露的女性消费者对该公司提起了诉讼，其称所患卵巢癌与该公司产品中的滑石粉含有石棉有关。该消费者的律师认为，该公司在20世纪80年代已经了解到了这一风险，但几十年里一直隐瞒产品所含滑石粉致癌的风险。最终，陪审团裁定该公司向该消费者赔偿5500万美元。2018年8月，美国密苏里州巡回法院的法官判定22名女性消费者针对爽身粉含有石棉致癌的指控成立。故判决该公司赔偿这22名女性消费者共计46.9亿美元。2020年4月，该公司同意出资高达89亿美元，分25年支付，以解决当前和未来所有的滑石粉致癌相关索赔。

问题 1. 该公司的爽身粉致癌事件是否属于化妆品不良反应？

2. 你如何看待此次赔偿事件？

《化妆品不良反应监测管理办法》于2022年10月1日起实施，这是我国首部针对化妆品不良反应监测制定的规范性文件，对推进化妆品不良反应监测工作具有里程碑的意义。

一、化妆品不良反应的定义

依据《化妆品不良反应监测管理办法》第四十四条，化妆品不良反应是指正常使用化妆品所引起的皮肤及其附属器官的病变，以及人体局部或者全身性损害。常表现为皮肤及附属的毛发、指甲等病理性改变，如皮肤出现瘙痒、红斑、肿胀、渗液、色素沉着等表现，严重者还可引起全身性症状和病变。

化妆品不良反应一般有两种情形，第一种情形是使用不合格化妆品导致的损害，如使用非法添加禁用成分或劣质原料的化妆品造成的损害。第二种情形是使用合格化妆品引起的损害，由于化妆品中的成分较为复杂，各种溶剂、乳化剂、防腐剂、抗氧化剂以及色素香料等成分都有可能成为致敏原，对皮肤产生刺激，引发过敏反应等损害。此外，由于化妆品使用者的个体差异，可导致化妆品中的一些原料对个别人群产生过敏等不良反应。

需要指出的是，在非正常使用情况下出现的损害并不属于化妆品不良反应，比如将只能使用于头发的化妆品用在其他部位、有用量规定的化妆品大幅度超量使用等。

知识拓展

化妆品不良反应的6种常见表现

根据《化妆品皮肤病诊断标准及处理原则》等七项系列国家标准，化妆品不良反应常见表现一般分为以下6种。其中，化妆品接触性皮炎是化妆品不良反应最常见类型。

1. 化妆品接触性皮炎 指皮肤与化妆品接触后诱发的急慢性皮肤炎性反应。根据发病机制的不同，可分为变应性接触性皮炎和刺激性接触性皮炎。该病可有1～2周的潜伏期，也可以短期内出现皮损。病情轻重程度不等，轻者为接触部位出现红肿、丘疹、丘疱疹，破溃后可有糜烂、渗液、结痂，重者可在红斑基础上出现水疱，甚至泛发全身。常见的致敏原包括防腐剂、香料香精、乳化剂、染发剂、防晒剂、抗氧化剂及抗菌剂等。

2. 化妆品光感性皮炎 指化妆品中的光感物质在光照条件下引起的皮肤黏膜炎症性改变。根据发病机制和发病情况不同，可分为光毒反应和光变态反应。皮损主要发生在使用化妆品后的光照部位，形态多样，可出现红斑、水肿、丘疹、小水疱、渗出等，慢性皮损可呈现为浸润增厚、苔藓样变等，常伴瘙痒。化妆品中的光感物质可见于防腐剂、染料、香料以及唇膏、口红中的荧光物质等成分，此外，防晒产品中的遮光剂也能引起光感性皮炎。

3. 化妆品皮肤色素异常 指接触化妆品的局部或其邻近部位发生的慢性色素异常改变，或继发于化妆品接触性皮炎、光感性皮炎等炎症反应。表现为青黑色不均匀的色素沉着或色素脱失斑，其中以色素沉着较为常见，常伴有面部皮肤过早老化现象。

4. 化妆品痤疮 指使用化妆品一段时间后发生在局部的痤疮样皮疹，一般表现为黑头、粉刺、炎性丘疹及脓疱等，或使现有痤疮病情加重。停用可疑化妆品后，痤疮样皮损可明显改善或消退。大多由于化妆品对毛囊口的机械堵塞引起，如不恰当使用粉底液、遮瑕膏、磨砂膏等产品。

5. 化妆品毛发损害 指应用染发剂、洗发护发剂、发乳、发胶、眉笔、睫毛膏等化妆品后引起发质的改变和断裂、分叉和脱色、质地变脆、失去光泽等，也可以发生不同程度的脱发。

6. 化妆品甲损害 指长期应用化妆品引起的甲剥离、甲软化、甲变脆及甲周皮炎等，概括为甲板损伤和甲周围软组织损伤两部分。

知识拓展

化妆品不良事件

对于化妆品不良事件的定义我国法规并没有明确，依据欧盟《化妆品不良反应管理及严重不良反应报告指南》，化妆品不良事件是指正常或合理可预见情况下使用化妆品过程中或使用后，由消费者、医疗机构及化妆品企业等自发报告的影响健康的相关反应，但不一定可归因于化妆品的使用。因此，不良事件比不良反应的定义范围更大（图7－1）。其反应并不一定是由化妆品使用引起，必须对上报的不良事件进行因果关系分析，来确定是否由使用化妆品引起，以此来进一步判断是否属于化妆品不良反应。

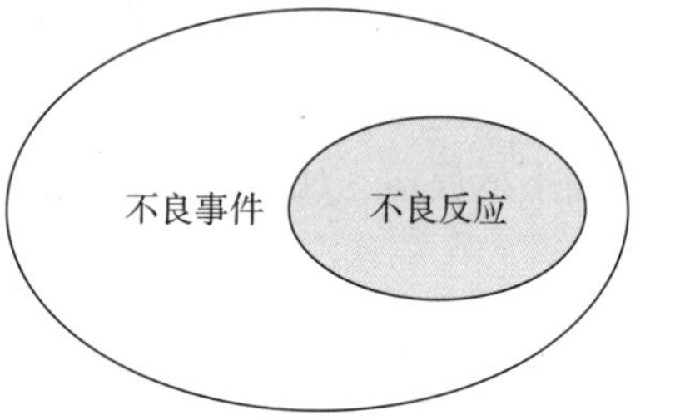

图7－1 化妆品不良反应与不良事件关系图

二、化妆品不良反应监测概述

化妆品不良反应监测是指化妆品不良反应收集、报告、分析评价、调查处理的全过程。化妆品不良反应监测是发现产品存在安全风险最显性的信号，是化妆品上市后监管的重要手段，同时也是启动有因调查、检测的重要线索，是维护消费者安全用妆的重要保障。

（一）监管机构

国家药品监督管理局负责全国化妆品不良反应监测管理工作。县级以上地方人民政府负责药品监督管理的部门负责本行政区域的化妆品不良反应监测管理工作，建立并完善本行政区域的化妆品不良反应监测管理体系。

县级以上地方人民政府负责药品监督管理的部门应当明确化妆品不良反应监测机构，负责本行政区域的化妆品不良反应监测技术工作。各级监测机构在监管部门的领导下，开展化妆品不良反应监测宣传、培训工作，收集、分析评价化妆品不良反应监测报告，提出存在的风险和建议，发挥技术支撑作用。

各级药品监管部门化妆品不良反应监测职责及各级化妆品不良反应监测机构的职责分别见表7－1和表7－2。

表7－1 各级药品监管部门化妆品不良反应监测职责

机构	国家药品监督管理局	省级药品监督管理部门	市县级药品监督管理部门
职责	（1）建立并完善全国化妆品不良反应监测管理体系，组织制定化妆品不良反应监测管理制度，并监督实施 （2）组织调查可能引发较大社会影响的化妆品不良反应，依法采取控制措施 （3）组织监督检查化妆品不良反应监测工作开展情况 （4）制定并发布国家化妆品不良反应监测评价基地的认定标准和管理规范，并组织遴选、管理国家监测基地 （5）组织开展全国化妆品不良反应监测宣传、培训、研究和国际交流工作	（1）建立并完善本行政区域的化妆品不良反应监测管理体系，配备与监测工作相适应的机构和人员，完善工作制度并监督实施 （2）组织调查本行政区域内发生的严重和可能引发较大社会影响的化妆品不良反应，依法采取控制措施 （3）组织监督检查本行政区域的化妆品不良反应监测工作开展情况 （4）组织开展本行政区域的化妆品不良反应监测宣传、培训、研究等工作	（1）建立并完善本行政区域的化妆品不良反应监测管理体系，配备与监测工作相适应的机构和人员，完善工作制度并监督实施 （2）调查本行政区域内发生的严重和可能引发较大社会影响的化妆品不良反应，根据监测结果和工作需要，调查本行政区域内发生的其他化妆品不良反应，依法采取控制措施 （3）监督检查本行政区域的化妆品不良反应监测工作开展情况 （4）组织开展本行政区域的化妆品不良反应监测宣传、培训、研究等工作

表7-2　各级化妆品不良反应监测机构（技术机构）的职责

机构	国家化妆品不良反应监测机构	省级化妆品不良反应监测机构	市县级化妆品不良反应监测机构
职责	（1）收集、分析评价全国化妆品不良反应，并向国家药品监督管理局提出风险管理建议 （2）对可能引发较大社会影响的化妆品不良反应，向国家药品监督管理局提出处理建议并配合调查工作 （3）负责国家化妆品不良反应监测信息系统的建设和维护 （4）制定化妆品不良反应监测的技术标准和规范，对地方各级监测机构和国家监测基地进行业务指导 （5）开展全国化妆品不良反应监测宣传、培训、研究和国际交流工作	（1）收集、分析评价本行政区域内发生的化妆品不良反应，并向所在地省级药监部门提出风险管理建议 （2）对本行政区域内发生的严重和可能引发较大社会影响的化妆品不良反应，向所在地省级药监部门提出处理建议并配合调查工作 （3）负责国家化妆品不良反应监测信息系统在本行政区域的使用和管理 （4）对设区的市级和县级化妆品不良反应监测机构进行业务指导，组织对本行政区域内化妆品注册人、备案人、境内责任人、受托生产企业、化妆品经营者、医疗机构等进行技术指导 （5）开展本行政区域的化妆品不良反应监测宣传、培训、研究等工作	（1）收集、分析评价本行政区域内发生的化妆品不良反应，并向所在地同级负责药品监督管理的部门提出风险管理建议 （2）对本行政区域内发生的严重和可能引发较大社会影响的化妆品不良反应，向所在地同级负责药品监督管理的部门提出处理建议并配合调查工作。根据监测结果和风险程度，对本行政区域内发生的其他化妆品不良反应向所在地同级负责药品监督管理的部门提出处理建议并配合调查工作 （3）协助省级监测机构开展化妆品不良反应监测技术工作 （4）对本行政区域内化妆品注册人、备案人、境内责任人、受托生产企业、化妆品经营者、医疗机构等进行技术指导 （5）开展本行政区域的化妆品不良反应监测宣传、培训、研究等工作

（二）报告主体

化妆品不良反应报告遵循可疑即报的原则，怀疑与使用化妆品有关的人体损害，均应当报告。报告化妆品不良反应的内容应当真实、完整、准确。化妆品注册人、备案人应当建立化妆品不良反应监测和评价体系，主动收集其上市销售化妆品的不良反应，及时开展分析评价，并按照规定向化妆品不良反应监测机构报告，落实化妆品质量安全主体责任。受托生产企业、化妆品经营者和医疗机构发现可能与使用化妆品有关的不良反应，应当按照规定向化妆品不良反应监测机构报告。

1. 化妆品注册人与备案人　化妆品注册人、备案人应当具备开展化妆品不良反应监测工作的能力，按照规定履行以下义务：①建立并实施化妆品不良反应监测和评价体系，配备与其产品相适应的机构和人员从事化妆品不良反应监测工作；②主动收集并按照规定向化妆品不良反应监测机构报告化妆品不良反应；③对发现或者获知的化妆品不良反应及时进行分析评价，根据评价结果采取措施控制风险；④配合化妆品不良反应监测机构、负责药品监督管理的部门开展化妆品不良反应调查。境外化妆品注册人、备案人应当与境内责任人建立不良反应主动收集、报告、分析评价和调查处理的协助机制。

化妆品注册人、备案人应当通过产品标签、官方网站等方便消费者获知的方式向社会公布电话、电子邮箱等有效联系方式，主动收集来自受托生产企业、化妆品经营者、医疗机构、消费者等报告的其上市销售化妆品的不良反应。化妆品注册人、备案人在发现或者获知化妆品不良反应后应当通过国家化妆品不良反应监测信息系统报告（图7-2）。

图7-2　化妆品不良反应监测系统

2. 受托生产企业、化妆品经营者 受托生产企业、化妆品经营者应当按照规定向化妆品不良反应监测机构报告发现或者获知的化妆品不良反应，并配合化妆品不良反应监测机构、负责药品监督管理的部门开展化妆品不良反应调查。

受托生产企业、化妆品经营者和医疗机构在发现或者获知化妆品不良反应后，应当通过国家化妆品不良反应监测信息系统报告，鼓励其告知化妆品注册人、备案人。暂不具备在线报告条件的化妆品经营者和医疗机构，应当通过纸质报表向所在地市县级监测机构报告，由其代为在线提交报告。

3. 医疗机构 医疗机构应当按照规定向化妆品不良反应监测机构报告发现或者获知的化妆品不良反应，并配合化妆品不良反应监测机构、负责药品监督管理的部门开展化妆品不良反应调查。皮肤病专科医疗机构、设有皮肤科的二级及以上医疗机构应当建立与其诊疗范围相适应的化妆品不良反应监测制度，并确保监测制度有效执行。

国家药品监督管理局组织评估遴选并公布有关医疗机构等作为国家监测基地，并实施动态管理。国家监测基地承担化妆品不良反应报告、分析评价、宣传、培训、技术支持、技术指导、科研等工作。

知识拓展

第一批国家化妆品不良反应监测评价基地名单

1. 中国人民解放军空军总医院
2. 中国医科大学附属第一医院
3. 上海市皮肤病医院
4. 中国医学科学院皮肤病医院
5. 浙江大学医学院附属第二医院
6. 福建医科大学附属第一医院
7. 江西省皮肤病专科医院
8. 山东省皮肤病医院
9. 武汉市第一医院（武汉市中西医结合医院）
10. 中山大学附属第三医院
11. 海南省皮肤性病防治中心（海南省皮肤病医院）
12. 新疆维吾尔自治区人民医院

省级及以下负责药品监督管理的部门可以组织评估遴选并公布有关医疗机构、化妆品生产经营者、科研机构等作为化妆品不良反应监测哨点，并实施动态管理。监测哨点承担化妆品不良反应报告、分析评价、宣传、培训等工作。

4. 化妆品电子商务平台经营者 化妆品电子商务平台经营者获知化妆品不良反应的，应当记录报告者信息、发生不良反应者信息、不良反应信息、所使用的化妆品信息等内容，并于7日内转交平台内化妆品经营者处理。涉及产品质量安全的重大信息，化妆品电子商务平台经营者应当自获知上述信息后，将发生不良反应者信息、症状或者体征、不良反应严重程度、不良反应发生日期、所使用化妆品名称、销售所使用化妆品的平台内经营者等信息于15日内书面报告电子商务平台经营者所在地省级药监部门。

5. 其他单位与个人 国家鼓励其他单位和个人向化妆品不良反应监测机构或者负责药品监督管理的部门报告可能与使用化妆品有关的不良反应，充分发挥社会监督作用，促进化妆品安全社会共治。

化妆品不同于药品，其获得途径更广泛、使用方法更简单、消费者自主使用频率更高，鼓励消费者上报化妆品不良反应，有利于加强报告收集工作。

其他单位和个人可以向化妆品注册人、备案人、境内责任人报告化妆品不良反应，也可以向所在地市县级监测机构或者市县级监管部门报告，由上述企业或者单位代为在线提交报告。各级负责药品监督管理的部门应当公布本部门和同级监测机构的电话、通讯地址等联系方式。

三、化妆品不良反应监测流程

化妆品不良反应监测的流程包括收集、报告、分析评价及调查处理。化妆品不良反应监测以风险管理为理念，施行分类分级管理。按照伤害程度、影响范围、涉及人群等不同维度，将化妆品不良反应分为一般、严重和可能引发较大社会影响三个层级，分别设置不同的报告、评价和调查处置时限和工作程序。

关键术语

严重化妆品不良反应：是指正常使用化妆品引起以下损害情形之一的反应。①导致暂时性或者永久性功能丧失，影响正常人体和社会功能的，如皮损持久不愈合、瘢痕形成、永久性脱发、明显损容性改变等；②导致人体全身性损害的，如肝肾功能异常、过敏性休克等；③导致住院治疗或者医疗机构认为有必要住院治疗的；④导致人体其他严重损害、危及生命或者造成死亡的。

可能引发较大社会影响的化妆品不良反应：是指因正常使用同一化妆品在一定区域内，引发较大社会影响或者造成多人严重损害的化妆品不良反应。

（一）化妆品不良反应报告

1. 时限要求　属于一般化妆品不良反应的，化妆品注册人、备案人、受托生产企业、化妆品经营者、医疗机构等应当自发现或者获知化妆品不良反应之日起 30 日内报告，属于严重化妆品不良反应的，应当自发现或者获知之日起 15 日内报告，属于可能引发较大社会影响的化妆品不良反应应当自发现或者获知之日起 3 日内报告。对于不良反应情况和分析评价结果等有新的发现或者认知的，应当及时补充报告。

境外化妆品注册人、备案人其在中国境内外上市销售的产品因在境外发生化妆品不良反应而被采取停止生产或者经营、实施产品召回、发布安全警示信息等风险控制措施的，境外化妆品注册人、备案人应当在发现或者获知之日起 7 日内，将相关不良反应信息和采取的风险控制措施书面报告国家监测机构，境内责任人应当协助境外化妆品注册人、备案人履行报告义务。

2. 记录要求　化妆品注册人、备案人、受托生产企业、医疗机构应当客观、真实地记录与不良反应监测有关的活动并形成监测记录，记录保存期限不得少于报告之日起 3 年。境内责任人应当协助建立并保存化妆品不良反应监测记录。

化妆品不良反应监测记录应当至少包括：报告者信息、发生不良反应者信息、症状或者体征、不良反应严重程度、不良反应发生日期、不良反应发现或者获知日期、不良反应报告日期、所使用化妆品名称等。属于严重和可能引发较大社会影响的化妆品不良反应，化妆品注册人、备案人还应当记录可能引发不良反应的原因以及分析评价情况、后续风险控制措施。医疗机构还应当记录与化妆品不良反应有关的诊疗情况。

以下内容应当尽量收集并记录：不良反应所使用化妆品的特殊化妆品注册证书编号或者普通化妆品备案编号、生产批号、开始使用日期和停用日期，医疗机构诊疗情况。

（二）化妆品不良反应评价

1. 化妆品注册与备案人评价 化妆品注册人、备案人应当对发现或者获知的化妆品不良反应进行分析评价，必要时自查产品原料、配方、生产工艺、生产质量管理、贮存运输等方面可能引发不良反应的原因。境内责任人应当积极协助境外化妆品注册人、备案人对发现或者获知的化妆品不良反应进行分析评价。

属于严重化妆品不良反应的，化妆品注册人、备案人应当自发现或者获知不良反应之日起20日内，属于可能引发较大社会影响的化妆品不良反应的，应当自发现或者获知不良反应之日起10日内进行分析评价并形成自查报告，报送化妆品注册人、备案人、境内责任人所在地省级监测机构，同时报送所在地省级药监部门。

2. 各级不良反应监测机构评价 各级监测机构应当逐级对本行政区域内发生的化妆品不良反应进行分析评价，并根据分析评价结果和风险程度向所在地同级负责药品监督管理的部门提出处理建议。

（1）市县级监测机构 市县级监测机构应当对收到的化妆品不良反应报告的真实性、完整性、准确性进行审核，对不良反应与产品的关联性和不良反应严重程度进行初步分析评价。

属于一般化妆品不良反应的，市县级监测机构应当自收到不良反应报告之日起15个工作日内完成分析评价。属于严重化妆品不良反应的，应当自收到不良反应报告之日起7个工作日内完成分析评价。属于可能引发较大社会影响的化妆品不良反应的，应当自收到不良反应报告之日起3个工作日内完成分析评价。对严重和可能引发较大社会影响的化妆品不良反应，应当同时报告所在地同级负责药品监督管理的部门，提出处理建议。

市县级监测机构应当对严重和可能引发较大社会影响的化妆品不良反应进行跟踪调查，详细了解发生不良反应者和所使用化妆品的基本信息、不良反应发生情况和进展、报告单位对不良反应的处理情况等，并自收到不良反应报告之日起7个工作日内形成跟踪报告报送上一级监测机构，同时报送所在地同级负责药品监督管理的部门。

对于有明确的化妆品名称及产品销售包装图片的化妆品不良反应报告，经核对产品注册备案信息，所使用化妆品可能属于未经注册的特殊化妆品或者未备案的普通化妆品的，市县级监测机构应当报告所在地同级负责药品监督管理的部门。负责药品监督管理的部门应当组织调查，依法采取控制措施。

（2）省级监测机构 省级监测机构应当对下一级监测机构提交的化妆品不良反应报告评价意见进行复核，并对不良反应与产品的关联性和不良反应严重程度进行分析评价。省级监测机构经复核与下一级监测机构评价意见不一致、认为需调整为严重或者可能引发较大社会影响的化妆品不良反应进行处理的，应当向下一级监测机构反馈。下一级监测机构应当自收到省级监测机构反馈意见之日起7个工作日内对不良反应进行跟踪调查并形成跟踪报告，并按照规定报送相关部门。

属于一般化妆品不良反应的，省级监测机构应当自收到下一级监测机构评价意见之日起15个工作日内完成分析评价。属于严重化妆品不良反应的，应当自收到下一级监测机构评价意见之日起7个工作日内完成分析评价。属于可能引发较大社会影响的化妆品不良反应的，应当自收到下一级监测机构评价意见之日起3个工作日内完成分析评价。对严重和可能引发较大社会影响的化妆品不良反应，应当同时报告所在地省级药监部门，提出处理建议。

省级监测机构应当结合下一级监测机构报送的跟踪报告对严重和可能引发较大社会影响的化妆品不

良反应进行调查研究，根据实际需要开展监测数据分析、文献研究、专家咨询，对不良反应发生情况和可能引发不良反应的原因等进行综合分析，属于严重化妆品不良反应的，应当自收到跟踪报告之日起15个工作日内形成分析评价报告，属于可能引发较大社会影响的化妆品不良反应的，应当自收到跟踪报告之日起7个工作日内形成分析评价报告，并报送国家监测机构，同时报送所在地省级药监部门。

（3）国家监测机构 国家监测机构应当对收集的全国化妆品不良反应进行分析评价，根据监测结果和风险程度，向国家药品监督管理局提出处理建议。对可能引发较大社会影响的化妆品不良反应，国家监测机构应当组织国家监测基地开展分析评价，并自收到下一级监测机构报送的分析评价报告之日起7个工作日内形成分析评价报告报送国家药品监督管理局。

省级监测机构应当按季度和年度对收集的化妆品不良反应进行汇总分析，提出风险管理建议，及时书面报送省级药监部门和国家监测机构。国家监测机构应当按季度和年度对收集的化妆品不良反应进行汇总分析，提出风险管理建议，及时书面报送国家药品监督管理局。

（三）化妆品不良反应调查

负责药品监督管理的部门收到监测机构报送的化妆品不良反应处理建议后，根据监测结果和工作需要，可以责令不良反应涉及的化妆品注册人、备案人、受托生产企业对不良反应进行分析评价并自查可能引发不良反应的原因，采取有效措施控制风险，或者依职责对不良反应涉及的化妆品注册人、备案人、境内责任人、受托生产企业、化妆品经营者开展监督检查。根据调查结果，发现存在违法行为的，负责药品监督管理的部门应当依法查处。

1. 严重化妆品不良反应的调查程序 对严重化妆品不良反应，不良反应发生地市县级监管部门应当自收到同级监测机构不良反应评价意见之日起15个工作日内依职责开展调查，并形成不良反应调查处理报告报送至上一级负责药品监督管理的部门，逐级报送至省级药监部门。

不良反应发生地省级药监部门应当自收到同级监测机构不良反应评价意见之日起7个工作日内依职责组织开展调查，并及时向不良反应涉及的化妆品注册人、备案人、境内责任人所在地省级药监部门通报相关信息。不良反应发生地省级药监部门形成调查处理报告后通报化妆品注册人、备案人、境内责任人所在地省级药监部门。

2. 对可能引发较大社会影响的化妆品不良反应的调查程序 对可能引发较大社会影响的化妆品不良反应，不良反应发生地市县级监管部门应当自收到同级监测机构不良反应评价意见之日起7个工作日内依职责开展调查，并形成不良反应调查处理报告报送至上一级负责药品监督管理的部门，逐级报送至省级药监部门。

不良反应发生地省级药监部门应当自收到同级监测机构不良反应评价意见之日起5个工作日内依职责组织开展调查，并及时向不良反应涉及的化妆品注册人、备案人、境内责任人所在地省级药监部门通报相关信息。不良反应发生地省级药监部门形成调查处理报告后通报化妆品注册人、备案人、境内责任人所在地省级药监部门。

对可能引发较大社会影响的化妆品不良反应，国家药品监督管理局应当自收到国家监测机构报送的分析评价报告之日起5个工作日内依职责组织开展调查。

3. 调查处理 根据调查结果，发现产品存在质量缺陷或者其他问题，可能危害人体健康的，负责药品监督管理的部门依照《化妆品监督管理条例》第四十四条的规定，应当通知化妆品注册人、备案人实施召回，通知受托生产企业、化妆品经营者停止生产、经营。发现产品造成人体伤害或者有证据证明可能危害人体健康的，负责药品监督管理的部门依照《化妆品监督管理条例》第五十四条的规定，可以采取责令暂停生产、经营的紧急控制措施。

根据调查结果，有证据表明化妆品、化妆品原料可能存在缺陷的，省级以上药监部门依照《化妆品监督管理条例》第五十五条的规定，可以责令化妆品注册人、备案人开展安全再评估或者直接组织开展安全再评估。对于可能需要制定或者修订强制性国家标准、技术规范或者需要研制补充检验方法的，可以由负责调查的省级药监部门提请国家药品监督管理局或者由国家药品监督管理局直接组织开展相关标准研究和补充检验方法研制工作。

化妆品注册人、备案人通过分析评价化妆品不良反应，发现产品存在安全风险的，应当立即采取措施控制风险。发现产品存在质量缺陷或者其他问题，可能危害人体健康的，应当依照《化妆品监督管理条例》第四十四条的规定，立即停止生产，召回已经上市销售的化妆品，通知相关化妆品经营者和消费者停止经营、使用。境内责任人应当积极协助境外化妆品注册人、备案人采取措施控制风险。受托生产企业、化妆品经营者发现或者获知其生产、经营的化妆品存在安全风险、可能危害人体健康的，应当立即停止生产、经营，并同时告知化妆品注册人、备案人、境内责任人，配合其采取措施控制风险。

知识拓展

注册人、备案人可以采取的风险控措施类型包括：①停止生产、经营有关产品；②通知受托生产企业、经营者停止生产、经营有关产品；③实施产品召回；④发布安全警示信息；⑤对生产质量管理体系进行自查，并对存在的问题进行整改；⑥修改标签、说明书等；⑦改进生产工艺等；⑧按规定进行变更注册或者备案；⑨其他需要采取的风险控制措施。

四、法律责任

依据《化妆品监督管理条例》第六十二条第一款第（五）项，未按照规定监测、报告化妆品不良反应，或者对化妆品不良反应监测机构、负责药品监督管理的部门开展的化妆品不良反应调查不予配合，由负责药品监督管理的部门责令改正，给予警告，并处1万元以上3万元以下罚款；情节严重的，责令停产停业，并处3万元以上5万元以下罚款，对违法单位的法定代表人或者主要负责人、直接负责的主管人员和其他直接责任人员处1万元以上3万元以下罚款。

依据《化妆品监督管理条例》第七十条，境外化妆品注册人、备案人指定的在我国境内的企业法人未协助开展化妆品不良反应监测、实施产品召回的，由省、自治区、直辖市人民政府药品监督管理部门责令改正，给予警告，并处2万元以上10万元以下罚款；情节严重的，处10万元以上50万元以下罚款，5年内禁止其法定代表人或者主要负责人、直接负责的主管人员和其他直接责任人员从事化妆品生产经营活动。境外化妆品注册人、备案人拒不履行依据法规作出的行政处罚决定的，10年内禁止其化妆品进口。

任务二　化妆品召回

实例分析

实例　2021年12月，某公司发布公告称，由于检测出致癌物苯，正在召回在美国生产的多品牌的多款喷雾式洗发护理产品。该公司在公告中表示，苯不是任何一款喷雾式产品中的成分，但公司近期在被喷出的产品中检测到了苯的存在，出于谨慎，公司正在进行主动召回。据了解，此次被检出致癌物苯，均来自将产品喷出罐头的推进剂。公告中对苯的风险进行了阐述：苯被归类为人类致癌物，可以通过吸入、口服以及与皮肤接触来摄入，并可能导致癌症，但按照测试中检测到的水平，召回产品中每天接触苯不会对健康造成不利影响。

问题 1. 该公司的此次召回属于主动召回还是责令召回？

2. 化妆品注册人、备案人应如何实施化妆品召回？

一、化妆品的召回

化妆品召回是指化妆品注册人、备案人按照规定的程序回收已上市销售的存在安全隐患或者缺陷的化妆品，并采取相应措施，及时控制风险、消除隐患的活动。

根据召回活动发起主体的不同，化妆品召回可以分为主动召回和责令召回。主动召回是指化妆品注册人、备案人通过信息的收集分析，调查评估，根据事件的严重程度，在没有监管部门强制的前提下主动对存在安全隐患的化妆品作出召回。责令召回是指监管部门通过调查评估，认为存在潜在安全隐患，企业应当召回化妆品而未主动召回的，责令企业召回化妆品。

（一）主动召回

注册人、备案人应当建立并执行产品召回管理制度，依法实施召回工作。发现产品存在质量缺陷或者其他问题，可能危害人体健康的，应当立即停止生产，召回已经上市销售的产品，通知相关化妆品经营者和消费者停止经营、使用，记录召回和通知情况。对召回的产品，应当清晰标识、单独存放，并视情况采取补救、无害化处理、销毁等措施。因产品质量问题实施的化妆品召回和处理情况，化妆品注册人、备案人应当及时向所在地省、自治区、直辖市药品监督管理部门报告。召回记录内容应当至少包括产品名称、净含量、使用期限、召回数量、实际召回数量、召回原因、召回时间、处理结果、向监管部门报告情况等。

受托生产企业应当建立并执行产品配合召回制度。发现其生产的化妆品有可能危害人体健康情形的，应当立即停止生产，并通知相关化妆品注册人、备案人。化妆品注册人、备案人实施召回的，受托生产企业应当予以配合。

化妆品经营者发现经营的化妆品存在质量缺陷或者其他问题，可能危害人体健康的，应当立即停止生产、经营，通知相关化妆品注册人、备案人。化妆品注册人、备案人应当立即实施召回。化妆品注册人、备案人实施召回的，受托生产企业、化妆品经营者应当予以配合。

（二）责令召回

负责药品监督管理的部门在监督检查中发现化妆品存在质量缺陷或者其他问题，可能危害人体健康的，应当通知化妆品注册人、备案人实施召回，通知受托生产企业、化妆品经营者停止生产、经营。化妆品注册人、备案人、受托生产企业、经营者未依照规定实施召回或者停止生产、经营的，负责药品监督管理的部门责令其实施召回或者停止生产、经营。

二、化妆品安全风险监测和评价

国家建立化妆品安全风险监测和评价制度，对影响化妆品质量安全的风险因素进行监测和评价，为制定化妆品质量安全风险控制措施和标准、开展化妆品抽样检验提供科学依据。国家化妆品安全风险监测计划由国务院药品监督管理部门制定、发布并组织实施。国家化妆品安全风险监测计划应当明确重点监测的品种、项目和地域等。

知识拓展

2021年7月，国家药监局发布《2021年下半年国家化妆品安全风险监测计划》，指出针对近几年化妆品监管工作发现的化妆品安全风险，坚持以问题为导向，确定2021年下半年国家化妆品安全风险监测重点品种，主要包括儿童化妆品、祛斑美白类、宣称抗皱祛痘类、宣称止痒类、宣称促进毛发生长类、眼部护肤类、儿童牙膏等18类产品。风险监测项目主要包括重金属、激素、抗生素、微生物、防腐剂等。风险监测采样兼顾线上和线下化妆品主要销售渠道。计划采集样品约1100批次。本次风险监测在化妆品经营环节采样。采样渠道覆盖线上和线下的主要化妆品经营者。重点对化妆品专卖店、集中交易市场、美容美发机构以及经营化妆品的电子商务平台等进行采样，提高发现风险的靶向性。

此次风险监测的采样、检验工作由中国食品药品检定研究院、上海市食品药品检验研究院等6家监测机构承担，并及时完成采样、检验和检验结果报送工作。各省药品监督管理局收到化妆品安全风险监测信息后，应当在2个月内依法组织调查处理，并按要求在信息系统中填报调查处理结果。

国务院药品监督管理部门建立化妆品质量安全风险信息交流机制，组织化妆品生产经营者、检验机构、行业协会、消费者协会以及新闻媒体等就化妆品质量安全风险信息进行交流沟通。

对造成人体伤害或者有证据证明可能危害人体健康的化妆品，负责药品监督管理的部门可以采取责令暂停生产、经营的紧急控制措施，并发布安全警示信息；属于进口化妆品的，国家出入境检验检疫部门可以暂停进口。

根据科学研究的发展，对化妆品、化妆品原料的安全性有认识上的改变的，或者有证据表明化妆品、化妆品原料可能存在缺陷的，省级以上人民政府药品监督管理部门可以责令化妆品、化妆品新原料的注册人、备案人开展安全再评估或者直接组织开展安全再评估。再评估结果表明化妆品、化妆品原料不能保证安全的，由原注册部门撤销注册、备案部门取消备案，由国务院药品监督管理部门将该化妆品原料纳入禁止用于化妆品生产的原料目录，并向社会公布。

目标检测

一、单选题

1. 负责全国化妆品不良反应监测技术评价工作的是（　）

A. 国家药监局药品审评中心　　B. 国家药监局食品药品审核查验中心

C. 国家药监局药品评价中心　　D. 国家药典委员会

2. 化妆品不良反应是指（　）

A. 使用化妆品所引起的皮肤的病变，以及人体局部的损害

B. 正常使用化妆品所引起的皮肤及其附属器官的病变，以及人体局部的损害

C. 使用化妆品所引起的皮肤及其附属器官的病变，以及人体局部或者全身性的损害

D. 正常使用化妆品所引起的皮肤及其附属器官的病变，以及人体局部或者全身性的损害

3. 下列关于电商平台化妆品不良反应义务的说法，错误的是（　）

A. 电子商务平台如果接到化妆品不良反应报告的，应当自行处理

B. 电子商务平台如果接到化妆品不良反应报告的，应当转交平台内化妆品经营者处理

C. 电子商务平台如果开展化妆品自营业务的，应当履行化妆品经营者的不良反应报告义务

D. 电子商务平台应当督促平台内化妆品经营者履行化妆品经营者的不良反应报告义务

4. 关于化妆品的召回，下列说法错误的是（　）

A. 化妆品的召回主要由注册人、备案人负责，但其他主体也要予以配合

B. 只有对人体已经造成伤害的缺陷化妆品才需要进行召回

C. 化妆品召回分为主动召回和责令召回

D. 国家药监部门负责制定国家化妆品安全风险监测计划

5. 属于严重化妆品不良反应的，化妆品注册人、备案人应当自发现或者获知不良反应之日起（　）日内报告

A. 3　　B. 10　　C. 15　　D. 30

二、多选题

1. 下列哪些主体发现化妆品不良反应必须上报（　）

A. 化妆品注册人、备案人　　B. 受托生产企业

C. 个人　　D. 化妆品经营企业

2. 化妆品注册人与备案人的义务包括（　）

A. 配备与其产品相适应的机构和人员从事化妆品不良反应监测工作

B. 主动收集和报告不良反应

C. 对发生的化妆品不良反应及时开展分析评价

D. 配合不良反应监测机构开展化妆品不良反应调查

3. 下列说法正确的有（　）

A. 所有医疗机构应当建立与其诊疗范围相适应的化妆品不良反应监测制度

B. 报告主体如果只是怀疑损害是由于化妆品不良反应所引起，在确认之前不得上报

C. 化妆品注册人、备案人应当通过国家化妆品不良反应监测信息系统上报化妆品不良反应

D. 市县级监测机构应当自收到严重化妆品不良反应报告之日起7个工作日内完成分析评价

4. 化妆品不良反应监测的流程包括（　）

A. 收集　　B. 报告　　C. 评价　　D. 调查

5. 化妆品注册人、备案人通过分析评价化妆品不良反应，发现产品存在安全风险，应当视情况采取的风险控制措施有（　）

A. 停止生产、经营有关产品　　B. 实施产品召回

C. 修改标签、说明书等　　D. 发布安全警示信息

三、案例分析题

某县级化妆品不良反应监测机构收集到一列由医疗机构上报的关于染发膏引起的严重不良事件。

（1）什么是化妆品不良反应，请解释不良反应与不良事件的区别。

（2）对于此次严重不良事件，该市县级不良反应监测机构应该如何进行处理？

四、实训项目

假设你是某化妆品企业负责不良反应监测的人员，你从消费者处收到如下本公司眼霜的不良事件报告，请先判断是否为化妆品不良反应，并按照《化妆品不良反应监测管理办法》《化妆品注册人、备案人收集和报告化妆品不良反应指南（试行）》等文件要求模拟作为化妆品注册人、备案人的不良反应报告、评价过程。

不良事件报告：年轻女性，第一次正常使用保湿修护眼霜，1 小时后眼部皮肤出现热、刺痛。第二天眼睑出现红、痒、肿以及眼睛不适，医院就诊，诊断为接触性皮炎，外用眼药水加药膏，2 天病假，3 天痊愈，再次使用后又出现同样的反应（其他报告事项可自行拓展）。

书网融合……

本章小结

习题

项目八　特殊领域管理

PPT

学习目标

【知识要求】

1. 掌握儿童化妆品的定义以及宣称限制；牙膏的定义以及备案要求。
2. 熟悉儿童化妆品的标签要求；牙膏的原料管理及标签要求。
3. 了解儿童化妆品和牙膏的其他管理要求。

【技能要求】

具备合规经营儿童化妆品的能力；初步具备进行牙膏备案的能力。

【素质要求】

树立敬畏生命，质量第一，合规经营的职业理念。

任务一　儿童化妆品管理

实例分析

实例　2021年1月7日，某网站测评曝光了一起疑似“大头娃娃”事件。有家长从市面上购买某品牌的“多效特护抑菌霜”，给5个月大的孩子使用后出现“大头娃娃”现象，表现为发育迟缓、多毛、脸肿大等。该抑菌霜被检测出强激素丙酸氯倍他索成分超标数百倍。

2023年7月，某微信公众号发布视频和文章，称其对一款名为“红色蜗牛婴初霜”的婴幼儿护肤产品进行了多次检测，结果均显示“该化妆品添加了药物成分他克莫司”。他克莫司是一种治疗中重度皮炎的抗生素，是化妆品禁止添加的成分。

问题　1. 你如何看待上述两个案件，为什么要对儿童化妆品重点监管？

2. 如何识别正规的儿童化妆品？

根据《儿童化妆品监督管理规定》，儿童化妆品是指适用于年龄在12岁以下（含12岁）儿童，具有清洁、保湿、爽身、防晒等功效的化妆品。标识“适用于全人群”“全家使用”等词语或者利用商标、图案、谐音、字母、汉语拼音、数字、符号、包装形式等暗示产品使用人群包含儿童的产品按照儿童化妆品管理（图8－1）。

一、儿童化妆品的管理要求

（一）功效宣称

按照使用人群年龄阶段的不同，将儿童化妆品分为供“婴幼儿”（0～3周岁，含3周岁）使用和供“儿童”（3～12周岁，含12周岁）使用。《化妆品分类规则和分类目录》对婴幼儿与儿

图 8-1 儿童化妆品示例

童的功效宣称进行限制与细分（表 8-1）。不符合以上功效宣称的儿童化妆品按新功效化妆品申请注册。

之所以对儿童化妆品的功效宣称以及配方等进行限制，是由于儿童的皮肤屏障不完善，水分容易流失，抵御微生物污染和外来物刺激的能力也较弱，油脂分泌能力差，容易干燥泛红受刺激，所以儿童化妆品的产品配方设计，应当在安全优先、功效必需的前提下，使用相对简单的产品配方，减少使用可能含易致敏组分或者有较强刺激性的原料，例如香精香料、着色剂、防腐剂、阳离子表面活性剂、化学防晒剂等。所需的化妆品种类，主要以温和的沐浴产品，滋润护肤产品和物理防晒产品为主。婴幼儿由于长期使用尿布，可能出现的“红屁股”等不适，可以针对性使用臀部护理产品。

表 8-1 儿童化妆品功效宣称限制与要求

婴幼儿（0~3 周岁，含 3 周岁）	功效宣称仅限于清洁、保湿、护发、防晒、舒缓、爽身
儿童（3~12 周岁，含 12 周岁）	功效宣称仅限于清洁、卸妆、保湿、美容修饰、芳香、护发、防晒、修护、舒缓、爽身

（二）配方

儿童化妆品的配方设计当遵循安全优先、功效必需、配方极简原则。应当选用有长期安全使用历史的化妆品原料，不得使用尚处于监测期的新原料，不允许使用基因技术、纳米技术等新技术制备的原料，不允许使用以祛斑美白、祛痘、脱毛、除臭、去屑、防脱发、染发、烫发等为目的的原料，如无替代原料必须使用或者因其他目的使用，应当说明原因，并针对儿童化妆品使用的安全性进行评价。

儿童化妆品应当从原料的安全、稳定、功能、配伍等方面，结合儿童生理特点，评估所用原料的科学性和必要性，特别是香料香精、着色剂、防腐剂及表面活性剂等原料。比如为了掩盖某些原料的气味或者是为了增加产品气味对儿童的亲和力，部分企业会考虑在产品中添加香精，但在进行儿童化妆品备案时，需要对香精的使用量和致敏风险进行分析。

（三）标签标识要求

儿童化妆品应当在销售包装展示面标注国家药品监督管理局规定的儿童化妆品标志，即小金盾图标（图 8-2）。非儿童化妆品不得标注儿童化妆品标志。儿童化妆品应当以“注意”或者“警告”作为引导语，在销售包装可视面标注“应当在成人监护下使用”等警示用语。鼓励化妆品注册人、备案人在标签上采用防伪技术等手段方便消费者识别、选择合法产品。

图 8-2 儿童化妆品标志

知识拓展

儿童化妆品标识——小金盾

儿童化妆品标志应当按国家药监局规定的图案，等比例标注在销售包装容易被观察到的主要展示版面的左上方，清晰易识别。当主要展示版面的表面积大于100cm^{2}时，儿童化妆品标志最宽处的宽度不得小于2cm。当主要展示版面的表面积小于等于100cm^{2}时，儿童化妆品标志最宽处的宽度不得小于1cm。标志的名称为“小金盾”，意在表达包括药品监督管理部门在内的社会各方共同努力，不断提升儿童化妆品的质量安全，为婴幼儿和儿童提供良好的成长环境，守护与关爱儿童健康成长。标志整体采用金色、盾牌造型，金色体现了儿童健康活泼、乐观阳光、积极向上的状态；盾牌代表了对儿童的守护与关爱，对违法违规产品的抵制，同时又增加了标志的辨识度；盾牌中心是儿童张开双手的形象设计，强调守护儿童健康成长的坚定决心。

消费者需要注意的是，“小金盾”不是产品质量认证标志。化妆品包装上标注“小金盾”，仅说明该产品属于儿童化妆品，并不代表该产品已经获得监管部门审批或者质量安全得到认证。

化妆品注册人、备案人、受托生产企业应当采取措施避免儿童化妆品性状、气味、外观形态等与食品、药品等产品相混淆，防止误食、误用。儿童化妆品标签不得标注“食品级”“可食用”等词语或者食品有关图案。生产、销售用于未成年人的玩具、用具等，应当依法标明注意事项，并采取措施防止产品被误用为儿童化妆品。

（四）检验项目与安全评估

儿童化妆品的微生物指标中菌落总数更严格，根据《化妆品安全技术规范》规定，眼部化妆品、口唇化妆品和儿童化妆品微生物指标中菌落总数限值为≤500cfu/g或500cfu/mL。

儿童化妆品应当通过安全评估和必要的毒理学试验进行产品安全性评价。儿童化妆品在备案和注册前必须进行毒理学测试，毒理学试验的检验项目应当符合《化妆品注册和备案检验工作规范》的要求。毒理学试验的试验方法应当为《化妆品安全技术规范》规定的方法。

化妆品注册人、备案人对儿童化妆品进行安全评估时，在危害识别、暴露量计算等方面，应当考虑儿童的生理特点。由于儿童的体重通常低于成人，按日常使用化妆品的习惯，会使儿童的系统暴露量高于成人，因此，对儿童化妆品进行暴露评估时，优先引用国内外化妆品研究机构评估文件或者公开发表文献中的儿童化妆品暴露数据。同时需要提供配方设计原则，儿童化妆品进行评估时应当明确产品配方设计的安全优先、功效必需、配方极简原则，并对配方使用原料的科学性和必要性进行说明。

（五）生产

儿童化妆品应当按照化妆品生产质量管理规范的要求生产，并定期进行自查。儿童护肤类化妆品生产车间的环境要求应当符合有关规定。半成品贮存、填充、灌装，清洁容器与器具贮存环节应当在洁净区内进行，称量、配制、缓冲、更衣环节应当在准洁净区内进行。妆品注册人、备案人、受托生产企业应当制定并实施从业人员入职培训和年度培训计划，确保员工熟悉岗位职责，具备履行岗位职责的专业知识和儿童化妆品相关的法律知识。

鼓励化妆品注册人、备案人针对儿童化妆品制定严于强制性国家标准、技术规范的产品执行标准。

化妆品注册人、备案人、受托生产企业应当严格执行物料进货查验记录制度，企业经评估认为必要时开展相关项目的检验，避免通过原料、直接接触化妆品的包装材料带入激素、抗感染类药物等禁用原料或者可能危害人体健康的物质，一旦发现以上情况，立即向所在地省级药监部门报告。

（六）经营

儿童化妆品经营者的义务见表8－2。

表8－2 儿童化妆品经营者义务

主体	职责	具体要求
经营者基本义务	建立并执行进货查验记录制度	查验直接供货者的市场主体登记证明、特殊化妆品注册证或者普通化妆品备案信息、儿童化妆品标志、产品质量检验合格证明并保存相关凭证，如实记录化妆品名称、特殊化妆品注册证编号或者普通化妆品备案编号、使用期限、净含量、购进数量、供货者名称、地址、联系方式、购进日期等内容
	标签信息核对	对所经营儿童化妆品标签信息与国家药品监督管理局官方网站上公布的相应产品信息进行核对，包括化妆品名称、特殊化妆品注册证编号或者普通化妆品备案编号、化妆品注册人或者备案人名称、受托生产企业名称、境内责任人名称，确保上述信息与公布信息一致
	分区陈列与主动提示	鼓励化妆品经营者分区陈列儿童化妆品，在销售区域公示儿童化妆品标志。鼓励化妆品经营者在销售儿童化妆品时主动提示消费者查询产品注册或者备案信息
电子平台内或者自建网站经营者	信息披露与公示	应当在其经营活动主页面全面、真实、准确披露与化妆品注册或者备案资料一致的化妆品标签等信息，并在产品展示页面显著位置持续公示儿童化妆品标志

二、儿童化妆品监督管理

负责药品监督管理的部门应将化妆品注册人、备案人、境内责任人、受托生产企业以及儿童化妆品销售行为较为集中的化妆品经营者列入重点监管对象，增加监督检查频次。对于非法添加，非法生产的行为将从重从严处罚。

负责药品监督管理的部门应当将儿童化妆品作为年度抽样检验和风险监测重点类别。一旦发现儿童化妆品中含有可能危害人体健康的物质，可以采取责令暂停生产、经营的紧急控制措施，并发布安全警示信息；属于进口儿童化妆品的，依法提请有关部门暂停进口。

负责药品监督管理的部门依法查处儿童化妆品违法行为时，有下列情形之一的，应当认定为《化妆品监督管理条例》规定的情节严重情形：①使用禁止用于化妆品生产的原料、应当注册但未经注册的新原料生产儿童化妆品；②在儿童化妆品中非法添加可能危害人体健康的物质。

任务二　牙膏管理

实例分析

实例 消费者秦女士在某电商平台购买了一款号称可以修复龋齿的牙膏。产品链接上写明“产品含有再生硅，能够有效预防蛀牙，迅速释放晶体填充牙洞。使用2周，67%的中型蛀牙减少；使用4周，92%的大型蛀牙填充。”秦女士让女儿严格按照包装盒上的要求每天使用两次该牙膏，希望女儿牙洞能变小甚至消失。但是一个月后孩子的蛀牙不但没有消失，反而旁边两颗牙齿也相继出现了龋齿现象，这令秦女士后悔不已。另一位消费者黄先生在体检中确诊幽门螺杆菌感染。图方便在某电商平台购买了一款声称能有效抑制幽门螺杆菌的“抗幽牙膏”，使用3个月后去体检中心复查，发现幽门螺旋杆菌数值不降反增。

问题 1. 你觉得牙膏是否可以宣称“修复龋齿”和“抑制幽门螺杆菌”？

2. 相关法规对牙膏的功效宣称有哪些限制？

牙膏既是日用消费品，更是与人民群众健康密切相关的产品。依据《化妆品监督管理条例》的规定，牙膏参照普通化妆品的规定进行管理。但由于牙膏在原料和功效宣称评价上和化妆品有一定的区别，导致牙膏无法完全沿用化妆品相关法规。2023 年 3 月 16 日，国家市场监督管理总局公布了《牙膏监督管理办法》，标志着牙膏行业全面纳入化妆品监管体系。《牙膏监督管理办法》对牙膏备案管理、牙膏新原料注册备案，牙膏生产许可、安全评估、功效宣称等作出专门管理规定，对于与化妆品管理一致的内容，未作重复规定。这对规范牙膏生产经营活动，加强牙膏监督管理，保证牙膏质量安全，促进牙膏行业健康长远发展有重要意义。

一、牙膏的定义

牙膏是指以摩擦的方式，施用于人体牙齿表面，以清洁为主要目的的膏状产品。这说明牙膏的作用方式是辅助摩擦，作用部位为牙齿表面，使用目的主要是清洁。

依据牙膏的定义，牙膏的性状为“膏状”，意味着将牙粉、漱口水等产品排除在外。将牙膏严格限制为“膏状”产品，且没有采用“口腔清洁护理用品”等类似表述，是因为口腔清洁护理用品包含的产品种类繁多，除了牙粉、漱口水外，还有“消”字号的口腔抑菌膏等产品，“械”字号的牙齿脱敏凝胶等产品，“药”字号的丁硼乳膏等产品。这些产品中，有些安全风险比化妆品高，有些产品属性与化妆品差异较大，有些更适合按照一般工业产品管理（如牙粉、漱口水），并不能统一参照化妆品进行备案管理。

二、牙膏的管理要求

国家药品监督管理局负责全国牙膏监督管理工作。县级以上地方人民政府负责药品监督管理的部门负责本行政区域的牙膏监督管理工作。

（一）备案管理

国产牙膏应当在上市销售前向备案人所在地省、自治区、直辖市药品监督管理部门备案。进口牙膏应当在进口前向国家药品监督管理局备案。国家药品监督管理局可以依法委托具备相应能力的省级药品监督管理部门实施进口牙膏备案管理工作。牙膏备案前，备案人应当自行或者委托专业机构开展安全评估。从事安全评估的人员应当具备牙膏或者化妆品质量安全相关专业知识，并具有 5 年以上相关专业从业经历。

1. 备案资料　备案人或者境内责任人进行牙膏备案，应当提交下列资料。

（1）备案人的名称、地址、联系方式。

（2）生产企业的名称、地址、联系方式。

（3）产品名称信息。

（4）产品配方。

（5）产品执行的标准。

（6）产品标签样稿。

（7）产品检验报告。

（8）产品安全评估资料。

进口牙膏备案，应当同时提交产品在生产国（地区）已经上市销售的证明文件以及境外生产企业符合化妆品生产质量管理规范的证明资料；专为向我国出口生产、无法提交产品在生产国（地区）已经上市销售的证明文件的，应当提交面向我国消费者开展的相关研究和试验的资料。

2. 编号　牙膏、牙膏新原料取得注册或者进行备案后，按照下列规则进行编号。

（1）牙膏新原料　国牙膏原注/备字 + 四位年份数 + 本年度注册/备案牙膏原料顺序数。

（2）国产牙膏　省、自治区、直辖市简称 + 国牙膏网备字 + 四位年份数 + 本年度行政区域内的备案产品顺序数。

（3）进口牙膏　国牙膏网备进字（境内责任人所在省、自治区、直辖市简称）+四位年份数+本年度全国备案产品顺序数。

（4）中国台湾、香港、澳门牙膏　国牙膏网备制字（境内责任人所在省、自治区、直辖市简称）+四位年份数+本年度全国备案产品顺序数。

（二）原料管理

牙膏是由摩擦剂、保湿剂、增稠剂、发泡剂、芳香剂、水和其他添加剂为主要原料混合组成的膏状物质。原料的质量对于牙膏的使用安全至关重要。牙膏备案人应当选择符合法律、法规、强制性国家标准、技术规范要求的原料用于牙膏生产，对其使用的牙膏原料安全性负责。牙膏备案人进行备案时，应当通过备案信息服务平台明确原料来源和原料安全相关信息。

牙膏新原料是指在中华人民共和国境内首次使用于牙膏的天然或者人工原料。牙膏新原料应当遵守化妆品新原料管理的有关规定，具有防腐、着色等功能的牙膏新原料，经国家药品监督管理局注册后方可使用，其他牙膏新原料实行备案管理。已经取得注册、完成备案的牙膏新原料实行安全监测制度，安全监测的期限为3年。安全监测期满未发生安全问题的牙膏新原料，纳入国家药品监督管理局制定的已使用的牙膏原料目录。

知识拓展

牙膏的原料举例

1. 摩擦剂　摩擦剂是牙膏中能够和牙刷共同作用，擦去牙齿表面软垢，减轻牙渍、牙菌斑、牙结石等外来物质的固体原料成分。摩擦剂是牙膏的主要成分之一，一般为不溶于水的粉状固体，颗粒和质地适中，不损伤牙釉质和牙本质。可作为牙膏摩擦剂的常用原料有天然碳酸钙、磷酸氢钙二水合物（二水磷酸氢钙）、水合硅石（二氧化硅）、轻质碳酸钙、氢氧化铝、磷酸氢钙（无水磷酸氢钙）等。

2. 保湿剂　保湿剂是在牙膏中具有保持膏体的水分、维护膏体的流动性、降低膏体的冰点，以便于生产加工和消费者使用的液体原料成分。可作为牙膏保湿剂的常用原料有甘油、山梨糖醇液（山梨醇）、丙二醇、聚乙二醇等。

3. 增调剂　又称胶黏剂、黏合剂，是分散、溶胀于牙膏液相，形成稳定胶体，以悬浮牙膏固相，防止牙膏中固相组分与液相组分分离的原料成分。常用的有三类：一类是有机合成胶，如纤维素胶、羟乙基纤维素、卡波姆等；一类是天然植物胶，如黄原胶、羟丙基瓜儿胶、皱波角叉菜（卡拉胶）等；还有一类是无机胶，如增稠型水合硅石（二氧化硅）、胶性硅酸铝镁等。

4. 防龋齿牙膏常用原料　防龋齿牙膏常用原料为氟化物。氟化物可加速牙齿修复过程，能够通过抑制细菌的生长和干扰细菌酶的活性来减少酸的产生，并帮助将矿物质重新注入牙釉质。根据《中国居民健康口腔指南》，使用含氟牙膏刷牙是最有效预防龋齿的办法，但切勿过量。在最新的牙膏国标中，成人牙膏可使用含氟量在0.05%~0.15%，牙膏儿童可使用含氟量在0.05%~0.11%。

（三）检验要求

牙膏进行备案时，备案人应当提交产品检验报告，一般包括微生物与理化检验报告、毒理学试验报告、功效评价报告等。

1. 检验机构要求 牙膏备案人可以根据产品配方、类别等，委托化妆品注册和备案检验机构、药物非临床安全性评价研究机构、药物临床试验机构和/或医疗器械临床试验机构（具有口腔科目的医疗机构执业资格）等技术机构分别出具产品检验报告，所选择的技术机构应当具备相应的检验或评价能力，检验机构的管理按照化妆品的有关规定执行。

参照国家药监局关于优化普通化妆品备案检验管理有关要求，符合相关要求的，牙膏备案人可自行或委托受托生产企业按要求进行相关微生物与理化检验。产品备案时提交自检报告的，备案人应当同时提交具备相应检验能力的声明，提供开展自检的相应检验人员、设备设施和场所环境等情况说明，并承诺对检验报告的真实性、准确性负责。

2. 毒理学试验 为进一步确认产品安全性，部分牙膏的产品检验报告需包括口腔黏膜刺激试验项目，优先选择《化妆品安全技术规范》收录的试验方法，或者参考相关口腔医疗器械试验方法。

牙膏的生产企业已取得所在国家（地区）政府主管部门出具的生产质量管理体系相关资质认证（由多家生产企业生产的，所有生产企业均已取得相关资质认证），且产品安全风险评估结果能够充分确认产品安全性的，可免于提交该产品的口腔黏膜刺激试验报告，有下列情形的除外：①产品宣称儿童使用的；②产品宣称具有防龋、抑牙菌斑、抗牙本质敏感、减轻牙龈问题功效的；③产品使用尚在安全监测中新原料的。

3. 功效评价 牙膏的功效宣称应当有充分的科学依据。在牙膏相关监管法规实施之前，我国牙膏市场上功效宣称较为混乱，部分宣称与药品、医疗器械的界限模糊，给消费者健康带来隐患。

《牙膏备案资料管理规定》规定牙膏的最主要功能就是清洁牙齿，牙膏备案人按照国家标准、行业标准进行功效评价后，可以宣称牙膏具有防龋、抑牙菌斑、抗牙本质敏感、减轻牙龈问题等功效。牙膏备案人应当在备案信息服务平台公布功效宣称所依据的文献资料、研究数据或者产品功效评价资料的摘要，接受社会监督。牙膏的功效宣称评价应当符合法律、法规、强制性国家标准、技术规范和国家药监局规定的质量安全和功效宣称评价有关要求，保证功效宣称评价结果的科学性、准确性和可靠性。

牙膏产品功效评价方法一般分为人体评价方法和其他评价方法。进行人体评价时，应当在方案设计、受试者权益保护、操作规范性、数据与档案管理等方面符合法律法规相关要求，评价方法应当满足相关标准、规范等的技术要求。采用人体功效评价以外的其他方法进行功效评价时，应当在方法选择上确保评价结果科学、准确和可靠。

牙膏宣称具有防龋、抑牙菌斑、抗牙本质敏感、减轻牙龈问题等功效，需进行人体功效评价，在备案时提交功效评价资料，并根据功效评价结果编制、公布功效宣称评价摘要。对于通过添加氟化物达到防龋功效，且含氟量达到规定要求的，可免于对防龋功效进行评价。同一备案人备案的牙膏产品，使用经验证可发挥功效作用的相同功效性原料，且配方浓度不低于已备案产品，宣称具有防龋、抑牙菌斑、抗牙本质敏感、减轻牙龈问题等相同功效的，可免于人体功效评价。牙膏仅宣称清洁功效的，可免于功效评价。

（四）生产

企业拟从事牙膏生产活动，应当依法向所在地省、自治区、直辖市药品监督管理部门申请取得生产许可，颁发化妆品生产许可证。牙膏备案人、受托生产企业应当建立生产质量管理体系，按照化妆品生产质量管理规范的要求组织生产。

（五）标签标识要求

牙膏标签应当标注下列内容：①产品名称；②备案人、受托生产企业的名称、地址，备案人为境外的应当同时标注境内责任人的名称、地址；③生产企业的名称、地址，国产牙膏应当同时标注生产企业生产许可证编号；④产品执行的标准编号；⑤全成分；⑥净含量；⑦使用期限；⑧必要的安全警示用语；⑨法律、行政法规、强制性国家标准规定应当标注的其他内容。根据产品特点，需要特别标注产品使用方法的，应当在销售包装可视面进行标注。

牙膏产品名称一般由商标名、通用名和属性名三部分组成。牙膏的属性名统一使用“牙膏”字样进行表述。非牙膏产品不得通过标注“牙膏”字样等方式欺骗误导消费者。

牙膏标签禁止标注下列内容：①明示或者暗示具有医疗作用的内容；②虚假或者引人误解的内容；③违反社会公序良俗的内容；④法律、行政法规、强制性国家标准、技术规范禁止标注的其他内容。

（六）不良反应

牙膏不良反应报告遵循可疑即报的原则。牙膏生产经营者、医疗机构应当按照国家药品监督管理局制定的化妆品不良反应监测制度的要求，开展牙膏不良反应监测工作。

（七）儿童牙膏管理

儿童牙膏是指宣称适用于年龄在 12 岁以下（含 12 岁）儿童的牙膏。儿童牙膏可以宣称的功效类别仅限于清洁、防龋。标识“适用于全人群”“全家使用”等词语或者利用商标、图案、谐音、字母、汉语拼音、数字、符号、包装形式等暗示产品使用人群包含儿童的产品按照儿童牙膏管理。

儿童牙膏应标注“小金盾”标志，儿童牙膏标签不宜标注“食品级”“可食用”等词语。

儿童牙膏应当以“注意”或者“警告”作为引导语，在销售包装可视面标注“应当在成人监护下使用”“不能食用”“谨防吞咽”等相关警示用语；添加氟化物的儿童牙膏应当标注单次使用限量。

备案人应当根据儿童的生理特点，遵循安全优先原则、功效必须原则、配方极简原则设计儿童牙膏，在安全评估资料中提交配方设计原则，并对配方使用原料的必要性进行说明。儿童牙膏进行安全评估时，在危害识别、暴露量计算等方面，应当考虑儿童的生理特点。

知识拓展

牙膏管理变迁历程

1987 年，原国家轻工业部组织起草 GB 8372—1987《牙膏》审定通过，我国牙膏产品第一个国家标准，现行为 GB/T 8372—2017《牙膏》。

2001 年，中国牙膏工业协会（1984 年成立，2005 年更名为中国口腔清洁护理用品工业协会）组织起草了《牙膏企业生产管理规范》，作为行业自律性文件发布。

2006 年，中国口腔清洁护理用品工业协会组织起草了《牙膏产品生产许可实施细则》经原国家质监总局批准发布，对牙膏生产企业颁发《全国工业品生产许可证（牙膏）》，牙膏产品正式列入国家生产许可管理。

2007 年，原国家质监总局发布《化妆品标识管理规定》，将牙膏产品标签标识管理纳入化妆品范围。

2008 年，中国口腔清洁护理用品工业协会起草发布了国家标准《牙膏用原料规范（GB 22115—2008）》和国家轻工行业标准 QB 2966—2008《功效型牙膏》，对牙膏行业的安全性管理和功效发展起到重要的指导作用。

2010 年，原国家卫生部发布了国家卫生行业标准 WS/T 326—2010《牙膏功效评价》，规范了牙膏功效评价的原则、方法和标准。

2016 年，原国家食药监总局制定《化妆品生产许可工作规范》，将牙膏生产管理纳入化妆品范围，对牙膏生产企业颁发《化妆品生产许可证》。

2020 年，《化妆品监督管理条例》出台，明确牙膏参照普通化妆品进行管理。

2023 年，《牙膏监督管理办法》和《牙膏备案资料管理规定》出台，标志着牙膏行业全面纳入化妆品监管体系。

目标检测

一、单选题

1. 牙膏是指以（　）的方式，施用于人体牙齿表面，以清洁为主要目的的膏状产品

A. 喷洒　　B. 挤压　　C. 摩擦　　D. 口服

2. 儿童化妆品，是指适用于年龄在（　）以下儿童，具有清洁、保湿、爽身、防晒等功效的化妆品

A. 3 岁　　2. 8 岁　　3. 10 岁　　4. 12 岁

3. 国产牙膏应当在上市销售前向（　）备案

A. 省级药品监督管理部门

B. 设区的市级药品监督管理部门

C. 国家药品监督管理局

D. 县级药品监督管理部门

4. 儿童护肤类化妆品的半成品贮存、填充、灌装，清洁容器与器具贮存环节应当在（　）内进行

A. 一般生产区　　B. 控制区　　C. 准洁净区　　D. 洁净区

5. 为进一步确认产品安全性，部分牙膏的产品检验报告需包括（　）

A. 急性经口毒性试验　　B. 口腔黏膜刺激试验项目

C. 慢性毒性试验项目　　D. 生殖发育毒性项目

二、多选题

1. 儿童化妆品的配方设计当遵循（　）原则

A. 安全优先　　B. 功效必需

C. 配方极简　　D. 检验合理

2. 以下说法错误的有（　）

A. 儿童化妆品可以宣称滋养功效

B. 儿童化妆品标签不得标注“食品级”等词语或者食品有关图案

C. 儿童化妆品的配方不允许使用基因技术、纳米技术等新技术制备的原料

D. 婴幼儿化妆品不得宣称防晒功效

3. 儿童牙膏只可以宣称的功效包括（　）

A. 抑牙菌斑　　B. 清洁

C. 防龋　　D. 抗牙本质敏感

4. 下列关于牙膏说法正确的有（　）

A. 牙膏产品名称一般由商标名、通用名和属性名三部分组成

B. 牙膏的属性名统一使用“牙膏”字样进行表述

C. 牙膏新原料实行安全监测制度，安全监测的期限为 3 年

D. 添加氟化物的儿童牙膏应当标注单次使用限量

5. 关于儿童化妆品的经营，下列说法正确的有（　）

A. 儿童化妆品电子平台经营者应该在产品展示页面显著位置持续公示儿童化妆品标志

B. 化妆品经营者必须分区陈列儿童化妆品，在销售区域公示儿童化妆品标志

C. 儿童化妆品经营者必须建立并执行进货查验记录制度

D. 儿童化妆品经营者应该对所经营儿童化妆品标签信息与国家药品监督管理局官方网站上公布的相应产品信息进行核对

三、简答题

1. 请阐述与成人化妆品相比，儿童化妆品标签标识的特殊要求。

2. 请阐述牙膏可以宣称的功效以及其功效评价要求。

四、实训项目

1. 假设你是一家牙膏企业的产品备案人员，你们企业需要备案一款成人含氟防龋齿牙膏，请依据《牙膏监督管理办法》和《牙膏备案资料管理规定》的要求对该牙膏进行模拟备案。

（1）请依据法规的要求，对该产品进行命名。

（2）请确定该产品的检验项目。

2. 请任意走访2家大型超市或者母婴专卖店，观察该店铺销售的牙膏以及儿童化妆品的标签标注、功效宣称、儿童化妆品的经营等是否符合法规的要求，并做成调查报告。

书网融合……

本章小结　　习题

项目九　化妆品监督管理

PPT

学习目标

【知识要求】

1. 掌握与化妆品相关的行政法律责任；化妆品监督检查的相关规定。
2. 熟悉化妆品相关的民事及刑事法律责任；化妆品监督抽检的程序。
3. 了解法律责任的定义及种类。

【技能要求】

具备依法对化妆品违法案件的法律责任进行判断的能力。

【素质要求】

培养有法必依、执法必严、违法必究的法治精神。

任务一　法律责任

实例分析

实例　王某在自家仓库违规生产中草药面膜，并在面膜中添加禁用组分麻黄和糖皮质激素，所生产的中草药面膜通过产品代理模式向各地进行销售，造成多人面部严重受损。经药监部门最终认定，王某生产含有麻黄碱和激素成分的面膜共10176盒，货值金额219416元。

问题　王某应该承担哪些法律责任？

一、法律责任概述

法律责任是指行为人因实施某种违反法律义务的行为而应当承担的一种不利的法律后果。法律责任同违法行为紧密相连，只有实施某种违法行为的人（包括法人），才承担相应的法律责任。法律责任是由特定法律事实所引起的对损害予以补偿、强制履行或接受惩罚的特殊义务。

法律责任的构成要件一般包括五个方面，即责任主体、违法行为、主观过错、损害后果以及因果关系（表9－1）。

表9－1　法律责任的构成要件及具体内容

构成要件	具体内容
责任主体	即违反法定或约定的义务并具有责任能力，因而必须承担法律责任的人。包括自然人、法人和国家
违法行为	违法或违约行为是法律责任的核心构成要素，包括作为和不作为
主观过错	指行为人实施违法行为时的心理状态，包故意与过失。故意是指明知自己的行为会发生危害社会、损害他人的结果，希望或放任这种结果发生的心理状态。过失是指应当预见自己的行为可能会发生损害他人、危害社会的结果，因为疏忽大意而没有预见，或已经预见而轻信能够避免，以致发生这种结果的心理状态

续表

构成要件	具体内容
损害后果	由于违法行为所导致的损失和伤害的事实，包括人身、财产和精神方面的损失和伤害
因果关系	法律责任的构成要求责任主体、违法行为、主观过错和损害结果之间具有因果关系

二、化妆品法律责任的分类

与化妆品相关的法律责任一般包括行政责任、刑事责任与民事责任三种。这三种法律责任侧重点各有不同，行政责任重在处罚，民事责任重在补偿，而刑事责任重在惩罚，三者共同构成化妆品法律责任体系。

（一）行政责任

1. 行政责任概述 行政责任是指违反有关行政管理的法律规定，但尚未构成犯罪的行为，依法应承担的行政法律后果。行政责任主要有行政处罚和行政处分两种方式。行政处分是指国家机关、企事业单位对所属的国家工作人员违法失职行为尚不构成犯罪，依据法律、法规所规定的权限而给予的一种惩戒。行政处分的形式有警告、记过、记大过、降级、撤职、开除。

行政处罚是指行政机关依法对违反行政管理秩序的公民、法人或者其他组织，以减损权益或者增加义务的方式予以惩戒的行为。行政处罚一般包括申戒罚、财产罚、资格罚、行为罚、人身罚等。

（1）申戒罚　行政机关依法对违反行政法规范的相对人给予的谴责和警戒。主要形式为警告和通报批评。警告是一种书面形式的谴责和告诫，是行政处罚中最轻的一种，适用于情节轻微或未构成实际危害结果的违法行为。通报批评是行政机关以公开、公布的方式，使被处罚人的名誉权受到损害，既制裁、教育违法者，又可广泛教育他人的一种行政处罚形式。

（2）财产罚　财产罚是指使被处罚人的财产权利和利益受到损害的行政处罚。主要形式为罚款、没收违法所得、没收非法财物。罚款是指强制违法行为人在一定期限内向国家交纳一定数量货币的处罚形式。没收违法所得是指行政机关依法将违法行为人取得的违法所得财物，运用国家法律法规赋予的强制措施，对其违法所得财物的所有权予以强制性剥夺的处罚方式。没收非法财物是指行政机关将违法行为人非法占有的违禁品和其他财物无偿收缴的处罚形式，包括用于非法活动的资金、工具等。

（3）资格罚　资格罚是指以剥夺或者限制公民从事特定行为的资格为内容的行政处罚。主要形式为暂扣许可证件、降低资质等级、吊销许可证件。暂扣许可证件是对违法行为人所拥有的资质的限制，一般附有期限或条件。吊销许可证件意味着剥夺了当事人从事许可证件所赋予的许可事项的活动权利。资质等级是企业在行业内专业水准、质量、信誉等的综合评价，降低资质等级对市场主体后续的经营活动有不小的影响。

（4）行为罚　行政主体对违反行政法律规范的行政相对方所采取的限制或剥夺其特定行为能力的一种处罚措施。主要形式包括限制开展生产经营活动、责令停产停业、责令关闭、限制从业。限制开展生产经营活动是对具有经营自主权的市场主体的生产经营活动的类型和范围予以限制。责令停产停业是指行政机关要求从事违法生产经营活动的公民、法人或其他组织停止生产、停止经营。限制从业是对公民个人行为的限制，即限制公民从事一定职业。包括在一定时间内限制和终身禁止。责令关闭是在不能通过限制经营活动和责令停产停业的严重情况下，可能会责令关闭。

资格罚与行为罚较难以区分，一般理解为当事人的行为可分为两类：一类是基于行政许可所从事的行为，当事人没有取得许可证就不得从事该行为；另一类是不实施行政许可的行为，当事人无须取得许可证就可实施该行为。行政处罚要禁止前一类行为的，就适用资格罚；要禁止后一类行为的，就适用行为罚。

（5）人身罚　人身罚是指行政机关作出的限制或剥夺违法行政相对人人身自由的一种行政处罚，是行政处罚中最严厉的一种处罚形式。人身罚的表现形式为行政拘留。行政拘留只能由县级以上公安机关等法定机构来决定和执行。

2. 与化妆品相关的行政责任　与化妆品相关的行政责任以行政处罚的主要表现形式，主要集中在《化妆品监督管理条例》《化妆品生产经营监督管理办法》《化妆品注册备案管理办法》等法规及规章中。另外，《广告法》《反不正当竞争法》《商标法》《产品质量法》等法律规范中的一些行政处罚条款也适用于化妆品广告、质量以及商标侵权等行为。

化妆品行政处罚的主要依据为《化妆品监督管理条例》。《化妆品监督管理条例》在设置法律责任过程中深入贯彻习近平总书记对食品药品监管工作四个最严的重要批示，秉持“宽进、严管、重罚、有过必罚、过罚得当”的原则，加大对违法行为的处罚力度，细化违法行为的处罚情形，体现实事求是的精神。

《化妆品监督管理条例》分别对特别严重违法行为、严重违法行为、较严重违法行为、一般违法行为设定了四档法律责任。并综合运用多种行政处罚种类，包括罚款、没收违法所得、没收非法财物、吊销许可证件、责令停产停业、限制从业等。大幅提高罚款数额，并“处罚到人”。

（1）特别严重违法行为　依据《化妆品监督管理条例》第五十九条，有下列情形之一的，由负责药品监督管理的部门没收违法所得、违法生产经营的化妆品和专门用于违法生产经营的原料、包装材料、工具、设备等物品；违法生产经营的化妆品货值金额不足 1 万元的，并处 5 万元以上 15 万元以下罚款；货值金额 1 万元以上的，并处货值金额 15 倍以上 30 倍以下罚款；情节严重的，责令停产停业、由备案部门取消备案或者由原发证部门吊销化妆品许可证件，10 年内不予办理其提出的化妆品备案或者受理其提出的化妆品行政许可申请，对违法单位的法定代表人或者主要负责人、直接负责的主管人员和其他直接责任人员处以其上一年度从本单位取得收入的 3 倍以上 5 倍以下罚款，终身禁止其从事化妆品生产经营活动；构成犯罪的，依法追究刑事责任：①未经许可从事化妆品生产活动，或者化妆品注册人、备案人委托未取得相应化妆品生产许可的企业生产化妆品；②生产经营或者进口未经注册的特殊化妆品；③使用禁止用于化妆品生产的原料、应当注册但未经注册的新原料生产化妆品，在化妆品中非法添加可能危害人体健康的物质，或者使用超过使用期限、废弃、回收的化妆品或者原料生产化妆品。

典型案例

违规添加禁用原料案件

2021 年 8 月 27 日，在河北省药监局指导下，邢台市市场监管局联合公安局执法人员对河北省 A 药业有限公司展开调查，经现场检查，该企业已处于停产状态。最终调查结果显示，该药业有限公司更改了其产品杏璞修护霜（儿童型）、玉之甲杏妈修护霜（儿童型）、草本贝贝本草修护霜的配方工艺，并且这 3 款产品中 5 个批次均检出了本烯莫德成分。原因是这些产品在生产过程中，加入了福州某生物科技有限公司生产的化妆品原料莲敏舒，而该原料中非法添加了本烯莫德。

本烯莫德膏是国家药监局已批准的药品，用于治疗银屑病，其活性成分为本烯莫德，该药品说明书中明确载明，“尚未在 18 岁以下患者中进行有效性和安全性研究，18 岁以下患者不得使用”，属于禁止用于儿童的药品。河北省药监局依据《化妆品监管管理条例》第五十九条第（三）项的规定，将该 5 批次的儿童化妆品定性为“非法添加可能危害人体健康物质的化妆品”，并对该企业及法人开出了“禁业令”。

处罚结果：A药业有限公司被处以吊销《化妆品生产许可证》、取消化妆品备案、10年内不予办理其提出的化妆品备案或者受理其提出的化妆品行政许可申请、法定代表人被终身禁止从事化妆品生产经营活动的处罚。

（2）严重违法行为　依据《化妆品监督管理条例》第六十条，有下列情形之一的，由负责药品监督管理的部门没收违法所得、违法生产经营的化妆品和专门用于违法生产经营的原料、包装材料、工具、设备等物品；违法生产经营的化妆品货值金额不足1万元的，并处1万元以上5万元以下罚款；货值金额1万元以上的，并处货值金额5倍以上20倍以下罚款；情节严重的，责令停产停业、由备案部门取消备案或者由原发证部门吊销化妆品许可证件，对违法单位的法定代表人或者主要负责人、直接负责的主管人员和其他直接责任人员处以其上一年度从本单位取得收入的1倍以上3倍以下罚款，10年内禁止其从事化妆品生产经营活动；构成犯罪的，依法追究刑事责任：①使用不符合强制性国家标准、技术规范的原料、直接接触化妆品的包装材料，应当备案但未备案的新原料生产化妆品，或者不按照强制性国家标准或者技术规范使用原料；②生产经营不符合强制性国家标准、技术规范或者不符合化妆品注册、备案资料载明的技术要求的化妆品；③未按照化妆品生产质量管理规范的要求组织生产；④更改化妆品使用期限；⑤化妆品经营者擅自配制化妆品，或者经营变质、超过使用期限的化妆品；⑥在负责药品监督管理的部门责令其实施召回后拒不召回，或者在负责药品监督管理的部门责令停止或者暂停生产、经营后拒不停止或者暂停生产、经营。

典型案例

生产经营不符合技术规范要求的化妆品案件

经广东省药监局监督抽检，某生物科技有限公司生产的氨基酸香氛洗发水的检验结果显示不符合《化妆品安全技术规范》的规定，不符合规定项目为甲基氯异噻唑啉酮和甲基异噻唑啉酮与氯化镁及硝酸镁的混合物超出最大允许浓度，属于生产经营不符合技术规范要求的化妆品行为。经查，该生物科技有限公司于2021年12月生产涉案产品一批，2022年9月6日至2022年12月29日期间，多次向药监局故意提供虚假信息和不实证据隐瞒真实情况，属于从重处罚的情形。此外，在涉案产品生产过程中，该公司存在未按规定执行原料进货查验记录制度，未按规定执行生产管理和生产记录制度、出厂检验管理和检验记录制度、成品留样管理和留样记录制度等行为，属于未按照化妆品生产质量管理规范的要求组织生产的行为。

处罚结果：依据《化妆品监督管理条例》第六十条第（二）项、第（三）项和《化妆品生产经营监督管理办法》第六十一条第一款第（二）项的规定，没收违法产品，没收违法所得285元，罚款55，000元。责令停产停业30天，取消氨基酸香氛洗发水化妆品备案。公司法定代表人和质量安全负责人10年内禁止从事化妆品生产经营活动。

（3）较严重违法行为　依据《化妆品监督管理条例》第六十一条，有下列情形之一的，由负责药品监督管理的部门没收违法所得、违法生产经营的化妆品，并可以没收专门用于违法生产经营的原料、包装材料、工具、设备等物品；违法生产经营的化妆品货值金额不足1万元的，并处1万元以上3万元以下罚款；货值金额1万元以上的，并处货值金额3倍以上10倍以下罚款；情节严重的，责令停产停业、由备案部门取消备案或者由原发证部门吊销化妆品许可证件，对违法单位的法定代表人或者主要负责人、直接负责的主管人员和其他直接责任人员处以其上一年度从本单位取得收入的1倍以上2倍以下罚款，5年内禁止其从事化妆品生产经营活动：①上市销售、经营或者进口未备案的普通化妆品；②未依照本条例规定设质量安全负责人；③化妆品注册人、备案人未对受托生产企业的生产活动进行监督；④未依照本条例规定建立并执行从业人员健康管理制度；⑤生产经营标签不符合本条例规定的化妆品。

生产经营的化妆品的标签存在瑕疵但不影响质量安全且不会对消费者造成误导的，由负责药品监督管理的部门责令改正；拒不改正的，处2000元以下罚款。

（4）一般违法行为　依据《化妆品监督管理条例》第六十二条，有下列情形之一的，由负责药品监督管理的部门责令改正，给予警告，并处1万元以上3万元以下罚款；情节严重的，责令停产停业，并处3万元以上5万元以下罚款，对违法单位的法定代表人或者主要负责人、直接负责的主管人员和其他直接责任人员处1万元以上3万元以下罚款：①未依照本条例规定公布化妆品功效宣称依据的摘要；②未依照本条例规定建立并执行进货查验记录制度、产品销售记录制度；③未依照本条例规定对化妆品生产质量管理规范的执行情况进行自查；④未依照本条例规定贮存、运输化妆品；⑤未依照本条例规定监测、报告化妆品不良反应，或者对化妆品不良反应监测机构、负责药品监督管理的部门开展的化妆品不良反应调查不予配合。

进口商未依照本条例规定记录、保存进口化妆品信息的，由出入境检验检疫机构依照前款规定给予处罚。

（5）情节严重的情形　依据《化妆品生产经营监督管理办法》第六十一条，有下列情形之一的，属于化妆品监督管理条例规定的情节严重情形：①使用禁止用于化妆品生产的原料、应当注册但未经注册的新原料生产儿童化妆品，或者在儿童化妆品中非法添加可能危害人体健康的物质；②故意提供虚假信息或者隐瞒真实情况；③拒绝、逃避监督检查；④因化妆品违法行为受到行政处罚后1年内又实施同一性质的违法行为，或者因违反化妆品质量安全法律、法规受到刑事处罚后又实施化妆品质量安全违法行为；⑤其他情节严重的情形。

对情节严重的违法行为处以罚款时，应当依法从重从严。

（6）免责条款　依据《化妆品监督管理条例》第六十八条，化妆品经营者履行了本条例规定的进货查验记录等义务，有证据证明其不知道所采购的化妆品是不符合强制性国家标准、技术规范或者不符合化妆品注册、备案资料载明的技术要求的，收缴其经营的不符合强制性国家标准、技术规范或者不符合化妆品注册、备案资料载明的技术要求的化妆品，可以免除行政处罚。

（二）刑事责任

1. 刑事责任概述　刑事责任是指行为人因犯罪行为所导致的，违反国家刑事法律而必须承担的惩罚性后果。这种惩罚性的后果由司法机关通过特定的程序来确定。刑事责任是一种惩罚性的责任，是所有法律责任中最严厉的一种。刑事责任的承担方式主要是刑罚，即刑事处罚，刑事处罚的种类包括主刑与附加刑。

（1）主刑　是对犯罪分子适用的主要刑罚方法，只能独立适用，不能附加适用，对犯罪分子只能判一种主刑。主刑的种类一般包括管制、拘役、有期徒刑、无期徒刑和死刑。

（2）附加刑　又称从刑，是补充主刑适用的刑罚方法。附加刑既可以附加适用，又可以独立适用。适用附加刑时，一个犯罪可以同时适用两个以上的附加刑。附加刑的种类包括罚金、剥夺政治权利、没收财产和驱逐出境。

2. 与化妆品相关的刑事责任　与化妆品相关的刑事责任主要集中在《中华人民共和国刑法》的第一百四十条、一百四十八条、二百一十三条和二百一十四条等条款中。

（1）生产、销售不符合卫生标准的化妆品罪　依据《刑法》第一百四十八条，生产不符合卫生标准的化妆品，或者销售明知是不符合卫生标准的化妆品，造成严重后果的，处三年以下有期徒刑或者拘役，并处或者单处销售金额百分之五十以上二倍以下罚金。

生产、销售不符合卫生标准的化妆品的行为必须造成了严重的后果。否则、虽有生产、销售行为、但没有造成实际危害后果或者虽然造成危害后果但不属于严重后果，或者虽属严重后果但不是因为生产、销售的行为所引起，如被害人使用不当等，则都不能构成本罪。

根据《最高人民检察院、公安部关于公安机关管辖的刑事案件立案追诉标准的规定（一）》第二十四条，生产不符合卫生标准的化妆品，或者销售明知是不符合卫生标准的化妆品，涉嫌下列情形之一的，应予立案追诉：①造成他人容貌毁损或者皮肤严重损伤的；②造成他人器官组织损伤导致严重功能障碍的；③致使他人精神失常或者自杀、自残造成重伤、死亡的；④其他造成严重后果的情形。

典型案例

销售不符合卫生标准的化妆品案件

2017 年，被告人刘某通过被告人山东某化妆品有限公司销售员张某联系，成为该公司的加盟商。在 2018 年初，被告人刘某在未经主管部门审批许可、未取得任何证照的情况下，为谋取经济利益，在单元楼内经营“祛斑痘工作室”，并通过被告人张某以每瓶 35 元的价格购进某“活肤驻颜凝脂霜”43 瓶，以每瓶 80 元的价格售出共计 39 瓶。在此过程中，被告人张某没有向被告人刘某提供所售化妆品的每批次检验报告等资质材料，且告知刘某所售产品不得在店内公开摆放。2018 年 11 月，夏某从被告人刘某处购买、使用该化妆品后出现严重不良反应住院治疗。经鉴定，涉案的“活肤驻颜凝脂霜”中汞含量超出国家标准达 20000 余倍，被害人夏某因汞中毒导致重伤一级。

法院审理认为，被告人张某和刘某销售明知是不符合卫生标准的化妆品，造成严重后果，其行为已构成销售不符合卫生标准的化妆品罪。但被告人张某和刘某到案后能够如实供述犯罪事实，已退缴违法所得和预交了罚金，并对被害人进行经济补偿，已取得被害人谅解，可酌情从轻处罚。

判决结果：依据《刑法》第一百四十八条，被告人张某犯销售不符合卫生标准的化妆品罪，判处有期徒刑一年六个月，缓刑二年，并处罚金人民币五千元。被告人刘某犯销售不符合卫生标准的化妆品罪，判处有期徒刑一年六个月，缓刑二年，并处罚金人民币五千元。

（2）生产、销售伪劣产品罪　依据《刑法》第一百四十条，生产者、销售者在产品中掺杂、掺假，以假充真，以次充好或者以不合格产品冒充合格产品，销售金额五万元以上不满二十万元的，处二年以下有期徒刑或者拘役，并处或者单处销售金额百分之五十以上二倍以下罚金；销售金额二十万元以上不满五十万元的，处二年以上七年以下有期徒刑，并处销售金额百分之五十以上二倍以下罚金；销售金额五十万元以上不满二百万元的，处七年以上有期徒刑，并处销售金额百分之五十以上二倍以下罚金；销售金额二百万元以上的，处十五年有期徒刑或者无期徒刑，并处销售金额百分之五十以上二倍以下罚金或者没收财产。

根据《最高人民检察院、公安部关于公安机关管辖的刑事案件立案追诉标准的规定（一）》第十六条，生产者、销售者在产品中掺杂、掺假，以假充真，以次充好或者以不合格产品冒充合格产品，涉嫌下列情形之一的，应予立案追诉：①伪劣产品销售金额五万元以上的；②伪劣产品尚未销售，货值金额十五万元以上的；③伪劣产品销售金额不满五万元，但将已销售金额乘以三倍后，与尚未销售的伪劣产品货值金额合计十五万元以上的。

生产、销售化妆品，如果不构成生产、销售不符合卫生标准的化妆品罪的犯罪行为，但是销售金额在五万元以上的，依照生产、销售伪劣产品罪的规定定罪处罚。生产、销售化妆品，构成生产、销售不符合卫生标准的化妆品罪的犯罪行为，同时又构成生产、销售伪劣产品罪，依照处罚较重的规定定罪处罚。

（3）假冒注册商标罪　依据《刑法》第二百一十三条，未经注册商标所有人许可，在同一种商品、服务上使用与其注册商标相同的商标，情节严重的，处三年以下有期徒刑，并处或者单处罚金；情节特别严重的，处三年以上十年以下有期徒刑，并处罚金

近年来，不法分子瞄准品牌化妆品进行制假售假，凭借他人优质品牌效应谋取非法利益。药品监督管理部门高度重视从化妆品安全风险监测中发现的违法线索，发挥专业技术优势，与公安机关协同作战，由行政执法部门、公安机关、司法机关和权利人企业共同发力，将制假售假链条一网打尽，切实保护公众用妆安全，维护公平竞争市场秩序，营造良好的营商环境。

典型案例

假冒注册商标案件

为非法牟取利益，詹某在没有相关资质、未取得注册商标权利人授权的情况下，租赁厂房、购买灌装机和打码机等设备，并自2021年12月开始雇佣工人加工生产各种品牌化妆品。詹某通过同案人陈某提供的原材料和订单要求，分别以人民币1.2～6元不等的加工费用，生产加工“SK－Ⅱ”“WHOO后”“LA MER”等六个品牌的产品，并将上述成品发货至陈某指定地点。2022年3月11日晚，公安机关查获该制假工厂并现场抓获詹某，扣押假冒“宝洁SK－Ⅱ”面霜、“WHOO后·天气丹”乳液、“LA MER”洗面奶等产品一批及相关设备。经鉴定，现场扣押的面霜、乳液、洗面奶等均为假冒注册商标产品，价值总额超过1000万元。

判决结果：2022年10月25日，法院作出一审判决，以假冒注册商标罪判处被告人詹某有期徒刑五年，并处罚金二十万元。同时追缴违法所得及没收假冒注册商标的化妆品、作案工具。

（4）销售假冒注册商标的商品罪　依据《刑法》第二百一十四条，销售明知是假冒注册商标的商品，违法所得数额较大或者有其他严重情节的，处三年以下有期徒刑，并处或者单处罚金；违法所得数额巨大或者有其他特别严重情节的，处三年以上十年以下有期徒刑，并处罚金。

（三）民事责任

1. 民事责任概述　指民事主体在开展民事活动的过程中，因实施了民事违法行为，根据民法所承担的对其不利的民事法律后果或者基于法律特别规定而应承担的民事法律责任。民事责任主要是一种救济责任，其功能主要在于救济当事人的权利，赔偿或补偿当事人的损失。

承担民事责任方式主要包括：①停止侵害；②排除妨碍；③消除危险；④返还财产；⑤恢复原状；⑥修理、重作、更换；⑦继续履行；⑧赔偿损失；⑨支付违约金；⑩消除影响、恢复名誉；⑪赔礼道歉。

知识拓展

民事责任的分类

1. 违约责任　指当事人不履行合同义务或者在履行合同义务时有违反合同约定的行为，而根据法律应需承担的民事责任。

2. 缔约过失责任　指在订立合同的过程中，一方因为不履行合同依据的诚信原则所产生的义务，导致另一方的信赖利益受到损失，应当承担的损害赔偿责任。缔约过失责任属于一种弥补性的民事责任。

3. 侵权责任　指民事主体因实施侵权行为而应承担的民事法律后果。

2. 与化妆品相关的民事责任 当事人由于违约或者侵权行为，违反民事法律规范，造成对方财产或者人身损害，应当依法承担民事赔偿责任。《化妆品监督管理条例》第七十六条规定，违反本条例规定，造成人身、财产或者其他损害的，依法承担赔偿责任。民事责任主要以填补损失为主，赔偿以实际损失为限，但在一定条件下也有相应的惩罚性赔偿。化妆品的侵权民事责任主要依据《民法典》侵权责任编中产品责任相关条款，违约民事责任主要依据《民法典》合同编中违约责任相关条款。

因产品存在缺陷造成他人损害的，生产者应当承担侵权责任。因产品存在缺陷造成他人损害的，被侵权人可以向产品的生产者请求赔偿，也可以向产品的销售者请求赔偿。产品缺陷由生产者造成的，销售者赔偿后，有权向生产者追偿。因销售者的过错使产品存在缺陷的，生产者赔偿后，有权向销售者追偿。

因产品缺陷危及他人人身、财产安全的，被侵权人有权请求生产者、销售者承担停止侵害、排除妨碍、消除危险等侵权责任。产品投入流通后发现存在缺陷的，生产者、销售者应当及时采取停止销售、警示、召回等补救措施。未及时采取补救措施或者补救措施不力造成损害扩大的，对扩大的损害也应当承担侵权责任。

明知产品存在缺陷仍然生产、销售，或者没有依据规定采取有效补救措施，造成他人死亡或者健康严重损害的，被侵权人有权请求相应的惩罚性赔偿。

侵害他人造成人身损害的，应当赔偿医疗费、护理费、交通费、营养费、住院伙食补助费等为治疗和康复支出的合理费用，以及因误工减少的收入。造成残疾的，还应当赔偿辅助器具费和残疾赔偿金；造成死亡的，还应当赔偿丧葬费和死亡赔偿金。侵害他人人身权益造成严重精神损害的，被侵权人有权请求精神损害赔偿。

任务二 化妆品监督检查制度

实例分析

实例 根据国家药监局发布的《药品监督管理统计年度数据（2023年）》，2023年全国药监部门共检查生产企业10584家次，飞行检查化妆品生产企业1540家次，责令停产生产企业85家次，完成整改后恢复生产企业73家次。

根据国家药监局发布的《2022年国家化妆品监督抽检年报》显示，2022年全国药监部门共抽检20368批次产品。经33家化妆品检验机构依据《化妆品安全技术规范》检验，其中19880批次产品符合规定，全国化妆品抽检合格率为97.60%。

在年度抽检工作中，全国药品监督管理部门坚持问题导向、聚焦监管关切，以问题多发的品种、场所以及近年来抽检不符合规定的产品涉及的企业为重点对象，组织对染发类、祛斑美白类、彩妆类、防晒类、儿童类、宣称祛痘类、面膜类、普通护肤类、洗发护发类、指（趾）甲油类、牙膏等11类化妆品开展抽检。此外，抽样主要采用现场抽样和网络抽样两种方式进行。

问题 1. 什么是化妆品的飞行检查，与日常检查有何不同？

2. 监督抽检有什么作用，网络抽样应该如何实施？

化妆品监督检查是药品监督管理部门为保证化妆品质量安全，对化妆品研制、生产、经营等环节执行法律法规、相关质量管理规范和化妆品标准等情况进行检查的行为。它是药品监管部门依法对化妆品企业进行合规性检查直接有效的监管行为，具有不可替代的作用。

一、监督检查的分类

（一）依据检查的性质和目的分类

根据检查的性质和目的，化妆品检查分为许可检查、常规检查、有因检查和其他检查。

1. 许可检查 是指药品监督管理部门在开展化妆品生产许可过程中，对申请人是否具备法律法规规定的条件开展的检查。

2. 常规检查 是指药品监督管理部门有计划地对被检查对象执行化妆品监督管理的法律法规和强制性国家标准、技术规范、化妆品注册或者备案资料载明的技术要求等情况开展的检查。

3. 有因检查 是指根据注册备案、抽样检验、不良反应监测、风险监测、投诉举报、案件查处、舆情监测等发现的风险信息，有针对性地对被检查对象开展的检查。

4. 其他检查 是指除许可检查、常规检查、有因检查外的检查。

（二）依据检查的方式分类

根据检查的方式，化妆品检查分为现场检查和非现场检查。现场检查为化妆品检查的主要方式。现场检查可以预先告知被检查对象检查安排，也可以以不预先告知的方式开展飞行检查。飞行检查是指药品监督管理部门针对化妆品研制、生产、经营、使用等环节开展的不预先告知的监督检查。非现场检查包括对被检查对象提交书面材料的检查、利用数字化技术手段开展远程检查等。

二、监督检查的基本要求

负责药品监督管理的部门应当按照风险管理的原则，确定监督检查的重点品种、重点环节、检查方式和检查频次等，加强对化妆品生产经营者的监督检查。必要时，可以对化妆品原料、直接接触化妆品的包装材料的供应商、生产企业开展延伸检查。

国家药品监督管理局根据法律、法规、规章、强制性国家标准、技术规范等有关规定，制定国家化妆品生产质量管理规范检查要点等监督检查要点，明确监督检查的重点项目和一般项目，以及监督检查的判定原则。省、自治区、直辖市药品监督管理部门可以结合实际，细化、补充本行政区域化妆品监督检查要点。

药品监管部门对化妆品生产经营进行监督检查时，监督检查人员不得少于2人，并应当出示执法证件。监督检查人员对监督检查中知悉的被检查单位的商业秘密，应当依法予以保密。被检查单位对监督检查应当予以配合，不得隐瞒有关情况。负责药品监督管理的部门应当对监督检查情况和处理结果予以记录，由监督检查人员和被检查单位负责人签字，被检查单位负责人拒绝签字的，应当予以注明。

负责药品监督管理的部门对化妆品生产经营进行监督检查时，有权采取下列措施：①进入生产经营场所实施现场检查；②对生产经营的化妆品进行抽样检验；③查阅、复制有关合同、票据、账簿以及其他有关资料；④查封、扣押不符合强制性国家标准、技术规范或者有证据证明可能危害人体健康的化妆品及其原料、直接接触化妆品的包装材料，以及有证据证明用于违法生产经营的工具、设备；⑤查封违法从事生产经营活动的场所。

从这些措施可以看出，药品监管部门在实施化妆品监督检查时，有权实施法定的行政强制措施，即查封与扣押的权力。查封是监管部门为了预防和制止违法，保证行政行为的有效做出和执行，通过“就地封存”的方法，在短时间内禁止对场所使用和限制对财物的使用、损毁、转移和处分。扣押财物作为与查封并行的行政强制措施，将涉嫌违法的财物转移至有关地点进行直接控制，在短时间内禁止当事人对财物的使用、损毁、转移和处分。

负责药品监督管理的部门应当依法及时公布化妆品行政许可、备案、日常监督检查结果、违法行为查处等监督管理信息。公布监督管理信息时，应当保守当事人的商业秘密。

负责药品监督管理的部门应当建立化妆品生产经营者信用档案。对有不良信用记录的化妆品生产经营者，增加监督检查频次，对有严重不良信用记录的生产经营者，按照规定实施联合惩戒。化妆品生产经营过程中存在安全隐患，未及时采取措施消除的，负责药品监督管理的部门可以对化妆品生产经营者的法定代表人或者主要负责人进行责任约谈。化妆品生产经营者应当立即采取措施，进行整改，消除隐患。责任约谈情况和整改情况应当纳入化妆品生产经营者信用档案。

知识拓展

生产企业信用等级

2020 年浙江省药品监督管理局印发《浙江省化妆品生产企业信用评价管理办法（试行）》（以下简称《办法》）。依据《办法》，化妆品生产企业信用评价是指药品监督管理部门根据化妆品生产经营行为信息和公共信用信息，按照规定的指标、方法和程序，对化妆品生产企业进行信用评价，确定信用等级，并依据评价结果实施分级分类监管，浙江省化妆品生产企业信用等级分为 A、B、C、D、E 五档，信用评价总分为 1000 分，包括遵纪守法（300 分）、监督管理（300 分）、正向激励（100 分）和社会责任（300 分）等 4 个一级指标，行政处罚、备案管理、主体责任等 8 个二级指标和 20 项评分标准。化妆品生产企业信用分为五个等级，850 分及以上为 A 级（优秀）、800 ~ 850 分为 B 级（良好）、750 ~ 800 分为 C 级（中等）、700 ~ 750 分为 D 级（较差）、700 分以下为 E 级（差）。

根据化妆品生产企业上年度信用评价结果实施分级分类监管，县（市、区）药品监督管理部门按以下比例开展监督检查。

（1）被评定为 A 级的化妆品生产企业，每年监督检查比例为不少于 5%。

（2）被评定为 B 级的化妆品生产企业，每年监督检查比例为不少于 30%。

（3）被评定为 C 级的化妆品生产企业，每年监督检查不少于 1 次。

（4）被评定为 D 级、E 级的化妆品生产企业，列为重点监督检查对象，加大监管力度，每年监督检查不少于 2 次。

三、监督抽验

在化妆品监督检查中，抽样检验发挥着重要作用。抽样检验作为化妆品上市后监管的重要手段之一，是打击化妆品违法行为最主要、最精准的线索来源。

国家药品监督管理局组织开展国家化妆品抽样检验。省、自治区、直辖市药品监督管理部门组织开展本行政区域内的化妆品抽样检验。设区的市级、县级人民政府负责药品监督的部门根据工作需要，可以组织开展本行政区域内的化妆品抽样检验。对举报反映或者日常监督检查中发现问题较多的化妆品，以及通过不良反应监测、安全风险监测和评价等发现可能存在质量安全问题的化妆品，负责药品监督管理的部门可以进行专项抽样检验。

（一）抽样计划

各级药品监督管理部门应当每年制定年度化妆品抽样检验计划。省级化妆品抽样检验计划应当与国家化妆品抽样检验计划相互衔接，各有侧重，扩大抽样覆盖面，避免重复抽样。

化妆品抽样检验应当重点关注下列产品：①儿童化妆品和特殊化妆品；②使用新原料的化妆品；③监督检查、案件查办、不良反应监测、安全风险监测、投诉举报、舆情监测等监管工作中发现问题较多的；④既往抽样检验不合格率较高的；⑤流通范围广、使用频次高的；⑥其他安全风险较高的产品。

（二）抽样

负责药品监督管理的部门可以自行抽样，也可以委托具有相应能力的单位承担抽样任务。

抽样单位和人员抽样前不得提前告知化妆品生产经营者。抽样时，抽样人员不得少于2人。

抽样分为现场抽样和网络抽样。现场抽样时抽样人员应当向被抽样化妆品生产经营者出示抽样工作证明文件。网络抽样应当模拟网络购物流程进行，抽样人员不得告知被抽样化妆品生产经营者购买目的。

现场抽样的，抽样人员应当从被抽样化妆品生产经营者待销售的产品中随机抽取样品，不得由被抽样化妆品生产经营者自行选择提供。抽样人员应当保存购买样品的票据，必要时对抽样场所、贮存环境、样品信息等通过拍照或者录像等方式留存证据。

网络抽样的，抽样人员应当记录购买样品的注册账号、付款账户、收货地址、联系方式等信息，并通过截图、拍照或者录像等方式记录被抽样化妆品生产经营者信息、样品购买网址、样品网页展示信息，以及订单信息、支付记录等。抽样人员收到样品后，应当对递送包装信息、样品包装等进行查验，并通过拍照或者录像等方式记录拆封过程。

化妆品抽样检验中的样品分为检验样品和复检备份样品。抽样数量原则上应当满足检验和复检工作的最少需求量。抽样人员应当采取有效的防拆封措施，对检验样品和复检备份样品分别封样。抽样人员应当使用规范的抽样文书，清晰、完整、准确地记录抽样信息。抽样文书保存期限不得少于2年。进行抽样检验，应当支付抽取样品的费用，所需费用纳入本级政府预算。

抽样单位应当在完成抽样后5个工作日内，将样品、抽样文书及相关资料递送检验机构。因特殊原因需要延长送样期限的，应当经组织抽检部门同意。现场抽样的，不得由被抽样化妆品生产经营者自行送样。

（三）检验

承担抽样产品检验任务的检验机构（以下简称“承检机构”）应当具有相应资质和能力。负责药品监督管理的部门应当对承检机构的检验工作进行检查评估。

承检机构应当自抽样单位送达样品之日起30个工作日内出具检验报告，特殊情况需延期的，应当报组织抽检部门批准。检验报告应当格式规范、内容真实完整、数据准确，加盖承检机构公章或者检验检测专用章，依法标注检验机构资质认定标志，并有授权签字人的签名或者盖章。检验原始记录、检验报告的保存期限，不得少于出具检验报告之日起6年。

承检机构按照强制性国家标准、技术规范、化妆品注册或者备案资料载明的技术要求等，对被抽样产品的检验结果是否符合规定作出检验结论，作为负责药品监督管理的部门开展调查的依据。负责药品监督管理的部门综合检验结论和调查情况，按照法律法规规章、强制性国家标准、技术规范等，对被抽样产品的生产经营者是否违法违规予以认定。组织抽检部门应当通过其政府网站等媒体及时向社会公开抽样检验结果。

对可能掺杂掺假或者使用禁止用于化妆品生产的原料生产的化妆品，按照化妆品国家标准规定的检验项目和检验方法无法检验的，国务院药品监督管理部门可以制定补充检验项目和检验方法，用于对化妆品的抽样检验、化妆品质量安全案件调查处理和不良反应调查处置。

对依照规定实施的检验结论有异议的，化妆品生产经营者可以自收到检验结论之日起 7 个工作日内向实施抽样检验的部门或者其上一级负责药品监督管理的部门提出复检申请，由受理复检申请的部门在复检机构名录中随机确定复检机构进行复检。复检机构出具的复检结论为最终检验结论。复检机构与初检机构不得为同一机构。复检机构名录由国务院药品监督管理部门公布。

（四）核查处置

核查处置部门应当自收到检验结论为不符合规定的检验报告之日起 15 个工作日内，对涉及的化妆品生产经营者依法立案调查。涉及检出禁用原料或者可能危害人体健康物质的，应当立即对涉及的化妆品生产经营者立案调查。

调查中发现产品造成人体伤害或者有证据证明可能危害人体健康的，核查处置部门应当依法对涉及的产品采取责令暂停生产、经营的紧急控制措施；发现化妆品生产质量管理体系存在严重风险隐患的，依法对企业全部相关产品采取责令暂停生产、经营的紧急控制措施。

涉及对产品在全国范围内采取风险控制措施的，由产品标签标示的化妆品注册人、备案人、境内责任人所在地的核查处置部门逐级报告其所在地省、自治区、直辖市药品监督管理部门。省、自治区、直辖市药品监督管理部门应当依法发布安全警示信息，同时通报其他省、自治区、直辖市药品监督管理部门。

化妆品注册人、备案人、受托生产企业提出样品真实性异议，否认检验结论为不符合规定产品是其生产或者进口的，应当向其所在地的核查处置部门提交证明该产品不是其生产或者进口的异议申请证明材料。核查处置部门应当结合企业提交的异议申请证明材料、产品经营环节溯源等情况，综合判断该产品是否为上述企业生产或者进口，并及时出具样品真实性异议审查意见。经调查核实化妆品注册人、备案人、受托生产企业提供虚假信息或者隐瞒真实情况的，核查处置部门应当依照化妆品监督管理条例规定的情节严重情形，对其依法从重从严处罚。

目标检测

一、单选题

1. 法律责任不包括（　）

A. 行政责任　　B. 民事责任

C. 连带责任　　D. 刑事责任

2. 生产、销售不符合卫生标准的化妆品罪判处（　）

A. 三年以下有期徒刑或者拘役　　B. 五年以下有期徒刑或者拘役

C. 一年以下有期徒刑或者拘役　　D. 十年以下有期徒刑或者拘役

3. 化妆品生产经营者对监督抽验的结果有异议的，可以自收到检验结论之日起（　）个工作日内向有关部门提出复检申请

A. 5　　B. 7　　C. 15　　D. 30

4. 下列情形，哪个属于民事责任中的侵权责任（　）

A. 小明因销售伪劣化妆品罪被判处有期徒刑 3 年

B. 小红因无证生产化妆品被药监局没收违法所得

C. 小强因使用劣质化妆品致其面部受损，要求商家赔偿10万元

D. 小丁的化妆品公司私自撕毁合同，被要求承担违约金

5. 药品监管部门对化妆品生产经营进行监督检查时，监督检查人员不得少于（　）人

A. 2　　B. 3　　C. 4　　D. 5

6. 只有公安部门才能作出的行政处罚是（　）

A. 财产罚　　B. 人身罚　　C. 资格罚　　D. 申戒罚

7. 上市销售、经营或者进口未备案的普通化妆品，货值金额1万元以上的，处（　）3倍以上10倍以下罚款

A. 违法所得　　B. 销售总额　　C. 货值金额　　D. 净利润

8. 下列可以处主要负责人5年内禁止其从事化妆品生产经营活动的情形是（　）

A. 生产经营或者进口未经注册的特殊化妆品

B. 化妆品经营者擅自配制化妆品，或者经营变质、超过使用期限的化妆品

C. 未依照规定设质量安全负责人

D. 未按规定公布化妆品功效宣称依据的摘要

二、多选题

1. 化妆品生产企业未按照化妆品生产质量管理规范的要求组织生产，可以对其实施的行政处罚包括（　）

A. 停产停业

B. 吊销化妆品相关许可证件

C. 对违法单位的法定代表人或者主要负责人、直接负责的主管人员和其他直接责任人员处以其上一年度从本单位取得收入的1倍以上3倍以下罚款

D. 违法生产经营的化妆品货值金额不足1万元的，并处1万元以上5万元以下罚款

2. 生产的化妆品标签不符合规定，可以实施的行政处罚包括（　）

A. 货值金额1万元以上的，并处违法所得3倍以上10倍以下罚款

B. 违法生产经营的化妆品货值金额不足1万元的，并处1万元以上3万元以下罚款

C. 对违法单位的法定代表人5年内禁止其从事化妆品生产经营活动

D. 吊销化妆品许可批件

3. 某化妆品经营者在不知情的状态下销售某限用物质超标的化妆品，其在进货过程中已经履行进货查验等义务，可以对其采取（　）

A. 停止该种化妆品的销售　　B. 收缴该超标化妆品

C. 对其进行罚款　　D. 对其免于行政处罚

4. 负责药品监督管理的部门对化妆品生产经营进行监督检查时，采取的措施包括（　）

A. 查阅、复制有关合同、票据、账簿以及其他有关资料

B. 对生产经营的化妆品进行抽样检验

C. 查封、扣押不符合国家强制性标准的化妆品

D. 对实施严重违法行为的当事人有拘留的权力。

5. 化妆品抽样检验应当重点关注的产品包括（　）

A. 儿童化妆品和特殊化妆品　　B. 既往抽样检验不合格率较高的

C. 监督检查发现问题较多的　　D. 使用化妆品新原料的

三、案例分析题

1. 某化妆品有限公司于2021年4月生产了“炫彩染发膏”480盒，以24元/盒的单价销售了400盒，上述“炫彩染发膏”经监督抽检不合格，检出产品标签及注册资料载明的技术要求未标示的染发剂间氨基苯酚。该企业生产的另一款染发膏，产品名称为“植物调理型染发膏”，外包装显著位置标注有另外的名称“白转黑洗发水”，该企业共生产该款“植物调理型染发膏500盒，正在以20元/盒的单价销售，但还未售出。

（1）该公司产品的货值金额应该如何计算？

（2）依据《化妆品监督管理条例》，请阐述该化妆品公司违反的条款以及处罚依据。

2. 2020年，原告孙某在被告王某开的化妆品店购买美白化妆产品，使用一段时间后，原告发现皮肤起红斑且伴有瘙痒症状，经医院检查发现体内汞超过正常值近50倍。后原告进行三次住院治疗，共花费医药费8210.48元，因原告已怀孕六个月，为避免汞中毒对胎儿的影响，无奈只能选择终止妊娠，给原告造成巨大精神打击。后原告多次找被告要求承担汞中毒治疗费用，但被告以其为该化妆品的经营者，而非生产者拒不承担责任。原告遂向法院提起民事诉讼，要求被告赔偿损失后经法院查明，被告所销售美白化妆品未经注册。

（1）王某应该承担哪些具体的法律责任，并阐述具体适用的法律条款。

（2）依据《民法典》的规定，由于化妆品质量缺陷造成的损害，受害者可以向哪些主体申请赔偿？

（3）在此案件中，被告应该向原告赔偿哪些费用？

四、实训项目

请搜寻化妆品相关的经典案件三例，分别涵盖行政案件、刑事案件以及民事案件，并对每个案件进行分析研究，包括案情的分析、依据的法律法规、违反的条款以及最终的处罚或者判决结果，最终做成ppt上交并抽查汇报。

书网融合……

本章小结　　习题

项目十　国际化妆品管理

PPT

学习目标

【知识要求】

1. 掌握美国、欧盟对化妆品定义、上市准入以及标签标注的监管要点。
2. 熟悉美国、欧盟化妆品管理机构。
3. 了解美国、欧盟化妆品其他监管要点。

【技能要求】

能够初步掌握化妆品在美国、欧盟上市的基本备案技能。

【素质要求】

培养具有国际化视野、作风踏实严谨、富有责任心的化妆品合规专业人员。

任务一　美国化妆品管理

实例分析

实例　假如你们公司有一款化妆品打算出口到美国，并在美国境内销售，那么你需要搜寻美国有关化妆品的相关法规，详细掌握美国化妆品的监管要求。

问题　1. 美国主要的化妆品监管法规有哪些？

2. 美国如何界定化妆品？

3. 美国对化妆品的上市准入要求有哪些？

一、美国化妆品管理机构

美国化妆品的监管受到美国食品药品管理局、消费品安全委员会、美国农业部、联邦贸易委员会、海关与边境保护署、美国个人护理产品协会及美国各州化妆品监管部门的多方管理。

（一）美国食品药品管理局

美国食品药品管理局（Food and Drug Administration，FDA）是美国化妆品主要监督管理机构，也是美国联邦政府中历史最悠久的综合性消费者保护机构，隶属于美国健康与人类服务部（Department of Health and Human Services，HHS）。FDA 负责美国境内食品、药品、化妆品、医疗器械、放射性产品、疫苗、血液及生物制品、兽药、烟草等产品的监督管理。

根据职能，FDA 的组织架构分为 3 大类：①以 FDA 专员办公室为领导核心，设有首席法律顾问办公室、执行秘书处办公室、专员顾问办公室、数字化转型办公室；②七大业务中心，分别是生物评估及研究中心、医疗器械与放射健康中心、药物评估及研究中心、食品安全与应用营养中心、烟草产品中心、兽药中心、肿瘤卓越中心；③九大办公室，分别是监管事务办公室、妇女健康办公室、首席科学家办公室、政策立法和国际事务办公室、运营办公室、少数民族健康和健康公平办公室、食品政策和响应办公室、外部事务办公室、临床政策及项目办公室（图 10－1）。其中食品安全与应用营养中心（Center for Food Safety and Applied Nutrition，CFSAN）下设的化妆品和色素办公室（Office of Cosmetics and Colors，OCC）是负责化妆品监管的主要业务部门。

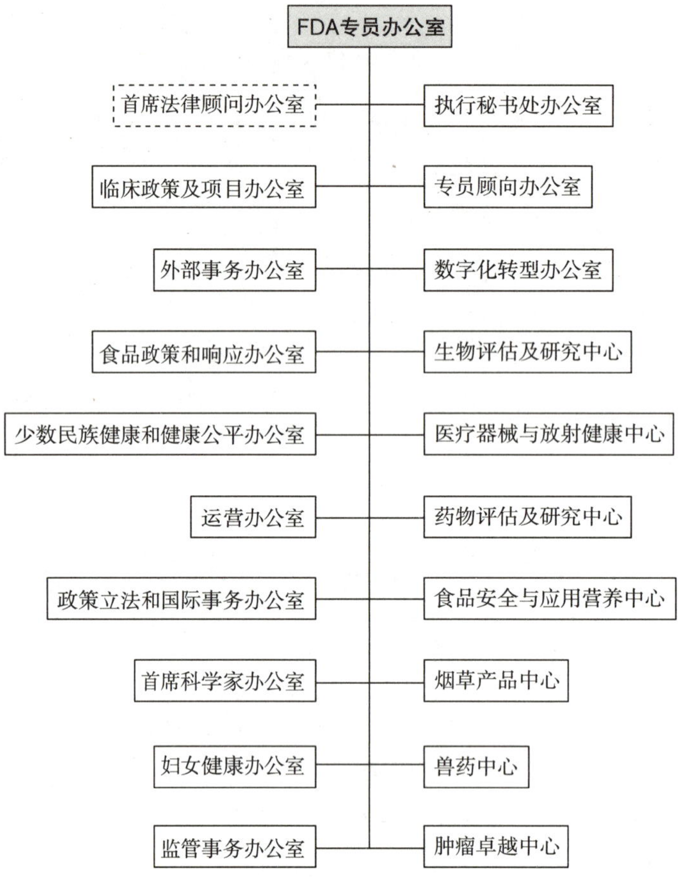

图 10－1　FDA 组织架构

（二）其他与化妆品监管有关的机构

其他与化妆品监管有关的机构及职责见表 10－1。

表 10－1　其他与监管化妆品有关的机构

机构名称	与化妆品有关的职责
美国联邦贸易委员会（Federal Trade Commission，FTC）	主要监管与化妆品宣称、广告相关的行为。广告须真实，不得欺瞒消费者，针对宣称必须有相应的证据证明等
美国农业部（United States Department of Agriculture，USDA）	主要负责与化妆品有机宣称相关的认证及管理。如果化妆品含有或由农产品成分组成，并且符合 NOP（The National Organic Program）法规有机生产、加工和标签标准，则有资格获得 NOP 有机认证
美国海关和边境保护局（Customs and Border Protection，CBP）	主要对进口化妆品开展审查工作，并不定期发布相关进口化妆品不予入境产品清单等
美国消费品安全委员会（Consumer Product Safety Committee，CPSC）	化妆品一般不属于 CPSC 的监管范围，但是对于特殊的产品，比如香皂、儿童玩具搭配儿童化妆品、儿童防护包装以及有害物质限度等有监管权限

除了上述国家层面的不同监管机构，各个不同的州政府，也会根据各州监管部门的要求自行制定不

同的法律法规。比如加利福尼亚州发布动物测试禁令、夏威夷州禁售含特定防晒剂二苯酮－3和甲氧基肉桂酸辛酯的防晒乳、明尼苏达州全面禁止含全氟烷基和多氟烷基物质化妆品等。

（三）行业组织

美国境内数量庞大的第三方行业组织、认证机构、检测机构等，也从不同维度对化妆品的规范化、标准化等方面发挥着重要的影响力。

1. 美国个人护理产品协会（Personal Care Products Council，PCPC） 其前身是成立于1894年的制造调香师协会，1970年更名为化妆品、盥洗用品和香水协会，并于2007年11月更名为个人护理产品协会。PCPC是代表化妆品和个人护理产品公司的全国性行业协会，会员单位包含制造商和分销商、原料、包装和成品供应商等众多企业，PCPC代表美国化妆品业界在科学、法律、监管、立法和国际问题上发声，比如发布化妆品法规指南、国际化妆品原料名录（INCI）、评估化妆品成分安全性等。

2. 美国化妆品原料评价委员会（Cosmetic Ingredient Review，CIR） 是在美国FDA和美国消费者联合会（CFA）的支持下，由美国个人护理产品协会于1976年建立。CIR成立的主要目的是以公开、公正和专业的方式审查和评估化妆品中使用的成分的安全性，并在科学文献中公布结果。CIR中的化妆品成分安全专家小组对化妆品成分的评估、审查过程独立于政府和化妆品行业，确保评估结果的中立与权威。

二、美国化妆品法规要求

美国关于化妆品监管的法律包括1938年颁布的《联邦食品、药品和化妆品法案》（Federal Food，Drug，and Cosmetic Act，FDCA）以及1966年颁布的《公平包装和标签法案》（Fair Packaging and Labeling Act，FPLA）。这两部法案分别对化妆品的标签标注、掺假伪劣、着色剂认证等进行规定。在这两部法案颁布之后，美国并没有实质性地改变或更新化妆品的联邦法规。在几十年间，美国化妆品行业快速发展，亟待更全面的指导。2022年12月29日，美国总统拜登签署通过了《2022年食品和药品综合改革法案》，其中包括一直备受关注的《2022年化妆品法规现代化法案》（Modernization of Cosmetics Regulation Act of 2022，MoCRA）。MoCRA对现行的FDCA中的化妆品章节进行了重大修订，扩展FDA对化妆品的监管权限，提高化妆品准入要求，比如工厂注册、提交产品列表等，旨在推动美国化妆品行业的高质量发展以及保障民众的健康权益。

（一）化妆品的定义

FDCA根据化妆品的预期用途将化妆品定义为通过涂擦、倾倒、喷洒、或渗透进入等类似方式作用于人体或其任何部位，以达到清洁、美化、提高吸引力或改变人体外表之目的，而不影响人体结构和功能的物品（含有碱性脂肪酸盐且未宣称清洁之外功能的香皂除外）。

和我国化妆品与药品界定较为分明的监管思路不同，当某些产品具备两种以上预期用途并同时符合化妆品与药品的定义，那么美国FDA承认存在既是化妆品又是药品的产品。比如，洗发水是化妆品，因为其预期用途是清洗头发。去屑剂是一种药品，因为其预期的用途是治疗头皮屑。那么去屑洗发水既是化妆品也是药品，该产品必须同时符合化妆品和药品的要求。再如“芳香精油”，以提高吸引力作为宣传重点的精油就是化妆品，但一种精油以“芳香疗法”声称可以增进消费者睡眠或戒烟的宣称，因为其预期用途，则符合药品的定义。其他既符合化妆品又符合药品的情形包括含氟化物的牙膏、具止汗作用的除臭化妆品以及以防晒宣称的化妆品等。但是美国相关法规也明确指出不承认任何的“药妆品”。

美国FDA对于预期用途的宣称途径及方式也有明确解释，宣称的途径包括产品标签、广告和互联网或其他宣传材料中载明的宣传语。只要预期用途是治疗或防止疾病或以其他方式影响人体的结构或功能的宣传语都能导致产品被视为药品，即使产品是被当作化妆品出售的。例如，某些宣传语宣称产品将使头发恢复生长、减少脂肪、治疗静脉曲张、增加或减少皮肤中黑色素的产生或使细胞再生。

（二）标签管理

美国 FDA 认为，合规的标签标注对于保障消费者的健康以及知情权非常重要，化妆品标签标注必须符合 FDCA 以及 FPLA 的相关规定。

1. 标签内容 化妆品标签中的陈述应该准确、清晰，避免虚假或者误导性陈述。标签上的语言应该采用英文，依据包装上标注位置的不同，美国将化妆品的标签标识位置分为主展示面（Principal Display Pancel）和信息展示面（Imformation Pancel），主展示面是指消费者在购买化妆品时最容易看到的那一面，主要指的是包装的正面。信息展示面一般指包装的侧面或者背面。依据 FDCA，化妆品标签内容至少包括：产品名称（属性）、净含量、安全使用指南、警告语、全成分、原产地、生产商/经销商或进口商的名称和地址。化妆品标签标注的内容根据内外包装以及展示面的不同而不同（图 10－2）。

外包装必须标注的标签内容

主展示面: (1)产品名称 (2)产品属性 (3)特殊产品警示语 (4)净含量	信息展示面: (1)安全使用方法 (2)警示语 (3)企业名称和地址 (4)成分列表 (5)其他必要的信息

内包装必须标注的标签内容

正面: 产品名称	信息展示面: (1)安全使用方法 (2)警示语 (3)企业名称和地址 (4)净含量 (5)其他必要的信息

图 10－2 美国化妆品标签必须标注的内容

标签中的成分标注应该醒目且符合相应的尺寸要求，并应当按照成分含量降序进行排列，含量小于 1% 的成分可以不按照降序排列。着色剂成分列在其他成分之后。既是药品又是化妆品的产品应该将药品有效成分标注于化妆品成分之前，并分别以“活性成分”和“化妆品成分”做为引导语。经过 FDA 批准的保密成分可以免于标注。

化妆品标签中的警示语应当在显著位置加以标注，以防止消费者遭受可能的健康危害。未标注警示语的行为可能会被认为是标识不当的行为。FDCA 对于一些特殊的化妆品的警示语进行规定，包括气溶胶类产品、女性除臭喷雾、泡沫清洁洗浴产品等。

企业的名称和地址应当标注生产商、包装商或者分销商的信息，企业名称可以是公司名称，也可以是公司特定部门的名称。企业地址应包括街道、城市和州的名称以及邮政编码。进口产品还应当标注原产国信息。

2. 标识不当的情形 在美国销售的化妆品不得出现标识不当的情形，标识不当包括以下情形。

（1）标签标注的内容虚假或者引人误解。

（2）标签缺乏应该标注的内容，比如制造商或者分销商的名称与地址，净含量等。

（3）标签上所需标注的信息没有以消费者易于阅读和理解的形式显著标注。

（4）包装容器制造、成形或填充的方式使人产生误解。

（5）着色剂标签标注不当。

（6）未符合《防毒包装法案》的特殊包装要求。

依据 FDCA，判断化妆品标签是否具有误导性不仅要考虑标签上所展现的任何信息以及宣称陈述是否引人误解，还要考虑其是否缺乏关键的需要披露的信息。

（三）掺假伪劣的情形

化妆品的制造商、分销商和零售商，都有责任确保经营的化妆品不存在掺假伪劣的情形。掺假伪劣的情形如下。

1. 化妆品含有任何有毒有害物质，在标签规定或者惯常的使用条件下，可能对使用者造成伤害。

2. 化妆品含有变质的物质。

3. 在不卫生的条件下制备、包装或保存化妆品，存在被污染的风险。

4. 包装含有毒有害物质，导致内容物被污染。

5. 含有不安全的着色剂。

（四）原料管理

1. 禁限用原料　在美国，任何有意在化妆品中添加有害原料的行为都是被禁止的，但美国对于化妆品原料禁用或者限用组分的规定较为简单，并未出台专门的禁限用组分目录，仅在 FDCA 中规定的禁用组分包括硫氯酚、氯氟烃推进剂、三氯甲烷、卤代水杨酰苯胺、二氯甲烷、氯乙烯、含锆化合物、牛源性原料。限用组分包括汞化合物、六氯酚（表 10－2）。

表 10－2　美国化妆品禁限用原料表

硫氯酚	禁止使用硫氯酚，因为它可能引起光过敏性反应
氯氟烃推进剂	禁止在计划用于家庭消费的化妆品气雾剂产品中使用氯氟烃推进剂
三氯甲烷	禁止在化妆品中使用三氯甲烷，因为它会引起动物癌症，也可能对人体健康造成危害。该法规将其在制造过程中用作加工溶剂或合成成分时产生的副产品的残留量作为例外
卤代水杨酰苯胺（二，三，间溴和四氯水杨酰苯胺）	在化妆品中禁止使用这些物质，因为它们可能会导致严重的皮肤疾病
二氯甲烷	它会引起动物癌症，也可能对人类健康有害
牛源性原料	为了防止牛海绵状脑病（BSE）（也称为“疯牛病”），不能用禁止的牛用材料制造，加工或以其他方式包含这些材料。这些材料包括特定的危险材料，非活动性牛的材料，未经检查和通过的牛的材料或机械分离的牛肉。禁止的牛原料中不包含不溶杂质不超过 0.15% 的牛脂、牛脂衍生物以及生皮和兽皮产品以及奶和奶制品
硫氯酚	禁止使用硫氯酚，因为它可能引起光过敏性反应
氯乙烯	禁止将氯乙烯用作气雾剂产品的成分，因为它会引起癌症和其他健康问题
含锆的配合物	禁止在气溶胶美容产品中使用含锆的复合物，因为它们对动物的肺有毒作用，并且在人的皮肤中形成肉芽肿
六氯酚	由于六氯酚（HCP）的毒性作用和渗透人类皮肤的能力，只有在没有其他防腐剂被证明是有效的情况下才可以使用。化妆品中的 HCP 浓度不得超过 0.1%，并且不得用于涂于黏膜如嘴唇的化妆品中
汞化合物	汞化合物在局部应用时很容易通过皮肤吸收，并易于在体内蓄积。它们可能引起过敏反应，皮肤刺激或神经毒性问题。化妆品中汞化合物的使用仅限于眼部产品，以金属计的汞含量不得超过 0.0065%，并且只有在没有其他有效且安全的防腐剂的情况下才允许使用

防晒产品在美国被认为是非处方药（OTC），需要满足 OTC 专论（OTC Monograph）的相关要求，被收载在 OTC 专论中的活性成分一般被认为有特定的药物治疗功效。与化妆品相关的收录于 OTC 专论中的活性成分包括防晒剂、止汗剂、去屑成分、祛痘治疗成分等。这些成分所涉及的产品一般都被界定为药品。其中专论中共收录 16 种有效防晒原料，包括对氨基苯甲酸、丁基甲氧基二苯甲酰基甲烷等。但是，防晒成分也可用于某些化妆品中以保护产品的颜色，但标签须明示使用防晒成分的理由，如“包含防晒霜以保护产品颜色”，否则该产品可能会作为药品受到监管。

2. 着色剂的管理　美国 FDA 对着色剂的管理较为严格，应用于化妆品的着色剂应该经过批准。着色剂分为免于认证和需要认证两种，FDCA 中收录 29 种免于认证的着色剂以及 36 种需要认证的着色剂，并对收录的着色剂的特性、规格、使用范围、标签标识进行规定，比如规定 D&C Yellow No. 10（食品黄 13）等着色剂不得用于眼部化妆品。免于认证的着色剂通常来源于植物、动物或矿物。需要认证的着色剂通常是有机合成的，需经过美国 FDA 的批次认证，以确保每批次着色剂都符合成分和纯度要求。对于未收录于着色剂清单中的原料，如果要作为着色剂使用，则必须经过美国 FDA 的审批。

（五）《2022 年化妆品法规现代化法案》（MoCRA）的相关要求

MoCRA 扩大了美国 FDA 对化妆品的监管权力，并对化妆品工厂注册、产品列表提交、化妆品 GMP 以及不良反应事件上报等都提出了新的要求，并明确了产品责任人的角色。

1. 工厂注册与产品列表

（1）化妆品工厂强制注册　在美国销售化妆品的生产商或者加工商（包括境内与境外）必须向 FDA 进行工厂注册，现有化妆品工厂必须在 MoCRA 颁布后一年内向 FDA 进行注册，新化妆品企业的注册期限为从事化妆品加工生产的 60 天内，并每两年更新一次注册信息。美国境外企业还需要提供美国境内代理人的信息。如果 FDA 认为工厂生产的化妆品存在严重风险，其将暂停该工厂的注册，并禁止该工厂化妆品的销售，但仅从事贴标签、包装或者分销的企业、仅生产化妆品原料的企业可以免于注册。如果是委托生产的情形，应该由产品责任人（委托方）或者受托生产商来负责注册事项，如果受托生产商同时为多家委托方的产品提供代工服务，也不需要重复注册。

工厂注册必须提交的信息包括：①企业的名称、地址以及联系方式；②美国境外的企业需提交美国国内代理人的信息；③企业 FEI（FDA Establishiment Identifier）注册编号；④企业所生产的所有化妆品的品牌名称；⑤企业所生产化妆品的产品类别（依据具体文件进行划分）以及每种化妆品的产品责任人信息；⑥此次提交的类别，比如首次提交、修改或者更新等。其中企业的 FEI 注册编号应该在提交工厂注册信息之前先行申请并获取。

（2）豁免的情形　首先，小规模企业可以无需注册，是否属于小规模主要由其前三年在美国的化妆品销售额判断，年均销售额低于 100 万美元的为小规模企业。但是如果该企业生产的是一些风险较高的化妆品，比如可能接触到眼睛黏膜的化妆品、内用的化妆品、通常或习惯的使用条件下意图改变外观超过 24 小时的化妆品等则不能豁免注册。其次，如果企业生产的化妆品同时也属于药品或者医疗器械，那么其应该按照药品或者医疗器械的管理要求进行注册，无需提交化妆品工厂注册。

（3）化妆品列表信息提交　产品责任人必须向 FDA 提交在美国销售的每种化妆品的列表信息（Product Listing），类似于我国的产品备案。产品责任人是指出现在化妆品标签上的任何生产商、包装商和分销商之一的角色。已上市化妆品必须在 MoCRA 颁布后一年内向 FDA 补交列表信息，新上市化妆品应当在上市后的 120 天内提交产品列表信息，并且信息需要每年更新一次。产品列表必须提交信息包括：①化妆品所有生产企业的注册编号（FEI 号）；②产品责任人信息以及产品名称；③化妆品的产品类别；④化妆品的成分清单，包括香精、香料以及着色剂；⑤产品的列表编码（适用于更新的场景）；⑥此次提交的类别，比如首次提交、更新等。

产品列表信息以及工厂注册信息一般通过网络平台提交（平台名称为 Cosmetics Direct，图 10－3）。FDA 鼓励通过网络平台提交信息，也鼓励提交信息者使用并上传结构化产品标识 SPL（Structured Product Labeling）格式的文件用于工厂注册以及产品列表提交，SPL 是 FDA 在工厂注册及产品列表提交时所应用的标准与格式，其使用 XML（Extensible Markup Language）语言编写，旨在提高信息标准化程度。同时 FDA 也支持通过特定纸质形式提交信息（Forms FDA 5066 和 5067）。最终 FDA 将对部分提交的信息进行公示。

2. 不良事件记录与报告　产品责任人应该在得知使用其化妆品产生严重不良事件后的 15 个工作日内向 FDA 报告，在首次提交报告后一年内，责任人还必须向 FDA 报告其所获悉的任何与该严重不良事

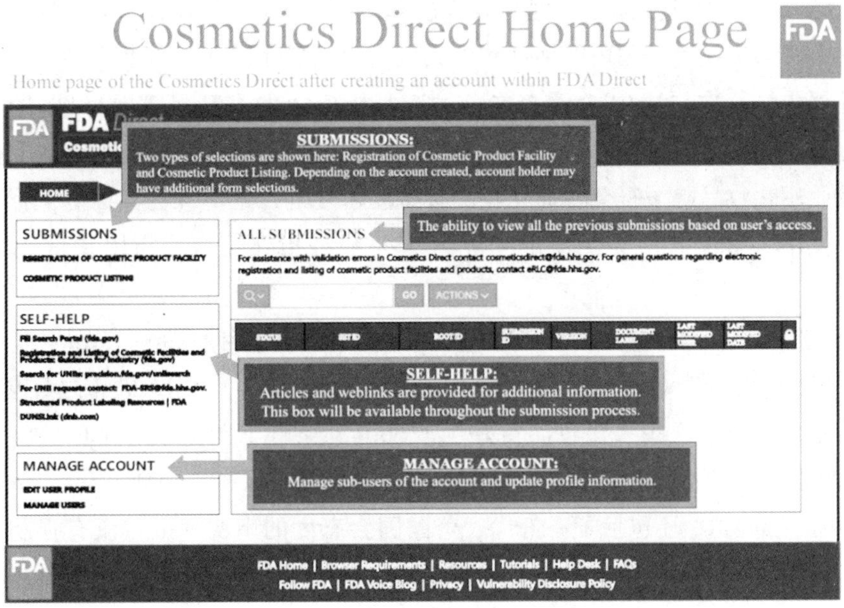

图 10-3　美国化妆品工厂注册与产品列表提交系统

件相关的最新医疗或者其他信息。所有与不良事件相关的记录应保存 6 年。（小规模企业且不从事特定化妆品生产的责任人保存 3 年），FDA 有权在检查期间查阅保存的不良事件记录。

MoCRA 扩大了化妆品严重不良事件的范围，严重不良反应事件是指：①导致死亡；②危及生命；③住院治疗；④持续或严重的伤残或丧失工作能力；⑤导致先天畸形或缺陷；⑥感染或严重毁容（包括严重和持续的皮疹、Ⅱ°或Ⅲ°烧伤、严重脱发、持续或严重的外观改变）。

3. 提供安全性证明　产品责任人必须确保每种化妆品产品和成分都具有充分的安全性，并且必须保留必要的安全性证据记录。充分的安全性是指化妆品经过专业的试验、研究、分析并由有经验的专家评估其产品及成分的安全性，同时这些证据材料足以支持化妆品的安全性。FDA 在认为产品可能掺假，存在可能导致严重不良反应时，有权要求企业提供安全性证明。没有充分安全证据的化妆品将被视为掺假，将被召回，图 10-4 为部分美国化妆品召回信息。

Date	Brand Name(s)	Product Description	Product Type	Recall Reason Description	Company Name	Terminated Recall
02/01/2023	Diep Bao	Baby Skin Cream	Cosmetics, Contaminants, Skin Care Products, Food & Beverages, Contaminants, Skin Care Products	May contain lead	Shop Me Ca	
10/21/2022	Dove, Nexxus, Suave, and others	Dry Shampoo Aerosol	Cosmetics, Hair Products	Product Safety/Unapproved Ingredient	Unilever	
05/27/2022	Alterna	Leave-in heat protection spray	Cosmetics	Potential to be contaminated with Burkholderia cepacia complex.	Henkel Corp.	
04/20/2022	Babyganics	Chamomile verbena bubble bath	Cosmetics	Presence of the bacterium Pluralibacter	Babyganics	

图 10-4　美国化妆品召回信息

4. 标签要求 在FDCA对化妆品标签现有规定的基础上，MoCRA增加了标签标识要求，首先要求每个化妆品的标签上必须标注美国国内的地址和电话或者电子联系方式，以便产品责任人能够及时接收到化妆品不良事件报告。其次，MoCRA颁布之前，产品标签上的香精只需要标注“Fragrance”即可，未强制标注香精过敏原相关信息，MoCRA颁布之后，其要求产品责任人必须在标签上标注香精的过敏原信息。最后，专业用化妆品除了符合普通化妆品标签要求之外，还应该在其标签上标注“本产品仅供经注册的专业人士使用”等字样。经注册的专业人士一般是指在美容、指甲护理、美发等领域执业的人。

5. 化妆品良好生产规范 MoCRA要求FDA建立符合国家和国际标准的良好生产规范。FDA将自MoCRA颁布之日起两年内发布《化妆品良好生产规范》草案，并自MoCRA颁布之日起3年内发布最终规则。如果化妆品是在不符合这些《化妆品良好生产规范》条件下制造或加工的，将被视为掺假。并允许FDA在检查期间查阅《化妆品良好生产规范》相关记录以确保产品合规。

6. 豁免动物实验 MoCRA还包括了一份代表美国国会态度的声明。虽然没有强制要求不允许动物实验，但国会认为，动物实验不应用于化妆品的安全试验，除特殊允许情况外，应逐步淘汰。

任务二 欧盟化妆品管理

实例分析

实例 2023年6月，欧盟宣布拟对欧盟化妆品法规（EC）1223/2009进行修订，其中对多个热门成分提出了禁限用管理措施，引发行业高度关注。根据修订内容，欧盟计划禁用防晒剂4-甲基苄亚基樟脑（4-MBC），并将染料木黄酮、大豆苷元、曲酸、视黄醇、视黄醇乙酸酯、视黄醇棕榈酸酯、α-熊果苷和熊果苷列入化妆品限用成分清单。此外，欧盟还修订了对三氯卡班和三氯生两种成分的使用要求。其中视黄醇、α-熊果苷等成分是市场关注度较高的热门原料，也是许多化妆品企业投入产品研发的重点，随着我国企业在欧盟上市销售化妆品数量不断增加，此次欧盟法规修订，或将对部分出口欧盟化妆品相关生产和销售企业带来影响。

欧盟对化妆品原料的严格监管，不仅有利于原料规范使用，也可为中国化妆品行业发展及监管规章制度的制定与完善提供参考，在原料要求、安全评估以及新原料备案等诸多方面提供经验。

问题 1. 欧盟如何对化妆品原料进行监管？

2. 欧盟化妆品上市准入要求有哪些？

欧盟化妆品监管以化妆品原料的安全风险评估为基础，以化妆品上市后监管为重心，强调化妆品安全信息、产品信息与监管信息的共享，注重政府监管与行业自律的结合。

一、欧盟化妆品管理机构

（一）欧盟委员会

欧盟委员会（European Commission，EC）是欧盟的常设执行机构，负责独立起草新的立法提案，贯彻执行欧盟各项法律文件，并负责管理欧盟的日常运作和预算。欧盟委员会成立于1958年，总部设在比利时的布鲁塞尔，由来自27个欧盟成员国的27名委员组成，每个委员都负责一个特定的政策领域，例如贸易、农业、环境等。

欧洲委员会是欧盟化妆品主要监管机构，统领欧盟化妆品的监管政策，负责制定和执行化妆品和个人护理产品的相关法规，执行欧盟化妆品市场准入制度，维护消费者的用妆安全。其中，欧盟委员会中主要负责化妆品的部门是内部市场、工业、创业与中小企业总司（DG GROW）和健康与食品安全总司（DG SANTE），《欧洲化妆品法规》（EC）No. 1223/2009 是当前欧盟化妆品市场的主管法规。

（二）消费者安全科学委员会

消费者安全科学委员会（Scientific Committee on Consumer Safety，SCCS）是欧盟委员会的独立风险评估机构，其主要职责是对化妆品及其成分、个人护理和家居用品、玩具、纺织品等消费产品（除食品外）的健康及安全风险（化学、生物、机械和其他物理风险）进行评估，并提供科学建议。SCCS 在欧盟化妆品治理中起着关键作用，首先要为欧盟委员会与化妆品监管相关的具体问题提供咨询与建议；其次，SCCS 对已列入法规目录的化妆品原料及其他可能作为化妆品原料的物质进行风险评估，并形成评估意见。同时，其也提供科学的化妆品安全评估方法与指南。比如 2023 年 11 月，SCCS 发布对水杨酸苄酯（Benzyl salicylate）的安全评估意见，确认该物质在部分化妆品中的安全使用浓度（图 10－5）。

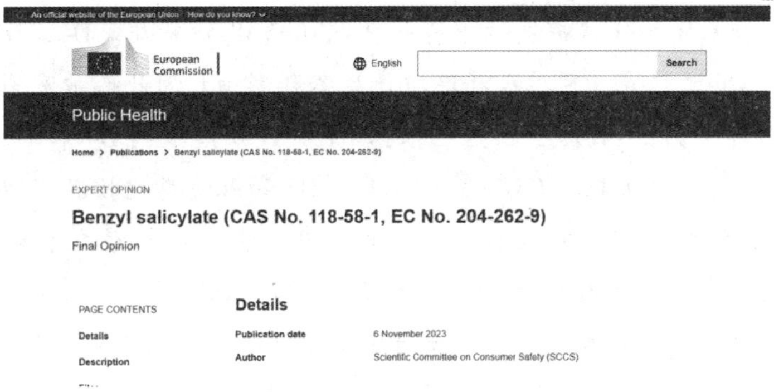

图 10－5　SCCS 发布对水杨酸苄酯的安全评估意见

消费者安全科学委员会的前身是 1977 年成立的美容科学委员会，1997 年欧盟委员会重组包括美容科学委员会在内的各科学委员会，成立化妆品和非食用消费品科学委员会（SCCNFP），由其负责化妆品原料的安全评估工作。2008 年，更名为消费者安全科学委员会（SCCS）。欧盟委员会于 2015 年再次对科学委员会进行调整，调整后仅保留了两个科学委员会，其中包括消费者安全科学委员会（SCCS）。SCCS 由十多名独立科学家组成，他们在各自的领域都拥有丰富的专业知识，如毒理学、生态学、皮肤科学、流行病学等，任期为三年。

（三）欧盟各成员国主管部门

欧盟各成员国的化妆品主管部门在遵循欧盟化妆品法规的基础上，建立适合本国特点的化妆品监管体系。欧盟各成员国的化妆品主管部门主要负责化妆品的上市后监管，包括检查化妆品生产者 GMP 的执行情况；基于产品信息文件及足够的样品对化妆品生产经营者的监督检查；对违法违规行为采取相应的措施及处罚等。同时，各成员国政府应该建立相应的信息交流平台，实现化妆品责任人、各成员国主管部门、欧盟委员会、消费者等多元主体之间的信息交流。各成员国化妆品主管部门应至少每 4 年一次审查和评估其监管活动的运作情况，并将结果通知其他成员国和欧盟委员会，以及通过电子通信的方式或者其他方式向公众公开。

（四）其他与化妆品监管有关的机构

欧盟其他与监管化妆品有关的机构包括化妆品欧洲化学品局（European Chemicals Agency，ECHA）

和欧洲药品管理局（European Medicines Agency，EMA）等。

ECHA 是欧盟管理化学品注册的机构，负责运行管理化学品中央数据库，审查化学品注册资料是否完整符合要求，实施和执行 REACH 法规，即《关于化学品注册、评估、许可和限制的法规》，该法规涵盖了化妆品中可能涉及的各类化学品成分。ECHA 负责收集和评估化学品数据，确定化学品包括化妆品中可能对人类健康和环境的可能影响，当一种化学品被确定对人类健康或环境构成严重威胁时，ECHA 可以限制或禁止其在欧洲的使用。

EMA 是负责对欧盟范围内的药品进行监管与评估的机构，主要评估药品的安全性、有效性和质量可控性，部分具有特殊功效（例如防晒、抗皱等）的化妆品也需要 EMA 的评估和批准。

知识拓展

2024 年 5 月 16 日，欧盟委员会正式修订 REACH 法规附录ⅩⅦ中 D4、D5、D6 的使用限制，涉及化妆品、医药、干洗等行业。

八甲基环四硅氧烷（D4）、十甲基环五硅氧烷（D5）和十二甲基环六硅氧烷（D6），分别是具有4、5 和6 个硅氧烷基团的环状挥发性甲基硅氧烷（cVMS）物质。D4、D5、D6 具有持久性、生物蓄积性、远距离环境迁移性，且对人及环境产生不利影响，因此已被欧盟确定为高度关注物质（SVHC）。自 2020 年 1 月 31 日起，欧盟已根据 REACH 法规限制 D4 和 D5 在淋洗类化妆品中的含量，含有浓度等于或大于 0.1%（w/w）的 D4 或 D5 的淋洗类化妆品不得上市。

此次 REACH 法规修订新增了 D6 在淋洗类化妆品及以上 3 种物质在驻留类化妆品中的含量限制，自 2026 年 6 月 6 日起，含有浓度等于或大于 0.1%（w/w）的 D6 的淋洗类化妆品不得上市；自 2027 年 6 月 6 日起，含有浓度等于或大于 0.1%（w/w）的 D4、D5 或 D6 的驻留类化妆品不得上市。

（五）欧盟化妆品协会

欧盟化妆品协会（Cosmetics Europe，CE）是代表欧洲化妆品和个人护理行业利益的主要贸易协会。欧盟化妆品协会的前身为成立于 1962 年的化妆品和洗涤剂欧洲联盟（COLIPA）。2012 年，该机构更名为欧盟化妆品协会，以更准确地反映其目标和任务。该协会的目标是推动欧洲化妆品和个人护理行业的可持续发展，以满足消费者的需求和期待。

欧盟化妆品协会的成员包括欧洲化妆品行业的各大公司以及 20 多个欧洲国家的国家协会。其组织结构包括一个管理委员会、一个主席团，以及多个工作小组和专家组，负责处理具体的议题和项目。欧盟化妆品协会的主要职责是代表欧洲化妆品和个人护理行业，在欧洲和全球范围内推动行业的发展和创新。该协会致力于与欧洲和国际的决策者、法规机构及各种利益相关者建立和保持对话，以确保行业的法规环境既能保护消费者，又能促进行业的竞争力和创新能力。此外，欧盟化妆品协会还负责推进和协调行业的科学研究，提供教育和培训，以及公开和传播关于化妆品和个人护理行业的信息。

二、欧盟化妆品法规要求

《欧洲化妆品法规》（EC）No. 1223/2009［以下简称（EC）1223/2009］是欧盟化妆品监管领域的核心法规，于 2009 年 12 月 11 日正式发布，2013 年 7 月 11 日全面实施。该法规全面取代之前的欧盟 76/768/EEC指令。（EC）1223/2009 以化妆品原料的安全风险评估为基础，突出化妆品上市后的监督管理，强调化妆品安全信息、产品信息与监管信息的共享，注重政府监管与行业自律的双向结合。（EC）1223/2009一共包括20章40个条款，以及10个附录（表10-3）。40个条款主要包括化妆品定义、责任人制度、化妆品安全性评估、产品信息文件、原料的使用限制、动物试验、标签要求、严重不良反应报告等内容。

除了（EC）1223/2009核心法规外，欧盟化妆品监管法律体系还涵盖大量相关规范。相关规范或是对核心法规中具体制度的细化，或是仅部分涉及核心法规的内容。消费者安全科学委员会负责对部分化妆品使用原料、安全评估等发布相应的意见。

表10-3　（EC）1223/2009的附录内容

序号	主要内容
附录1	化妆品安全性评估报告
附录2	化妆品禁用物质目录
附录3	化妆品限用物质目录
附录4	化妆品准用着色剂目录
附录5	化妆品准用防腐剂目录
附录6	化妆品准用防晒剂目录
附录7	包装与容器标识
附录8	动物实验的替代方法目录
附录9	废止的指令及其后续修订列表等
附录10	76/768/EEC指令与法规（EC）1223/2009的对应关系表

（一）定义

1. 化妆品的定义　依据（EC）1223/2009第2条的规定，化妆品是指用于接触于人体表面（表皮、毛发、指/趾甲、口唇和外生殖器）或牙齿及口腔黏膜，以清洁、增加香气、改变容颜、纠正体臭、保护或保持其良好状态为目的的物质或制剂。

相较于中国的化妆品定义，欧盟没有具体规定使用方法，其外延较为宽泛（包含牙齿、口腔黏膜和外生殖器的使用部位），比如牙膏、漱口水、外用私处护理产品以及香皂等都属于欧盟化妆品的范畴，而且欧盟化妆品也未依据风险的大小划分不同监管种类（比如普通和特殊化妆品）。对于一些归类存在争议的“边缘产品”，需根据产品特性、施用部位、使用目的等具体情况逐一评估是否为化妆品，比如祛痘产品在欧盟需要结合功效宣称判断是否属于化妆品。

2. 产品责任人　（EC）1223/2009规定，在欧盟境内销售化妆品，都必须指定一名欧盟境内的自然人或者法人作为化妆品责任人。依据不同情形，欧盟境内生产商、进口商以及经销商及其书面授权人都有可能成为化妆品责任人。境外的生产商应该指定一位欧盟境内的法人或自然人作为责任人。责任人的名称和地址必须标注在产品的标签上。

化妆品责任人必须承担法规规定的各项义务，比如化妆品备案、实施良好生产规范、产品安全评估、严重不良反应报告等。如果化妆品责任人发现投放市场的化妆品不符合法规要求，应立即采取必要的纠正措施，适当情况下应实施召回。如果化妆品存在人身健康损害风险，化妆品责任人应立即通知相应的主管部门，并详细说明不合规情况以及采取的纠正措施。同时化妆品责任人还应当配合监管部门的监督检查，提供必要的信息。

（二）化妆品的上市前监管

1. 上市前备案　欧盟化妆品上市销售前必须经过强制性备案。在化妆品投放市场之前，产品责任人应当通过欧盟化妆品在线通报系统（Cosmetic Products Notification Portal，CPNP）进行备案（图10－6），并提交以下资料：①化妆品的名称及类别；②责任人的名称与地址及具体联系人信息；③原产国（进口产品）；④化妆品将要上市销售的成员国；⑤原料中如果含有纳米材料的鉴别特征及合理可预见的暴露条件；⑥第1A或1B类致癌、致突变或致畸性物质（CMR）的名称和编号；⑦产品配方；⑧产品标签以及包装的图片。

图10－6 欧盟CPNP系统界面

2. 产品信息文件 （EC）1223/2009第11条规定，化妆品上市时，产品负责人应当以电子或者纸质的方式保存产品信息文件（Product Information File，PIF），产品信息文件应自最后一批化妆品上市之日起保存十年，以备成员国主管部门的检查。产品信息文件应当包括以下资料：①产品描述；②生产工艺和符合良好生产规范的声明；③产品安全评估报告；④化妆品功效证明；⑤为评估而进行的动物实验相关资料。

3. 产品安全性评估 （EC）1223/2009第10条规定，为确保上市化妆品的安全性，在上市前产品责任人应对每个化妆品进行安全评估，并形成化妆品安全评估报告（Cosmetic Product Safety Report，CPSR）。CPSR一般包括化妆品安全信息和化妆品安全评估两部分。其中，产品安全信息由化妆品责任人负责，主要是收集所有必要的数据，以便展开后续的安全评估。产品安全评估则由安全评估人员负责，安全评估人员应具备药学、毒理学、医学或相关学科的专业知识和专业能力。

（1）化妆品安全信息 包括：①化妆品的定量和定性组成；②化妆品的理化特性和稳定性；③微生物质量报告；④杂质、残留量及包装材料的信息；⑤正常和合理可预见的使用信息；⑥化妆品暴露信息；⑦单个成分的暴露信息；⑧成分的毒理学研究；⑨不良反应和严重不良反应事件；⑩产品的其他信息。

（2）化妆品的安全评估 包括：①产品安全评估结论；②标签警示语和使用说明；③评估结论的解释说明；④评估人员的资格证明。

（三）化妆品标签与宣称

1. 化妆品标签 欧盟对化妆品产品标识和标签有严格的规定，依据（EC）1223/2009第19条规定，欧盟内销售的化妆品的标签应当以清晰易懂的语言或标示说明下列信息：①化妆品责任人及其地址；②原产国；③净含量（以重量或者体积表示）；④产品保质期；⑤注意事项和警示用语；⑥产品批号或识别参考；⑦产品功效；⑧全成分列表。

欧盟对化妆品保质期具体的标注要求包括：对于保质期不足30个月的化妆品，必须标注在正常存储条件下，未开封的产品可以保持其最初使用效果的时间，即标明“最佳使用期限”；对于保质期30个月以上的化妆品不强制要求标注最佳保质期限，但必须标注产品开封后的使用期限。

欧盟要求化妆品标签应当标注全成分，并对成分的内涵进行界定。成分是指化妆品在生产过程中有意使用的任何物质或物质的混合物。但不包括所用原料中的杂质以及生产过程中使用但最终成品中不含的技术辅料。

在标注全成分过程中，为了使成分的标识能够一致并易于确认，成分采用 INCI 名称进行标示。对于化妆品中含量大于1% 的成分，应当按照成分添加量从高到低排列；含量小于1% 的成分可以在含量大于1% 的成分之后按任何顺序列出。着色剂（用于染发的着色剂除外）可按任意顺序列于化妆品其他成分之后。对于香料和芳香成分必须用“parfum”或“aroma”予以标注。纳米形式的成分应在括号内标注“nano”。

2. 产品宣称 在标签上提供的文字、名称、商标、图片和形象或其他标志以及化妆品广告，其内容都不得宣称或者暗示这些产品所不具有的特性或功能，可宣称未进行动物测试。为建立化妆品宣称判定的统一标准，欧盟委员会根据欧盟化妆品法规（EC）No. 1223/2009 第 20 条款要求，颁布了欧盟委员会法规（EU）655/2013。（EU）655/2013 规定了化妆品宣称的六个通用准则，即合规性、真实性、证据支持、诚信宣称、公平公正、知情决策。以上准则适用于通过产品标签宣称和通过其他媒介进行的广告宣称，包括使用的文字、名称、商标、图片和数字或者其他标识，不得暗示此类产品具有与实际不相符的特性或功效。

（四）化妆品良好生产规范

欧盟化妆品生产应当符合良好生产规范的要求，是必须遵循的强制性义务。实施良好生产规范可以有效降低化妆品生产过程中的质量安全风险，指导企业持续稳定地生产出质量安全、符合要求的化妆品。欧盟官方认可的化妆品良好生产规范标准是国际标准化组织（ISO）于 2007 年发布的《化妆品良好生产规范》（Cosmetic – Good Manufacturing Practices，CGMP），即 ISO22716：2007。

（五）报告严重不良反应

依据（EC）1223/2009，化妆品不良反应是指在正常或合理可预见的使用条件下，化妆品对人体健康产生的不良反应。化妆品严重不良反应是指导致暂时或永久性机体功能丧失、残疾、住院、先天性异常或直接的生命风险或死亡的不良反应。

对于化妆品使用引起的不良反应事件，欧盟采取自愿报告制度。针对化妆品使用引起的严重不良反应事件，则采取强制报告制度。（EC）1223/2009 第 23 条对严重不良反应事件报告制度做出了原则规定。此外，欧盟委员会、各成员国主管部门及化妆品行业联合发布了《严重不良反应事件报告指南》。该指南明确规定了严重不良反应信息的沟通交流程序、因果关系评估方法，以及出现严重不良反应事件后化妆品责任人和主管部门应当采取的具体措施。

如果出现化妆品严重不良反应事件，化妆品责任人或者经销商应当立即向严重不良反应发生地的成员国主管部门报告，并提供以下信息：①已知晓的或有理由认为应当知晓的所有严重不良反应；②可以被识别的所有涉及的化妆品的名称；③已采取的纠正措施。在收到化妆品严重不良反应报告后，成员国主管部门应当将相关信息发送至其他成员国主管部门。

知识拓展

欧洲危险产品快速警报系统

欧洲危险产品快速警报系统（Rapid Alert System for Non – Food Products，RAPEX）是欧盟委员会建立的一个用于迅速传递有关不安全非食品消费品信息的系统，该系统涵盖了各种消费品，包括化妆品。

RAPEX 的主要目的是帮助欧洲各成员国迅速分享有关不安全产品的信息，以便采取适当的措施，保护消费者的安全和健康。RAPEX 中的信息包括不安全化妆品的名称、品牌、型号、危险性描述以及已采取的措施（如召回或销毁）等。对于化妆品行业，了解 RAPEX 中的信息意味着可以及时了解欧洲市场上出现的安全问题和潜在风险，从而调整自己的产品策略，确保产品的安全合规。这对化妆品生产商和经销商在遵守欧盟化妆品法规（EC）No 1223/2009 的要求方面至关重要。

目标检测

一、单选题

1. 以下哪个英文缩写代表美国食品药品管理局（ ）

A. RCEP　B. FDA　C. USDA　D. EFSA

2. 在美国新的化妆品企业的注册期限为从事化妆品加工生产的（ ）天内

A. 10　B. 30　C. 50　D. 60

3. 在化妆品投放欧盟市场之前，产品责任人应当通过（ ）系统进行备案

A. Cosmetics Direct　B. RAPEX

C. CPNP　D. CPSR

4. 负责欧盟化妆品原料安全风险评估，并提供建议的是（ ）

A. 消费者安全科学委员会　B. 欧盟化妆品协会

C. 欧盟委员会　D. 化妆品原料评价委员会

5. 美国新上市化妆品应当在上市后的（ ）内提交产品列表信息，并且信息需要每年更新一次

A. 30 天　B. 50 天　C. 60 天　D. 120 天

二、多选题

1. 欧盟化妆品产品标签上应该包含（ ）

A. 化妆品责任人及其地址　B. 净含量

C. 保质期　D. 警示语

2. 关于美国化妆品监管，下列说法正确的有（ ）

A. 美国法规认可存在既是化妆品又是药品的产品

B. 美国对着色剂实施认证管理

C. 美国化妆品上市遵循自愿备案的原则

D. 美国法规要求在化妆品标签上强制标注香精的过敏原信息

3. 关于欧盟化妆品监管，下列说法正确的有（ ）

A. 在欧盟境内销售化妆品，都必须指定一名欧盟境内或者境外的自然人或者法人作为化妆品责任人

B. 针对化妆品使用引起的严重不良反应事件，采取自愿报告制度

C. 欧盟官方认可的化妆品良好生产规范标准是 ISO22716 ：2007

D. 对于保质期 30 个月以上的化妆品，欧盟要求必须标注产品开封后的使用期限

4. 下列产品符合欧盟对化妆品定义的有（　）

A. 漱口水　　B. 香皂

C. 外用私处护理产品　　D. 牙膏

5. 在美国销售的化妆品出现标识不当的情形包括（　）

A. 标签标注的内容虚假或者引人误解

B. 标签缺乏应该标注的内容

C. 标签上所需标注的信息没有以消费者易于阅读和理解的形式显著标注

D. 包装容器制造、成形或填充的方式使人产生误解

三、简答题

1. 请辨析美国、欧盟以及中国法规对化妆品定义的异同。

2. 请简述美国《2022 年化妆品法规现代化法案》对于提交产品列表信息的内容要求。

【实训项目】

如果你是一家化妆品生产企业的法规人员，企业准备向欧盟出口一款保湿洁面乳，请你依据欧盟（EC）1223/2009 的有关规定，准备该款洁面乳准入欧盟市场的资料以及提交产品备案。可以从确定产品责任人、确保标签合规、保存产品信息文件（PIF）、形成安全评估报告、CPNP 系统在线填报等角度进行模拟训练。

书网融合……

本章小结　　习题

附　录

中华人民共和国国务院令
第727号

《化妆品监督管理条例》已经2020年1月3日国务院第77次常务会议通过，现予公布，自2021年1月1日起施行。

总　理　　李克强

2020年6月16日

化妆品监督管理条例

第一章　总　则

第一条　为了规范化妆品生产经营活动，加强化妆品监督管理，保证化妆品质量安全，保障消费者健康，促进化妆品产业健康发展，制定本条例。

第二条　在中华人民共和国境内从事化妆品生产经营活动及其监督管理，应当遵守本条例。

第三条　本条例所称化妆品，是指以涂擦、喷洒或者其他类似方法，施用于皮肤、毛发、指甲、口唇等人体表面，以清洁、保护、美化、修饰为目的的日用化学工业产品。

第四条　国家按照风险程度对化妆品、化妆品原料实行分类管理。

化妆品分为特殊化妆品和普通化妆品。国家对特殊化妆品实行注册管理，对普通化妆品实行备案管理。

化妆品原料分为新原料和已使用的原料。国家对风险程度较高的化妆品新原料实行注册管理，对其他化妆品新原料实行备案管理。

第五条　国务院药品监督管理部门负责全国化妆品监督管理工作。国务院有关部门在各自职责范围内负责与化妆品有关的监督管理工作。

县级以上地方人民政府负责药品监督管理的部门负责本行政区域的化妆品监督管理工作。县级以上地方人民政府有关部门在各自职责范围内负责与化妆品有关的监督管理工作。

第六条　化妆品注册人、备案人对化妆品的质量安全和功效宣称负责。

化妆品生产经营者应当依照法律、法规、强制性国家标准、技术规范从事生产经营活动，加强管理，诚信自律，保证化妆品质量安全。

第七条　化妆品行业协会应当加强行业自律，督促引导化妆品生产经营者依法从事生产经营活动，推动行业诚信建设。

第八条　消费者协会和其他消费者组织对违反本条例规定损害消费者合法权益的行为，依法进行社会监督。

第九条　国家鼓励和支持开展化妆品研究、创新，满足消费者需求，推进化妆品品牌建设，发挥品牌引领作用。国家保护单位和个人开展化妆品研究、创新的合法权益。

国家鼓励和支持化妆品生产经营者采用先进技术和先进管理规范，提高化妆品质量安全水平；鼓励和支持运用现代科学技术，结合我国传统优势项目和特色植物资源研究开发化妆品。

第十条　国家加强化妆品监督管理信息化建设，提高在线政务服务水平，为办理化妆品行政许可、备案提供便利，推进监督管理信息共享。

第二章　原料与产品

第十一条　在我国境内首次使用于化妆品的天然或者人工原料为化妆品新原料。具有防腐、防晒、着色、染发、祛斑美白功能的化妆品新原料，经国务院药品监督管理部门注册后方可使用；其他化妆品新原料应当在使用前向国务院药品监督管理部门备案。国务院药品监督管理部门可以根据科学研究的发展，调整实行注册管理的化妆品新原料的范围，经国务院批准后实施。

第十二条　申请化妆品新原料注册或者进行化妆品新原料备案，应当提交下列资料：

（一）注册申请人、备案人的名称、地址、联系方式；

（二）新原料研制报告；

（三）新原料的制备工艺、稳定性及其质量控制标准等研究资料；

（四）新原料安全评估资料。

注册申请人、备案人应当对所提交资料的真实性、科学性负责。

第十三条　国务院药品监督管理部门应当自受理化妆品新原料注册申请之日起3个工作日内将申请资料转交技术审评机构。技术审评机构应当自收到申请资料之日起90个工作日内完成技术审评，向国务院药品监督管理部门提交审评意见。国务院药品监督管理部门应当自收到审评意见之日起20个工作日内作出决定。对符合要求的，准予注册并发给化妆品新原料注册证；对不符合要求的，不予注册并书面说明理由。

化妆品新原料备案人通过国务院药品监督管理部门在线政务服务平台提交本条例规定的备案资料后即完成备案。

国务院药品监督管理部门应当自化妆品新原料准予注册之日起、备案人提交备案资料之日起5个工作日内向社会公布注册、备案有关信息。

第十四条　经注册、备案的化妆品新原料投入使用后3年内，新原料注册人、备案人应当每年向国务院药品监督管理部门报告新原料的使用和安全情况。对存在安全问题的化妆品新原料，由国务院药品监督管理部门撤销注册或者取消备案。3年期满未发生安全问题的化妆品新原料，纳入国务院药品监督管理部门制定的已使用的化妆品原料目录。

经注册、备案的化妆品新原料纳入已使用的化妆品原料目录前，仍然按照化妆品新原料进行管理。

第十五条　禁止用于化妆品生产的原料目录由国务院药品监督管理部门制定、公布。

第十六条　用于染发、烫发、祛斑美白、防晒、防脱发的化妆品以及宣称新功效的化妆品为特殊化妆品。特殊化妆品以外的化妆品为普通化妆品。

国务院药品监督管理部门根据化妆品的功效宣称、作用部位、产品剂型、使用人群等因素，制定、公布化妆品分类规则和分类目录。

第十七条　特殊化妆品经国务院药品监督管理部门注册后方可生产、进口。国产普通化妆品应当在上市销售前向备案人所在地省、自治区、直辖市人民政府药品监督管理部门备案。进口普通化妆品应当在进口前向国务院药品监督管理部门备案。

第十八条 化妆品注册申请人、备案人应当具备下列条件：

（一）是依法设立的企业或者其他组织；

（二）有与申请注册、进行备案的产品相适应的质量管理体系；

（三）有化妆品不良反应监测与评价能力。

第十九条 申请特殊化妆品注册或者进行普通化妆品备案，应当提交下列资料：

（一）注册申请人、备案人的名称、地址、联系方式；

（二）生产企业的名称、地址、联系方式；

（三）产品名称；

（四）产品配方或者产品全成分；

（五）产品执行的标准；

（六）产品标签样稿；

（七）产品检验报告；

（八）产品安全评估资料。

注册申请人首次申请特殊化妆品注册或者备案人首次进行普通化妆品备案的，应当提交其符合本条例第十八条规定条件的证明资料。申请进口特殊化妆品注册或者进行进口普通化妆品备案的，应当同时提交产品在生产国（地区）已经上市销售的证明文件以及境外生产企业符合化妆品生产质量管理规范的证明资料；专为向我国出口生产、无法提交产品在生产国（地区）已经上市销售的证明文件的，应当提交面向我国消费者开展的相关研究和试验的资料。

注册申请人、备案人应当对所提交资料的真实性、科学性负责。

第二十条 国务院药品监督管理部门依照本条例第十三条第一款规定的化妆品新原料注册审查程序对特殊化妆品注册申请进行审查。对符合要求的，准予注册并发给特殊化妆品注册证；对不符合要求的，不予注册并书面说明理由。已经注册的特殊化妆品在生产工艺、功效宣称等方面发生实质性变化的，注册人应当向原注册部门申请变更注册。

普通化妆品备案人通过国务院药品监督管理部门在线政务服务平台提交本条例规定的备案资料后即完成备案。

省级以上人民政府药品监督管理部门应当自特殊化妆品准予注册之日起、普通化妆品备案人提交备案资料之日起 5 个工作日内向社会公布注册、备案有关信息。

第二十一条 化妆品新原料和化妆品注册、备案前，注册申请人、备案人应当自行或者委托专业机构开展安全评估。

从事安全评估的人员应当具备化妆品质量安全相关专业知识，并具有 5 年以上相关专业从业经历。

第二十二条 化妆品的功效宣称应当有充分的科学依据。化妆品注册人、备案人应当在国务院药品监督管理部门规定的专门网站公布功效宣称所依据的文献资料、研究数据或者产品功效评价资料的摘要，接受社会监督。

第二十三条 境外化妆品注册人、备案人应当指定我国境内的企业法人办理化妆品注册、备案，协助开展化妆品不良反应监测、实施产品召回。

第二十四条 特殊化妆品注册证有效期为 5 年。有效期届满需要延续注册的，应当在有效期届满 30 个工作日前提出延续注册的申请。除有本条第二款规定情形外，国务院药品监督管理部门应当在特殊化妆品注册证有效期届满前作出准予延续的决定；逾期未作决定的，视为准予延续。

有下列情形之一的，不予延续注册：

（一）注册人未在规定期限内提出延续注册申请；

（二）强制性国家标准、技术规范已经修订，申请延续注册的化妆品不能达到修订后标准、技术规范的要求。

第二十五条 国务院药品监督管理部门负责化妆品强制性国家标准的项目提出、组织起草、征求意见和技术审查。国务院标准化行政部门负责化妆品强制性国家标准的立项、编号和对外通报。

化妆品国家标准文本应当免费向社会公开。

化妆品应当符合强制性国家标准。鼓励企业制定严于强制性国家标准的企业标准。

第三章 生产经营

第二十六条 从事化妆品生产活动，应当具备下列条件：

（一）是依法设立的企业；

（二）有与生产的化妆品相适应的生产场地、环境条件、生产设施设备；

（三）有与生产的化妆品相适应的技术人员；

（四）有能对生产的化妆品进行检验的检验人员和检验设备；

（五）有保证化妆品质量安全的管理制度。

第二十七条 从事化妆品生产活动，应当向所在地省、自治区、直辖市人民政府药品监督管理部门提出申请，提交其符合本条例第二十六条规定条件的证明资料，并对资料的真实性负责。

省、自治区、直辖市人民政府药品监督管理部门应当对申请资料进行审核，对申请人的生产场所进行现场核查，并自受理化妆品生产许可申请之日起30个工作日内作出决定。对符合规定条件的，准予许可并发给化妆品生产许可证；对不符合规定条件的，不予许可并书面说明理由。

化妆品生产许可证有效期为5年。有效期届满需要延续的，依照《中华人民共和国行政许可法》的规定办理。

第二十八条 化妆品注册人、备案人可以自行生产化妆品，也可以委托其他企业生产化妆品。

委托生产化妆品的，化妆品注册人、备案人应当委托取得相应化妆品生产许可的企业，并对受委托企业（以下称受托生产企业）的生产活动进行监督，保证其按照法定要求进行生产。受托生产企业应当依照法律、法规、强制性国家标准、技术规范以及合同约定进行生产，对生产活动负责，并接受化妆品注册人、备案人的监督。

第二十九条 化妆品注册人、备案人、受托生产企业应当按照国务院药品监督管理部门制定的化妆品生产质量管理规范的要求组织生产化妆品，建立化妆品生产质量管理体系，建立并执行供应商遴选、原料验收、生产过程及质量控制、设备管理、产品检验及留样等管理制度。

化妆品注册人、备案人、受托生产企业应当按照化妆品注册或者备案资料载明的技术要求生产化妆品。

第三十条 化妆品原料、直接接触化妆品的包装材料应当符合强制性国家标准、技术规范。

不得使用超过使用期限、废弃、回收的化妆品或者化妆品原料生产化妆品。

第三十一条 化妆品注册人、备案人、受托生产企业应当建立并执行原料以及直接接触化妆品的包装材料进货查验记录制度、产品销售记录制度。进货查验记录和产品销售记录应当真实、完整，保证可追溯，保存期限不得少于产品使用期限届满后1年；产品使用期限不足1年的，记录保存期限不得少于2年。

化妆品经出厂检验合格后方可上市销售。

第三十二条 化妆品注册人、备案人、受托生产企业应当设质量安全负责人，承担相应的产品质量安全管理和产品放行职责。

质量安全负责人应当具备化妆品质量安全相关专业知识，并具有5年以上化妆品生产或者质量安全管理经验。

第三十三条 化妆品注册人、备案人、受托生产企业应当建立并执行从业人员健康管理制度。患有国务院卫生主管部门规定的有碍化妆品质量安全疾病的人员不得直接从事化妆品生产活动。

第三十四条 化妆品注册人、备案人、受托生产企业应当定期对化妆品生产质量管理规范的执行情况进行自查；生产条件发生变化，不再符合化妆品生产质量管理规范要求的，应当立即采取整改措施；可能影响化妆品质量安全的，应当立即停止生产并向所在地省、自治区、直辖市人民政府药品监督管理部门报告。

第三十五条 化妆品的最小销售单元应当有标签。标签应当符合相关法律、行政法规、强制性国家标准，内容真实、完整、准确。

进口化妆品可以直接使用中文标签，也可以加贴中文标签；加贴中文标签的，中文标签内容应当与原标签内容一致。

第三十六条 化妆品标签应当标注下列内容：

（一）产品名称、特殊化妆品注册证编号；

（二）注册人、备案人、受托生产企业的名称、地址；

（三）化妆品生产许可证编号；

（四）产品执行的标准编号；

（五）全成分；

（六）净含量；

（七）使用期限、使用方法以及必要的安全警示；

（八）法律、行政法规和强制性国家标准规定应当标注的其他内容。

第三十七条 化妆品标签禁止标注下列内容：

（一）明示或者暗示具有医疗作用的内容；

（二）虚假或者引人误解的内容；

（三）违反社会公序良俗的内容；

（四）法律、行政法规禁止标注的其他内容。

第三十八条 化妆品经营者应当建立并执行进货查验记录制度，查验供货者的市场主体登记证明、化妆品注册或者备案情况、产品出厂检验合格证明，如实记录并保存相关凭证。记录和凭证保存期限应当符合本条例第三十一条第一款的规定。

化妆品经营者不得自行配制化妆品。

第三十九条 化妆品生产经营者应当依照有关法律、法规的规定和化妆品标签标示的要求贮存、运输化妆品，定期检查并及时处理变质或者超过使用期限的化妆品。

第四十条 化妆品集中交易市场开办者、展销会举办者应当审查入场化妆品经营者的市场主体登记证明，承担入场化妆品经营者管理责任，定期对入场化妆品经营者进行检查；发现入场化妆品经营者有违反本条例规定行为的，应当及时制止并报告所在地县级人民政府负责药品监督管理的部门。

第四十一条 电子商务平台经营者应当对平台内化妆品经营者进行实名登记，承担平台内化妆品经营者管理责任，发现平台内化妆品经营者有违反本条例规定行为的，应当及时制止并报告电子商务平台经营者所在地省、自治区、直辖市人民政府药品监督管理部门；发现严重违法行为的，应当立即停止向违法的化妆品经营者提供电子商务平台服务。

平台内化妆品经营者应当全面、真实、准确、及时披露所经营化妆品的信息。

第四十二条 美容美发机构、宾馆等在经营中使用化妆品或者为消费者提供化妆品的，应当履行本条例规定的化妆品经营者义务。

第四十三条 化妆品广告的内容应当真实、合法。

化妆品广告不得明示或者暗示产品具有医疗作用，不得含有虚假或者引人误解的内容，不得欺骗、误导消费者。

第四十四条 化妆品注册人、备案人发现化妆品存在质量缺陷或者其他问题，可能危害人体健康的，应当立即停止生产，召回已经上市销售的化妆品，通知相关化妆品经营者和消费者停止经营、使用，并记录召回和通知情况。化妆品注册人、备案人应当对召回的化妆品采取补救、无害化处理、销毁等措施，并将化妆品召回和处理情况向所在地省、自治区、直辖市人民政府药品监督管理部门报告。

受托生产企业、化妆品经营者发现其生产、经营的化妆品有前款规定情形的，应当立即停止生产、经营，通知相关化妆品注册人、备案人。化妆品注册人、备案人应当立即实施召回。

负责药品监督管理的部门在监督检查中发现化妆品有本条第一款规定情形的，应当通知化妆品注册人、备案人实施召回，通知受托生产企业、化妆品经营者停止生产、经营。

化妆品注册人、备案人实施召回的，受托生产企业、化妆品经营者应当予以配合。

化妆品注册人、备案人、受托生产企业、经营者未依照本条规定实施召回或者停止生产、经营的，负责药品监督管理的部门责令其实施召回或者停止生产、经营。

第四十五条 出入境检验检疫机构依照《中华人民共和国进出口商品检验法》的规定对进口的化妆品实施检验；检验不合格的，不得进口。

进口商应当对拟进口的化妆品是否已经注册或者备案以及是否符合本条例和强制性国家标准、技术规范进行审核；审核不合格的，不得进口。进口商应当如实记录进口化妆品的信息，记录保存期限应当符合本条例第三十一条第一款的规定。

出口的化妆品应当符合进口国（地区）的标准或者合同要求。

第四章 监督管理

第四十六条 负责药品监督管理的部门对化妆品生产经营进行监督检查时，有权采取下列措施：

（一）进入生产经营场所实施现场检查；

（二）对生产经营的化妆品进行抽样检验；

（三）查阅、复制有关合同、票据、账簿以及其他有关资料；

（四）查封、扣押不符合强制性国家标准、技术规范或者有证据证明可能危害人体健康的化妆品及其原料、直接接触化妆品的包装材料，以及有证据证明用于违法生产经营的工具、设备；

（五）查封违法从事生产经营活动的场所。

第四十七条 负责药品监督管理的部门对化妆品生产经营进行监督检查时，监督检查人员不得少于2人，并应当出示执法证件。监督检查人员对监督检查中知悉的被检查单位的商业秘密，应当依法予以保密。被检查单位对监督检查应当予以配合，不得隐瞒有关情况。

负责药品监督管理的部门应当对监督检查情况和处理结果予以记录，由监督检查人员和被检查单位负责人签字；被检查单位负责人拒绝签字的，应当予以注明。

第四十八条 省级以上人民政府药品监督管理部门应当组织对化妆品进行抽样检验；对举报反映或者日常监督检查中发现问题较多的化妆品，负责药品监督管理的部门可以进行专项抽样检验。

进行抽样检验，应当支付抽取样品的费用，所需费用纳入本级政府预算。

负责药品监督管理的部门应当按照规定及时公布化妆品抽样检验结果。

第四十九条 化妆品检验机构按照国家有关认证认可的规定取得资质认定后，方可从事化妆品检验活动。化妆品检验机构的资质认定条件由国务院药品监督管理部门、国务院市场监督管理部门制定。

化妆品检验规范以及化妆品检验相关标准品管理规定，由国务院药品监督管理部门制定。

第五十条 对可能掺杂掺假或者使用禁止用于化妆品生产的原料生产的化妆品，按照化妆品国家标准规定的检验项目和检验方法无法检验的，国务院药品监督管理部门可以制定补充检验项目和检验方法，用于对化妆品的抽样检验、化妆品质量安全案件调查处理和不良反应调查处置。

第五十一条 对依照本条例规定实施的检验结论有异议的，化妆品生产经营者可以自收到检验结论之日起 7 个工作日内向实施抽样检验的部门或者其上一级负责药品监督管理的部门提出复检申请，由受理复检申请的部门在复检机构名录中随机确定复检机构进行复检。复检机构出具的复检结论为最终检验结论。复检机构与初检机构不得为同一机构。复检机构名录由国务院药品监督管理部门公布。

第五十二条 国家建立化妆品不良反应监测制度。化妆品注册人、备案人应当监测其上市销售化妆品的不良反应，及时开展评价，按照国务院药品监督管理部门的规定向化妆品不良反应监测机构报告。受托生产企业、化妆品经营者和医疗机构发现可能与使用化妆品有关的不良反应的，应当报告化妆品不良反应监测机构。鼓励其他单位和个人向化妆品不良反应监测机构或者负责药品监督管理的部门报告可能与使用化妆品有关的不良反应。

化妆品不良反应监测机构负责化妆品不良反应信息的收集、分析和评价，并向负责药品监督管理的部门提出处理建议。

化妆品生产经营者应当配合化妆品不良反应监测机构、负责药品监督管理的部门开展化妆品不良反应调查。

化妆品不良反应是指正常使用化妆品所引起的皮肤及其附属器官的病变，以及人体局部或者全身性的损害。

第五十三条 国家建立化妆品安全风险监测和评价制度，对影响化妆品质量安全的风险因素进行监测和评价，为制定化妆品质量安全风险控制措施和标准、开展化妆品抽样检验提供科学依据。

国家化妆品安全风险监测计划由国务院药品监督管理部门制定、发布并组织实施。国家化妆品安全风险监测计划应当明确重点监测的品种、项目和地域等。

国务院药品监督管理部门建立化妆品质量安全风险信息交流机制，组织化妆品生产经营者、检验机构、行业协会、消费者协会以及新闻媒体等就化妆品质量安全风险信息进行交流沟通。

第五十四条 对造成人体伤害或者有证据证明可能危害人体健康的化妆品，负责药品监督管理的部门可以采取责令暂停生产、经营的紧急控制措施，并发布安全警示信息；属于进口化妆品的，国家出入境检验检疫部门可以暂停进口。

第五十五条 根据科学研究的发展，对化妆品、化妆品原料的安全性有认识上的改变的，或者有证据表明化妆品、化妆品原料可能存在缺陷的，省级以上人民政府药品监督管理部门可以责令化妆品、化妆品新原料的注册人、备案人开展安全再评估或者直接组织开展安全再评估。再评估结果表明化妆品、化妆品原料不能保证安全的，由原注册部门撤销注册、备案部门取消备案，由国务院药品监督管理部门将该化妆品原料纳入禁止用于化妆品生产的原料目录，并向社会公布。

第五十六条 负责药品监督管理的部门应当依法及时公布化妆品行政许可、备案、日常监督检查结果、违法行为查处等监督管理信息。公布监督管理信息时，应当保守当事人的商业秘密。

负责药品监督管理的部门应当建立化妆品生产经营者信用档案。对有不良信用记录的化妆品生产经营者，增加监督检查频次；对有严重不良信用记录的生产经营者，按照规定实施联合惩戒。

第五十七条 化妆品生产经营过程中存在安全隐患，未及时采取措施消除的，负责药品监督管理的部门可以对化妆品生产经营者的法定代表人或者主要负责人进行责任约谈。化妆品生产经营者应当立即采取措施，进行整改，消除隐患。责任约谈情况和整改情况应当纳入化妆品生产经营者信用档案。

第五十八条 负责药品监督管理的部门应当公布本部门的网站地址、电子邮件地址或者电话，接受咨询、投诉、举报，并及时答复或者处理。对查证属实的举报，按照国家有关规定给予举报人奖励。

第五章 法律责任

第五十九条 有下列情形之一的，由负责药品监督管理的部门没收违法所得、违法生产经营的化妆品和专门用于违法生产经营的原料、包装材料、工具、设备等物品；违法生产经营的化妆品货值金额不足1万元的，并处5万元以上15万元以下罚款；货值金额1万元以上的，并处货值金额15倍以上30倍以下罚款；情节严重的，责令停产停业、由备案部门取消备案或者由原发证部门吊销化妆品许可证件，10年内不予办理其提出的化妆品备案或者受理其提出的化妆品行政许可申请，对违法单位的法定代表人或者主要负责人、直接负责的主管人员和其他直接责任人员处以其上一年度从本单位取得收入的3倍以上5倍以下罚款，终身禁止其从事化妆品生产经营活动；构成犯罪的，依法追究刑事责任：

（一）未经许可从事化妆品生产活动，或者化妆品注册人、备案人委托未取得相应化妆品生产许可的企业生产化妆品；

（二）生产经营或者进口未经注册的特殊化妆品；

（三）使用禁止用于化妆品生产的原料、应当注册但未经注册的新原料生产化妆品，在化妆品中非法添加可能危害人体健康的物质，或者使用超过使用期限、废弃、回收的化妆品或者原料生产化妆品。

第六十条 有下列情形之一的，由负责药品监督管理的部门没收违法所得、违法生产经营的化妆品和专门用于违法生产经营的原料、包装材料、工具、设备等物品；违法生产经营的化妆品货值金额不足1万元的，并处1万元以上5万元以下罚款；货值金额1万元以上的，并处货值金额5倍以上20倍以下罚款；情节严重的，责令停产停业、由备案部门取消备案或者由原发证部门吊销化妆品许可证件，对违法单位的法定代表人或者主要负责人、直接负责的主管人员和其他直接责任人员处以其上一年度从本单位取得收入的1倍以上3倍以下罚款，10年内禁止其从事化妆品生产经营活动；构成犯罪的，依法追究刑事责任：

（一）使用不符合强制性国家标准、技术规范的原料、直接接触化妆品的包装材料，应当备案但未备案的新原料生产化妆品，或者不按照强制性国家标准或者技术规范使用原料；

（二）生产经营不符合强制性国家标准、技术规范或者不符合化妆品注册、备案资料载明的技术要求的化妆品；

（三）未按照化妆品生产质量管理规范的要求组织生产；

（四）更改化妆品使用期限；

（五）化妆品经营者擅自配制化妆品，或者经营变质、超过使用期限的化妆品；

（六）在负责药品监督管理的部门责令其实施召回后拒不召回，或者在负责药品监督管理的部门责令停止或者暂停生产、经营后拒不停止或者暂停生产、经营。

第六十一条 有下列情形之一的，由负责药品监督管理的部门没收违法所得、违法生产经营的化妆品，并可以没收专门用于违法生产经营的原料、包装材料、工具、设备等物品；违法生产经营的化妆品货值金额不足1万元的，并处1万元以上3万元以下罚款；货值金额1万元以上的，并处货值金额3倍以上10倍以下罚款；情节严重的，责令停产停业、由备案部门取消备案或者由原发证部门吊销化妆品许可证件，对违法单位的法定代表人或者主要负责人、直接负责的主管人员和其他直接责任人员处以其上一年度从本单位取得收入的1倍以上2倍以下罚款，5年内禁止其从事化妆品生产经营活动：

（一）上市销售、经营或者进口未备案的普通化妆品；

（二）未依照本条例规定设质量安全负责人；

（三）化妆品注册人、备案人未对受托生产企业的生产活动进行监督；

（四）未依照本条例规定建立并执行从业人员健康管理制度；

（五）生产经营标签不符合本条例规定的化妆品。

生产经营的化妆品的标签存在瑕疵但不影响质量安全且不会对消费者造成误导的，由负责药品监督管理的部门责令改正；拒不改正的，处2000元以下罚款。

第六十二条 有下列情形之一的，由负责药品监督管理的部门责令改正，给予警告，并处1万元以上3万元以下罚款；情节严重的，责令停产停业，并处3万元以上5万元以下罚款，对违法单位的法定代表人或者主要负责人、直接负责的主管人员和其他直接责任人员处1万元以上3万元以下罚款：

（一）未依照本条例规定公布化妆品功效宣称依据的摘要；

（二）未依照本条例规定建立并执行进货查验记录制度、产品销售记录制度；

（三）未依照本条例规定对化妆品生产质量管理规范的执行情况进行自查；

（四）未依照本条例规定贮存、运输化妆品；

（五）未依照本条例规定监测、报告化妆品不良反应，或者对化妆品不良反应监测机构、负责药品监督管理的部门开展的化妆品不良反应调查不予配合。

进口商未依照本条例规定记录、保存进口化妆品信息的，由出入境检验检疫机构依照前款规定给予处罚。

第六十三条 化妆品新原料注册人、备案人未依照本条例规定报告化妆品新原料使用和安全情况的，由国务院药品监督管理部门责令改正，处5万元以上20万元以下罚款；情节严重的，吊销化妆品新原料注册证或者取消化妆品新原料备案，并处20万元以上50万元以下罚款。

第六十四条 在申请化妆品行政许可时提供虚假资料或者采取其他欺骗手段的，不予行政许可，已经取得行政许可的，由作出行政许可决定的部门撤销行政许可，5年内不受理其提出的化妆品相关许可申请，没收违法所得和已经生产、进口的化妆品；已经生产、进口的化妆品货值金额不足1万元的，并处5万元以上15万元以下罚款；货值金额1万元以上的，并处货值金额15倍以上30倍以下罚款；对违法单位的法定代表人或者主要负责人、直接负责的主管人员和其他直接责任人员处以其上一年度从本单位取得收入的3倍以上5倍以下罚款，终身禁止其从事化妆品生产经营活动。

伪造、变造、出租、出借或者转让化妆品许可证件的，由负责药品监督管理的部门或者原发证部门予以收缴或者吊销，没收违法所得；违法所得不足1万元的，并处5万元以上10万元以下罚款；违法所得1万元以上的，并处违法所得10倍以上20倍以下罚款；构成违反治安管理行为的，由公安机关依法给予治安管理处罚；构成犯罪的，依法追究刑事责任。

第六十五条 备案时提供虚假资料的，由备案部门取消备案，3年内不予办理其提出的该项备案，没收违法所得和已经生产、进口的化妆品；已经生产、进口的化妆品货值金额不足1万元的，并处1万元以上 3 万元以下罚款；货值金额 1 万元以上的，并处货值金额 3 倍以上 10 倍以下罚款；情节严重的，责令停产停业直至由原发证部门吊销化妆品生产许可证，对违法单位的法定代表人或者主要负责人、直接负责的主管人员和其他直接责任人员处以其上一年度从本单位取得收入的 1 倍以上 2 倍以下罚款，5 年内禁止其从事化妆品生产经营活动。

已经备案的资料不符合要求的，由备案部门责令限期改正，其中，与化妆品、化妆品新原料安全性有关的备案资料不符合要求的，备案部门可以同时责令暂停销售、使用；逾期不改正的，由备案部门取消备案。

备案部门取消备案后，仍然使用该化妆品新原料生产化妆品或者仍然上市销售、进口该普通化妆品的，分别依照本条例第六十条、第六十一条的规定给予处罚。

第六十六条 化妆品集中交易市场开办者、展销会举办者未依照本条例规定履行审查、检查、制止、报告等管理义务的，由负责药品监督管理的部门处 2 万元以上 10 万元以下罚款；情节严重的，责令停业，并处 10 万元以上 50 万元以下罚款。

第六十七条 电子商务平台经营者未依照本条例规定履行实名登记、制止、报告、停止提供电子商务平台服务等管理义务的，由省、自治区、直辖市人民政府药品监督管理部门依照《中华人民共和国电子商务法》的规定给予处罚。

第六十八条 化妆品经营者履行了本条例规定的进货查验记录等义务，有证据证明其不知道所采购的化妆品是不符合强制性国家标准、技术规范或者不符合化妆品注册、备案资料载明的技术要求的，收缴其经营的不符合强制性国家标准、技术规范或者不符合化妆品注册、备案资料载明的技术要求的化妆品，可以免除行政处罚。

第六十九条 化妆品广告违反本条例规定的，依照《中华人民共和国广告法》的规定给予处罚；采用其他方式对化妆品作虚假或者引人误解的宣传的，依照有关法律的规定给予处罚；构成犯罪的，依法追究刑事责任。

第七十条 境外化妆品注册人、备案人指定的在我国境内的企业法人未协助开展化妆品不良反应监测、实施产品召回的，由省、自治区、直辖市人民政府药品监督管理部门责令改正，给予警告，并处 2 万元以上 10 万元以下罚款；情节严重的，处 10 万元以上 50 万元以下罚款，5 年内禁止其法定代表人或者主要负责人、直接负责的主管人员和其他直接责任人员从事化妆品生产经营活动。

境外化妆品注册人、备案人拒不履行依据本条例作出的行政处罚决定的，10 年内禁止其化妆品进口。

第七十一条 化妆品检验机构出具虚假检验报告的，由认证认可监督管理部门吊销检验机构资质证书，10 年内不受理其资质认定申请，没收所收取的检验费用，并处 5 万元以上 10 万元以下罚款；对其法定代表人或者主要负责人、直接负责的主管人员和其他直接责任人员处以其上一年度从本单位取得收入的 1 倍以上 3 倍以下罚款，依法给予或者责令给予降低岗位等级、撤职或者开除的处分，受到开除处分的，10 年内禁止其从事化妆品检验工作；构成犯罪的，依法追究刑事责任。

第七十二条 化妆品技术审评机构、化妆品不良反应监测机构和负责化妆品安全风险监测的机构未依照本条例规定履行职责，致使技术审评、不良反应监测、安全风险监测工作出现重大失误的，由负责药品监督管理的部门责令改正，给予警告，通报批评；造成严重后果的，对其法定代表人或者主要负责人、直接负责的主管人员和其他直接责任人员，依法给予或者责令给予降低岗位等级、撤职或者开除的处分。

第七十三条 化妆品生产经营者、检验机构招用、聘用不得从事化妆品生产经营活动的人员或者不得从事化妆品检验工作的人员从事化妆品生产经营或者检验的，由负责药品监督管理的部门或者其他有关部门责令改正，给予警告；拒不改正的，责令停产停业直至吊销化妆品许可证件、检验机构资质证书。

第七十四条 有下列情形之一，构成违反治安管理行为的，由公安机关依法给予治安管理处罚；构成犯罪的，依法追究刑事责任：

（一）阻碍负责药品监督管理的部门工作人员依法执行职务；

（二）伪造、销毁、隐匿证据或者隐藏、转移、变卖、损毁依法查封、扣押的物品。

第七十五条 负责药品监督管理的部门工作人员违反本条例规定，滥用职权、玩忽职守、徇私舞弊的，依法给予警告、记过或者记大过的处分；造成严重后果的，依法给予降级、撤职或者开除的处分；构成犯罪的，依法追究刑事责任。

第七十六条 违反本条例规定，造成人身、财产或者其他损害的，依法承担赔偿责任。

第六章 附 则

第七十七条 牙膏参照本条例有关普通化妆品的规定进行管理。牙膏备案人按照国家标准、行业标准进行功效评价后，可以宣称牙膏具有防龋、抑牙菌斑、抗牙本质敏感、减轻牙龈问题等功效。牙膏的具体管理办法由国务院药品监督管理部门拟订，报国务院市场监督管理部门审核、发布。

香皂不适用本条例，但是宣称具有特殊化妆品功效的适用本条例。

第七十八条 对本条例施行前已经注册的用于育发、脱毛、美乳、健美、除臭的化妆品自本条例施行之日起设置5年的过渡期，过渡期内可以继续生产、进口、销售，过渡期满后不得生产、进口、销售该化妆品。

第七十九条 本条例所称技术规范，是指尚未制定强制性国家标准、国务院药品监督管理部门结合监督管理工作需要制定的化妆品质量安全补充技术要求。

第八十条 本条例自2021年1月1日起施行。《化妆品卫生监督条例》同时废止。

参考文献

[1] 杨梅，李忠军，傅中．化妆品安全性与有效性评价［M］．北京：化学工业出版社，2016.

[2] 颜江瑛．鼎故革新“十三五”，凝心聚力“十四五”——中国化妆品监管工作回顾与展望［J］．中国食品药品监管，2021（05）：4－13.

[3] 宋华琳．药品监管制度的法律改革［M］．北京：译林出版社，2023.

[4] 田少雷．化妆品生产质量管理规范实施检查指南（第一册）［M］．北京：中国医药科技出版社，2023.

[5] 魏俊璟，刘恕，于杨曜．《化妆品监督管理条例》框架下委托生产的管理展望及细化建议［J］．中国食品药品监管，2020（05）：24－29.

[6] 李芹，宋华琳．欧盟化妆品监管法律体系评介及启示［J］．中国食品药品监管，2020（02）：74－89.